AF617479

VERBUM ENSAYO

TIEMPOS DE INCERTIDUMBRE

serie **Literatura Coreana**

Dirigida por: Pío E. Serrano

Única en el ámbito hispánico por la cantidad de obras coreanas publicadas durante varias décadas y la calidad de sus traducciones. Recoge para el lector español la riqueza literaria –clásica y contemporánea– del acervo cultural coreano. Junto a China y Japón, Corea constituye la tercera fuente cultural más dinámica del Extremo Oriente.

SOBRE LA TRADUCTORA

Cristina Bahón Arnaiz es profesora de Estudios Coreanos en la Universidad Autónoma de Madrid e investigadora en el Centro de Estudios de Asia Oriental (CEAO) de la misma institución. Licenciada por la Hankuk University of Foreign Studies en Seúl, ciudad donde residió durante diez años, se especializó en la adquisición de la lengua coreana. En 2019, obtuvo un doctorado con Mención Internacional en la Universidad Autónoma de Madrid sobre la iconicidad del idioma coreano. Graduada también del Instituto de Traducción Literaria de Corea (LTI Korea), combina su labor docente e investigadora con la traducción de literatura coreana al español.

PAK KYONGNI

Tiempos de incertidumbre

TRADUCCIÓN, ESTUDIO PRELIMINAR Y NOTAS:
CRISTINA BAHÓN ARNAIZ

Esta obra se ha publicado con la ayuda del
Literature Translation Institute of Korea (LTI Korea)

Título en coreano: Bulsin Sidae (불신시대)

Tr.ª Sierra de Gata, 5
La Poveda (Arganda del Rey)
28500 - Madrid
Teléf.: (+34) 910 46 54 33
e-mail: info@editorialverbum.es
https://editorialverbum.es

Revisión: Julio César Abad Vidal
Corrección: Maribel del Pilar Vergara Pintado

I.S.B.N.: 978-84-1136-982-4
Depósito Legal: M-11203-2025

Diseño de colección: Origen Gráfico, S. L.
Preimpresión: Adrians Esquivel Romero
Printed in Spain / Impreso en España

Este libro ha sido impreso con papel ecológico procedente de bosques sostenibles.

ÍNDICE

Nota sobre la romanización 9

Sobre la autora y los relatos de esta antología 11

Cálculos (1955) 31
Blanco y negro (1956) 47
Tiempos de oscuridad (1958) 61
Tiempos de incertidumbre (1957) 91
Refugio (1958) 117
Tiempos de fantasía (1966) 137
La enfermedad que ni la medicina sana (1968) 227

Nota sobre la romanización

La inexistencia de un sistema estandarizado para la romanización de nombres propios de personas ha dado como resultado que el nombre de la autora haya sido romanizado de diversas formas: Park Kyung-ri, Pak Kyongni, Park Kyeongni, Park Kyongni, o Park Kyong-ni, entre otras. En este caso se ha seguido la transcripción empleada en la biblioteca virtual del Instituto de Traducción Literaria de Corea (Digital Library of Korean Literature), una institución gubernamental que promueve la traducción y difusión de la literatura coreana en el mundo.

Para transcribir los nombres propios de los personajes se ha utilizado una herramienta proporcionada por el Ministerio de Exteriores de la República de Corea, con la que los nativos coreanos pueden romanizar su nombre al expedir el pasaporte. Asimismo, con el objetivo de unificar todos los nombres propios de personas bajo un mismo criterio, se ha eliminado el guion entre la primera y la segunda sílaba del nombre.

Para el resto de las romanizaciones del coreano se ha seguido el sistema Revised Romanization of Korean, a excepción del topónimo Seúl, consolidado en español y recogido por la RAE.

Sobre la autora y los relatos de esta antología[1]

Pak Kyongni (1926-2008)[2] es considerada una de las autoras femeninas más prominentes de la literatura surcoreana. Aunque comúnmente referida y celebrada como Pak Kyongni, en realidad, este es el seudónimo con el que el ilustre escritor Kim Tongni (1913-1995) bautizó a la autora, siendo su nombre original Pak Geumi[3].

Nacida en la sureña ciudad de Tongyeong, en la provincia de Gyeongsang del Sur, se graduó de la Escuela Secundaria Femenina de Jinju[4] en marzo de 1945, aún bajo la ocupación japonesa. De acuerdo con un censo de octubre de 1930, la tasa de analfabetismo entre las mujeres coreanas era del 92,04%. Asimismo, solo un 6,02% eran capaces de leer *hangeul*, el alfabeto coreano, y menos aún, un 1,91% podía leer japonés además de *hangeul*[5]. De este modo, se puede afirmar que Pak Kyongni recibió una exquisita educación para la época. El mismo año en que finalizó la educación secundaria, contrajo matrimonio con Kim Haengdo (1923-1950), licenciado en física por la Universidad Chuo, Japón, y ambos se mudaron a la actual ciudad de Incheon,

---

[1] Este trabajo ha sido realizado en el marco de una investigación del proyecto del Plan Estatal 2021-2023 «Recuerdo, olvido y cruce de fronteras» (PID2021-124485OB-I00), con el apoyo de la Agencia Estatal de Investigación.

[2] En *hangeul* y *hanja* escrito respectivamente como 박경리 o 朴景利.

[3] En *hangeul* 박금이y en *hanja*朴今伊. Del mismo modo, Kim Tongni (김동리/金東里) era el seudónimo del autor, cuyo nombre original era Kim Sijong (김시종/金始鍾).

[4] 진주여자고등학교 (晋州女子高等學校), abreviado como 진주고녀 (晋州高女).

[5] La tasa de analfabetismo entre los hombres era del 63,92%. Tan solo un 25,41% de ellos podían leer y escribir *hangeul*, y un 15,4% los caracteres japoneses. Cfr. Noh, Y. (1994). Iljesigiui Munmaengnyul Chui, *Guksagwan Nonchong 51*, 107-157.

donde Pak Kyongni trabajó durante seis meses como profesora de primaria y abrió una librería de segunda mano, aprovechando una de sus mayores pasiones: la lectura. La propia autora siempre manifestó su especial predilección por los libros de historia, su asignatura preferida en la escuela. Este aspecto se observa claramente en la magistral saga *Toji*[6], compuesta por veintiún volúmenes[7] publicados entre 1969 y 1994, en la que se narra la vida de varias generaciones de habitantes en una aldea agrícola situada en la provincia de Gyeongsang del Sur, recogiendo la turbulenta historia del país desde finales de la dinastía Joseon hasta el final de la colonización japonesa en agosto de 1945. Ella misma presenció la liberación del país el 15 de agosto de 1945 en Incheon, donde vivió los dos años que, según la propia autora, fueron los más felices de su vida.

A pesar de haber dado a luz a dos hijos, una niña en 1946 y un niño en 1948, esto no impidió que Pak se graduase en 1950 de la Universidad de Formación Docente en Educación Familiar de Seúl[8], en donde cursó dos años de estudios superiores. En esta época su familia ya se había acomodado en la capital. Tras su graduación, ejerció como docente en la Escuela Secundaria Femenina de Yeonan, en la provincia de Hwanghae[9]. Sin embargo, a los pocos meses, el 25 de junio de 1950 su labor se vio truncada por el estallido de la guerra de Corea. Este desarrollo académico y profesional fue posible, en parte, gracias a la ayuda de su madre, quien se mudó con su hija tras su boda, convirtiéndose en un miembro fundamental del núcleo familiar. Desde su infancia, Pak había convivido sola con su progenitora, un personaje que aparece con recurrencia en sus obras. Casada a los dieciocho años con un hombre cuatro años menor que ella, posteriormente las abandonó

---

[6] *Toji* (토지), en español *Tierra*.

[7] El número de volúmenes varía según la editorial. La edición de la editorial Nanam consta de cinco partes, con un total de veintiún volúmenes.

[8] 서울가정보육사범대학교. Unos años más tarde cambió su nombre a Universidad Femenina de Formación Docente Soodo (수도여자사범대학), y a partir de 1978 se convirtió en la actual Universidad Sejong (세종대학교).

[9] Tras la firma del armisticio, la provincia de Hwanghae se encuentra actualmente en territorio norcoreano. No obstante, antes de la guerra pertenecía a la parte sur del país.

para fundar una nueva familia con otra mujer más joven. La condición de hija única de Pak, y el hecho de que creciera bajo la única presencia de una figura maternal, no solo moldeó su vida personal, sino también su obra literaria. En palabras textuales de la propia autora:

> Mi nacimiento fue irracional. Esto no significa que lamente haber nacido en este mundo vacío. Más bien, es lo que pienso al observar la relación de mis padres. Mi padre, hasta el día de su muerte, más que indiferente, se mostró claramente hostil hacia mi madre. No entiendo cómo pudo tenerme con una mujer a la que no amaba y a la que, además, odiaba tanto. Mi madre solía decirme que me dio a luz porque había rezado al dios de la montaña y en sueños vio a un dragón blanco. Según ella, aunque yo fuera mujer, estaba destinada a ser una persona importante. Para mí no era más que una historia insignificante, y sentí desprecio por mi madre, quien había suplicado al dios de la montaña para que le concediera un hijo con un hombre que la odiaba y la maltrataba. Era una imposición disfrazada de amor. Su actitud me inculcó la firme convicción de que jamás me arrodillaría ante un hombre. Entre la compasión y el desprecio hacia mi madre, y el odio hacia mi padre, construí mi propia soledad, y con los libros, me refugié en un mundo de fantasía[10].

Otro suceso que, sin duda, marcó un antes y un después en la vida de la autora fue el estallido de la guerra de Corea[11]. Tras treinta y cinco años de colonización japonesa, la península se dividió en dos zonas de ocupación: la norte, por encima del paralelo 38, bajo el dominio soviético, y la sur, bajo dominio estadounidense. Tres años más tarde, en 1948, se constituyeron dos nuevos Estados: la República Popular Democrática de Corea, en la franja norte, bajo el gobierno comunista de Kim Ilsung, y la República de Corea, en la franja sur,

---

[10] Pak, K. (1985). *Wonju Tongsin*. Jisiksaneopsa.

[11] La guerra de Corea (25 de junio de 1950 – 27 de julio de 1953), conocida en coreano como *Hanguk jeonjaeng* (한국전쟁 / 韓國戰爭) o *Yugio* (육이오), que literalmente significa «6·25» y hace referencia a la fecha del estallido de la misma, fue un enfrentamiento bélico entre Corea del Norte, apoyada por la Unión Soviética y China, y Corea del Sur, respaldada por el ejército de la ONU. La guerra finalizó con la firma de un armisticio, no de un tratado de paz, por lo técnicamente el país continúa en guerra.

bajo el gobierno anticomunista de Rhee Syngman[12]. En la madrugada del domingo 25 de junio de 1950, las tropas norcoreanas cruzaron el paralelo 38 e invadieron el sur del país. En poco más de un mes, el único perímetro fuera del alcance comunista estaba situado en el extremo sureste de la península, a lo largo de unos 230 kilómetros cercados por el río Nakdong. Este perímetro, comúnmente conocido en Occidente como perímetro de Busan, y en Corea como perímetro de Nakdong, incluía la región de Tongyeong, tierra natal de la autora. Así, este cordón en la provincia de Gyeongsang del Sur se convirtió en un lugar de refugio para millones de personas. Con el estallido del conflicto bélico en 1950, Pak se vio forzada a renunciar a su labor docente en Yeonan. Asimismo, perdió a su marido, quien, tachado de comunista, fue encarcelado en la prisión de Seodaemun[13] y falleció ese mismo año. Pak, que había enviudado por una guerra fratricida, permaneció en Tongyeong con su madre y sus hijos, hasta que en 1954 regresó a Seúl. No obstante, pocos años después de la muerte de su marido, sufrió el traumático fallecimiento de su hijo de tres años, que murió en un hospital tras un accidente. De acuerdo con las propias palabras de la autora: «Si hubiera sido feliz, no me habría dedicado a la literatura»[14], su obra refleja un realismo crudo y un firme espíritu de lucha ante la adversidad.

Pak debutó como escritora en agosto de 1955 con el relato *Cálculos*[15], publicado en la revista *Hyundae Munhak*[16]. Esta publicación

---

[12] Ambos nombres son comúnmente romanizados como Kim Ilsung y Rhee Syngman.

[13] La prisión de Seodaemun, actualmente un museo en recuerdo de los patriotas coreanos que lucharon por la independencia del país, sirvió como cárcel para personas simpatizantes con el comunismo durante la guerra de Corea.

[14] Kim, H. (2022). *Pak Kyongni iyagi*. Nanam.

[15] En coreano *Gyesan* (계산).

[16] Hyundae Munhak, fundada en 1954, es una de las principales editoriales de Corea del Sur. Su revista homónima, *Hyundae Munhak*, es la publicación literaria mensual por excelencia desde 1955, donde debutaron célebres escritores como Pak Kyongni, Ko Eun, Hwang Dong-kyu o Cho Jeong-rae. Asimismo, el Premio de Literatura Contemporánea o Hyundae Munhaksang sigue siendo uno de los más prestigiosos del país.

la realizó gracias a la recomendación de Kim Tongni, uno de los novelistas y poetas más prestigiosos del periodo. Su segundo relato, *Blanco y negro*[17], fue publicado un año después, de nuevo con la ayuda Kim. Finalmente, fue con su quinto relato, *Tiempos de incertidumbre*[18], publicado en agosto de 1957, cuando obtuvo la tercera edición del Premio de Literatura Contemporánea, en 1958. A partir de este momento, se consolidó su carrera como escritora, produciendo más de cuarenta relatos cortos, treinta novelas, dos poemarios y siete ensayos.

La literatura de Pak se puede dividir en tres etapas. La primera atiende el periodo de la década de los cincuenta, centrada en relatos cortos con un importante carácter autobiográfico, y en los que se acentúa su propia experiencia de guerra. La segunda abarca desde la década de los sesenta hasta la primera publicación de la saga *Toji* en 1969. En este período predominaron las novelas largas, así como una mayor variedad temática y espaciotemporal. Por último, la tercera etapa engloba el período comprendido entre 1969 y 1994, enfocada en los veintiún volúmenes de la colección *Toji*.

La presente antología recoge una colección de siete relatos, que incluyen su primera obra, *Cálculos* (*Hyundae Munhak*), publicada en agosto de 1955; su segundo relato, *Blanco y negro* (*Hyundae Munhak*), publicado un año después; *Tiempos de oscuridad*[19] (*Hyundae Munhak*), de junio de 1958; *Tiempos de incertidumbre* (*Hyundae Munhak*), el relato de 1957 con el que ganó la tercera edición del Premio de Literatura Contemporánea en 1958 y que, además, da título a esta colección; *Refugio*[20] (*Hyundae Munhak*) de marzo de 1958; *Tiempos de fantasía*[21] (*Hanguk Munhak*) de 1966, y *La enfermedad que ni la medicina sana*[22] (*Wolgan Munhak*) de noviembre de 1968. Asimismo, en esta compilación de siete relatos, cinco pertenecen a la primera etapa, y dos a la segunda.

---

[17] En coreano *Heuk-heuk Baek-baek* (흑흑 백백).

[18] En coreano *Bulsin Sidae* (불신시대).

[19] En coreano *Amheuk Sidae* (암흑 시대).

[20] En coreano *Byeokji* (벽지).

[21] En coreano *Hwangsangui Sigi* (환상의 시기).

[22] En coreano *Yageurodo Mot Gochineun Byeong* (약으로도 못 고치는 병).

Las obras de Pak de la década de los cincuenta presentan tres características principales. En esta primera etapa predominan los relatos cortos —diecinueve cuentos entre agosto de 1955 y diciembre de 1959, y tan solo dos novelas, una en 1958 y otra un año más tarde—. En segundo lugar, suelen tratarse de narraciones con carácter autobiográfico, en las que la autora se refleja en sus protagonistas para, bajo su experiencia subjetiva, describir la sociedad del periodo a través del prisma de una mujer. Y, en tercer lugar, aparecen dos tipos de protagonistas: una mujer viuda que pierde a su marido durante la guerra de Corea y, por ende, ha de sustentar a su familia —por lo general, conformada por su propia madre, hija e hijo, aunque este último fallece—; o una mujer soltera e intelectual, con una educación exquisita para la época, que prioriza su integridad moral, su dignidad o sus propios sueños, a la idea de contraer matrimonio. Este posicionamiento de la autora tiene especial relevancia dentro del contexto de la época, al tratarse de una sociedad tradicional y, por ende, patriarcal, donde el matrimonio y la maternidad eran la norma, y además existía un fuerte estigma social sobre las mujeres solteras o viudas. No obstante, los relatos de Pak incorporan a una mujer moderna e incluso heterodoxa para la época, un enfoque difícil de encontrar en otros autores coreanos del mismo período.

La guerra de Corea produjo la separación de 10 millones de familias, 590.000 viudas y 100.000 niños huérfanos. A través de su experiencia personal, Pak refleja la realidad de la posguerra de muchas de estas mujeres que, tras la pérdida de su marido, se convirtieron en cabeza de familia y lucharon por subsistir en un país destruido y sumido en la pobreza. La temática de la mujer viuda como protagonista no es exclusiva de Pak. De hecho, en 1953 se publicó *La viuda*[23] del escritor Yom Sangseop (1897-1963). A pesar de ser una de las novelas más representativas de este periodo, su enfoque difiere mucho del de Pak. En esta y otras narraciones de la década de los cincuenta, interfiere una dualidad: por un lado, se muestra a la viuda como una víctima, merecedora de protección del Estado. Empero, por otro, se cuestiona su sexualidad, promiscuidad y falta de moralidad. Asimismo, los auto-

[23] En coreano *Mimangin* (미망인).

res masculinos enfatizan la necesidad de contraer un nuevo matrimonio para volver a conformar una familia tradicional y recuperar así su dignidad. Al desaparecer la figura paterna, estas mujeres asumieron la responsabilidad económica familiar y, ante la desfavorable situación económica de la época, muchas de ellas trabajaron como vendedoras ambulantes, costureras, o en la prostitución. Esto último creó un estigma de libertinaje e inmoralidad entorno a la viudez femenina, reflejado en numerosas novelas de la década. Por el contrario, los relatos de Pak no solo ofrecen una visión opuesta —incluyendo aspectos autobiográficos de la propia autora como viuda—, sino que, además, critica estos prejuicios y discriminación. Esta distintiva temática la encontramos en tres de los cinco relatos de esta antología pertenecientes a la década de los cincuenta: *Blanco y negro* (1956), *Tiempos de oscuridad* (1958) y *Tiempos de incertidumbre* (1957).

En *Blanco y negro* (1956), presenta a Hyesuk, que, cinco años después de la muerte de su marido, lucha por mantener a su madre e hija. A partir de una sofisticada estructura narrativa, se presentan dos historias y personajes paralelos: el director Jang y Hyesuk. A través de ellos, la autora expone la predisposición de la sociedad a relacionar a las mujeres con la promiscuidad, poniendo en evidencia la injusticia inherente con la que se condena a las viudas. Por un lado, se presenta al director Jang como un adúltero y corrupto que mantiene relaciones con exalumnas ya casadas. En paralelo, y de forma opuesta, se narra la vida de Hyesuk, una viuda y cabeza de familia que lucha por sobrevivir y mantener a su madre y a su hija. Hyesuk demuestra una férrea rectitud ética e intransigencia frente a cualquier injusticia, priorizando la integridad moral y la dignidad personal sobre su propia estabilidad económica. Desempleada a pesar de su formación académica, al final del relato se produce un fortuito encuentro entre el director Jang y Hyesuk. Y es ahí donde la autora lanza una explícita crítica y reflexión sobre la predisposición de la sociedad a vincular a las viudas con conductas moralmente reprobables, así como denuncia la amoralidad de quienes, irónicamente, reprueban y estigmatizan a las viudas.

Tiempos de oscuridad (1958) fue escrito el día en que la autora brindó el último adiós a su hijo en la morgue. Aunque publicado un año después de *Tiempos de incertidumbre* (1957), esta obra autobiográfica precede a la anterior. En este caso, la protagonista es Sunyeong, una viuda que lleva una tienda familiar para mantener a su madre, y a su hija e hijo de diez y ocho años, respectivamente, mientras continúa con sus estudios de literatura. En la historia, Sunyeong encarna a la propia autora para condenar el negligente y corrupto sistema médico de la Corea de posguerra. Viuda a causa de la guerra, la protagonista lucha por sobrevivir y sustentar a su familia, sumida en la pobreza. Sin embargo, poco después de la muerte de su marido, se sumará el fatídico accidente de su hijo. La narración se centra en las negligencias que suceden en el hospital más prestigioso del país donde, lejos de salvar la vida de su hijo, se descubren toda una serie de irregularidades que ponen de manifiesto la corrupción y el tratamiento indigno que recibían las personas de medios modestos en la Corea de posguerra. En palabras de la autora: «El hospital es un auténtico infierno para los pobres».

El último relato entorno a la viudez femenina —y continuación del anterior—, es el premiado *Tiempos de incertidumbre* (agosto, 1957). En realidad, en el título original en coreano *Bulsin sidae*[24], la palabra *bulsin*[25] equivale a «desconfianza», «incredulidad» o «escepticismo». No obstante, de las diversas traducciones posibles, se ha optado en español por *Tiempos de incertidumbre*.

A través de las dos historias anteriores, la autora, encarnada en su protagonista, retrata una serie de experiencias traumáticas sufridas a lo largo de su vida, como la muerte de su esposo, la pérdida de su hogar y de todas sus pertenencias por la guerra civil, las vicisitudes que padece para sustentar a una familia como cabeza de la misma, el estigma social hacia las viudas, o la trágica muerte de su hijo a causa del corrompido sistema médico de la época. Estos acontecimientos no solo merman su vida, sino que intensifican su recelo y desconfianza hacia la sociedad coreana de posguerra. Aunque en este tercer relato también se menciona la práctica fraudulenta de los hospitales, el centro principal de la crítica recae sobre la corrupción de la religión, que muestra su cara más humana y alejada de la divinidad.

---

[24] En *hangeul* se escribe불신시대.

[25] 불신/不信.

En *Tiempos de incertidumbre* (1957), Jinyeong, una viuda desempleada y enferma de tuberculosis decide rendir culto a su difunto hijo, primero en una iglesia católica y, posteriormente, en un templo budista. Elementos relacionados con presagios y sueños aparecen en el trasfondo del relato. La importancia de dos grandes religiones, el catolicismo y el budismo, también está presente. Mientras que el budismo formaba parte de una tradición más arraigada en Corea, el catolicismo se asentó en el país de forma más tardía, a finales del s. XVIII. Sin embargo, en el contexto temporal del relato, situado a finales de la década de 1950, ambas instituciones parecen haber sucumbido a la corrupción. La narración, así, constituye una clara denuncia contra la pérdida de los valores espirituales y al afán de lucro por parte de las mismas. Llegado a este punto, es importante hacer mención sobre los círculos de inversión privados, en coreano *gye*[26]. El *gye* puede definirse como una asociación informal en la que un grupo de personas, generalmente cercanas —al no firmarse un contrato legal, el sistema se basa en la confianza mutua—, contribuye con una cantidad fija de dinero en un ciclo regular, por lo general de un mes, tras el cual uno de los miembros recibe la suma total acumulada. De este modo, los miembros reúnen dinero de forma colectiva para entregarlo cada mes a una persona distinta. A medida que avanza el ciclo, en ocasiones se agrega un interés a las contribuciones, por lo que la última persona en recibir el dinero puede obtener un beneficio mayor. Este sistema de ahorro colectivo era muy común entre las mujeres ya que, según el Código Civil promulgado durante la colonización japonesa, no podían hacer uso de las instituciones financieras ni establecer relaciones contractuales sin el permiso de un marido. En el relato también se muestra cómo en estos círculos, basados en la confianza mutua, la religión es utilizada como herramienta para engañar y estafar a los demás miembros.

En la evolución literaria de Pak, y a diferencia del desenlace trágico que caracterizan sus relatos de la década de los cincuenta, la narración en *Tiempos de incertidumbre* culmina con una valiente determinación: «Eso es. Aún me queda vida por delante. Vida para luchar».

---

[26] En *hangeul* 계(契).

De forma paralela, otra protagonista recurrente en las novelas de la década de los cincuenta es una mujer soltera e intelectual, con una educación exquisita para la época, que antepone su integridad moral, su propia dignidad o sus miras profesionales a contraer matrimonio. Este prototipo de mujer también refleja, en cierto modo, a la propia autora, pues Pak no solo cursó secundaria, algo inusual para una mujer del periodo, sino que, además, finalizó sus estudios superiores. Asimismo, tras su graduación, se alejó de su familia —conformada por su marido, hija mayor, hijo menor y madre— para trabajar como docente en Yeonan, provincia de Hwanghae. En realidad, esta mujer moderna, intelectual e independiente que aparece en las obras narrativas de Pak evoca el concepto de «nueva mujer»[27] surgido en la Corea colonial. No obstante, en las primeras obras de Pak, esta protagonista se distingue por una honradez y una integridad moral extremas, características que, en ocasiones, la conducen a un aislamiento social al perseguir ideales que chocan con la realidad del momento.

En esta antología se incluyen dos relatos con esta temática: su obra debut *Cálculos* (1955) y *Refugio* (1958). En el primer relato, *Cálculos*, Hwein no duda en romper con un amor desleal, pese a que ello puede contraerle consecuencias nefastas. Su entorno la presiona e insta a ser realista, a ser practica y a valorar su situación financiera, así como a "calcular" los efectos que esa decisión tendría sobre ella como mujer. De ahí el título que Pak otorga al relato. De este modo, la autora refleja a una protagonista escrupulosamente recta, íntegra e intransigente con actos que dañan su propia dignidad. No se deja subyugar por el materialismo a pesar de los estigmas sociales, persiguiendo, por

---

[27] Inicialmente introducido por Sarah Grand en el *North American Review* de 1984. El concepto y posteriormente fenómeno de la «nueva mujer» se introdujo y se expandió en la península coreana durante la colonización japonesa, con especial énfasis en las décadas de 1920 y de1930. Existen diversas definiciones del concepto de «nueva mujer» en el contexto de la academia coreana. No obstante, su imagen se asocia principalmente con las mujeres que recibieron una educación moderna y que, además, desafiaron los moldes tradicionales de la sociedad. Destacaron, asimismo, en el ámbito del arte, la literatura, la educación o el periodismo. Cfr. Choi H. (2009). *Gender and Mission Encounters in Korea: New Women, Old Ways*. University of California Press.

el contrario, un amor ideal. Del mismo modo, la autora pone de manifiesto las dificultades y el aislamiento social que conlleva perseguir idealismos, sin sucumbir a las convenciones de una sociedad tradicionalmente confuciana y patriarcal, que insta a la mujer a casarse y a conformar una familia, aunque su amor no sea sincero.

Durante la colonización japonesa (1910-1945) nuevas corrientes de pensamiento penetraron en la península. Así, después de la Segunda Guerra Mundial y con el fin del dominio japonés, la cultura estadounidense impregnó el país, dando a la clase media la oportunidad de tener un mayor acceso a estos contenidos culturales a través de la televisión, el cine, la música, la literatura, la moda o el ocio. Estas corrientes concebían nuevos valores relativos a la sexualidad y al amor, en un momento en el que muchos hombres habían muerto en la guerra y se estaba produciendo una importante emancipación femenina, especialmente entre las viudas. De este modo, Pak introduce en sus relatos una concepción del amor moderna, inusual, e incluso heterodoxa, que contrasta con una sociedad todavía tradicional.

En *Refugio* (1958) se aborda, por un lado, la elección entre la ideología o el amor, una temática común en las obras narrativas coreanas de la época, pero que raramente se presenta a través de una mujer. Y, por otro, la renuncia del amor para perseguir un sueño profesional. De este modo, no es el destino sino la voluntad propia de perseguir sus sueños y mantener su dignidad lo que lleva a la protagonista incluso a alejarse de su país para encontrar su «refugio». El propio título original de la obra en coreano, *Byeokji*[28], permite intuir esto, debido al significado de los sinogramas de los que está compuesto: «*byeok* 僻», que significa «remoto», «aislado», pero que también puede incluir el matiz de «huida» y «*ji* 地», «tierra». Tras la publicación de este relato, la autora profundizará en la temática del amor, pero ya no lo hará desde la exclusiva perspectiva de la dignidad femenina o del romanticismo ideal.

Los dos últimos relatos de esta antología, *Tiempos de fantasía* (1966) y *La enfermedad que ni la medicina sana* (1968), pertenecen a la década de los sesenta. En este período se observan cambios na-

[28] En *hangeul* 벽지 y con *hanja* 僻地.

rrativos. Si en la década de los cincuenta predominaba un subjetivo carácter autobiográfico, enmarcado dentro del contexto de la guerra de Corea, y con una fuerte crítica a la depravación y a la corrupción de la época, a partir de la publicación de *Refugio* (1958), la autora da cabida a nuevos espacios temporales, y ahonda en nuevas temáticas, entre ellas, el amor. De hecho, este último se convertirá en un tema recurrente, e incluso preeminente, en las obras de esta etapa. Sin embargo, se alejará del prototipo de amor tradicional para enfocar la trama en las infidelidades, el adulterio, los matrimonios infelices o los amores prohibidos. Como característica general, sus obras serán protagonizadas por mujeres que, generalmente, compartirán un trágico final. Ahora bien, esto no implica que se descarte por completo la visión del yo o la narrativa personal tan común en esta autora. La novela *Sijanggwa jeonjang*[29] (1964) es una buena prueba de ello. En esta obra, se aprecia un alejamiento de su anterior enfoque exclusivamente personal, para tratar de ofrecer un panorama más amplio de la realidad social del momento.

Esta diversidad temática, así como la adopción de nuevos espacios temporales son los rasgos más llamativos de los dos últimos relatos compilados en esta antología. En *Tiempos de fantasía* (1966), Pak aborda una temática peculiar para la época y paralela a la cultura japonesa del *nanshoku*[30], o del amor entre dos hombres. Estas relaciones afectivas, que subsistían en los internados masculinos del Japón de la era Meiji, fue abordada por primera vez por Yi Kwangsu (1892-1950) —considerado uno de los pioneros de la novela moderna en el país—, en relatos como *Yun Kwangho* (1918).

En *Tiempos de fantasía* aparece la influencia de una subcultura japonesa surgida en la década de 1920 entre las estudiantes de escuelas secundarias femeninas, denominada «*shōjo bunka*» o «cultura de chicas». Se trata de la «relación *S*», denominada en japonés «*S-kankei*». Con la «S» se hace referencia a los términos *sister* o *sisterhood* en inglés. Este término se utilizaba para describir las relaciones románticas entre alumnas de una misma escuela o internado, caracteri-

[29] En *hangeul* 시장과 전장.

[30] En *kanji* 男色.

zadas por un fuerte vínculo emocional y afectivo. Este concepto nacido en Japón y acuñado en Corea bajo el nombre *S munhwa* o «cultura S», pasó a la Corea colonial durante los años de ocupación nipona. Célebres escritores de la talla de Yom Sangseop (1897-1963) o Park Taewon (1909-1986), y narradoras como Choe Jeonghui (1912-1990), Ji Haryun (1912-1960) u Oh Junghee (1947-), entre otras, desarrollaron esta temática en sus obras.

Aunque era concebido como un fenómeno temporal e inocente, más que como una cuestión de deseo carnal o un desafío significativo contra el sistema tradicional, existen registros que evidencian casos de relaciones homoeróticas. No obstante, dentro del ámbito literario, y en *Tiempos de fantasía* en particular, se contempla como una etapa transitoria entre chicas aisladas del sexo opuesto, quienes, tras su graduación, se casarán en un matrimonio concertado por sus padres. Una de las particularidades de la historia es cómo se desarrolla un afecto romántico entre estudiantes coreanas y japonesas, generando sentimientos que transcienden el resentimiento antijaponés de la época. Asimismo, llama la atención el modo en que la protagonista describe a las profesoras niponas, a quienes admira por su elegancia y belleza, en contraposición con los profesores masculinos, sobre quienes manifiesta hostilidad y temor.

Este relato refleja aspectos en el ámbito escolar durante la última etapa de la Corea colonial, cuando se intensificó la guerra del Pacífico (1937-1945). Uno de los aspectos que más puede confundir al lector en esta historia radica en los nombres de las estudiantes coreanas. A partir del año 1940, el gobierno japonés implementó una política denominada *changssi gaemyeong*[31], que prácticamente obligaba a los coreanos a adoptar nombres y apellidos japoneses. Esto implicaba crear un apellido nipón, así como cambiar de nombre, con el objetivo de japonizar a la población. Los datos del Gobierno General exponen que en agosto de 1940 la tasa total de solicitudes para cambiar de nombre en el registro alcanzó aproximadamente el 80% de la población coreana. En el contexto escolar, esta política estuvo claramente presente, y es visible a través de este relato.

[31] En *hangeul* 창씨개명 y en japonés *sōshi kaimei* (創氏改名).

Ri Mini (民怡) es el nombre coreano original de la protagonista, mientras que Rinoie (李家) es la forma japonesa de llamarla en la escuela. La autora incluye el sinograma de muchos de los nombres para brindar pistas al lector. Aunque en este caso no incluye el caracter para el apellido Ri[32], comúnmente transcrito como '李', este se incluye en la primera sílaba de Rinoie. De hecho, Rinoie significa, literalmente en japonés, «la casa de los Ri». Cabe mencionar que ya existían casos en los que el apellido coreano Ri había sido adaptado por Rinoie. Uno de los ejemplos más claros es el de Ri Wanyong (1858-1926), un conocido colaboracionista durante la colonización del país, que adoptó también el apellido de Rinoie (李家). Otro personaje importante en el relato es Ok Sunja (玉順子), que adoptó el nombre japonés de Tamayama Junko (玉山順子). Como se puede observar, en muchos casos se producía una adaptación añadiendo un nuevo sinograma al apellido, utilizando la lectura japonesa del caracter, y obviando la denominación original coreana. En el nombre, pese a mantenerse los dos sinogramas en su integridad, se hacía uso de la pronunciación japonesa de los mismos. La traducción de estos nombres supone todo un reto para cualquier traductor, y no puede obviarse, ya que se perdería parte del significado que ha querido transmitir la autora, por lo que, con el objetivo de facilitar la lectura, se han añadido notas para facilitar la compresión.

A través de *Tiempos de incertidumbre*, inspirada en la propia infancia de la autora, se pueden observar algunas de las prácticas de asimilación cultural más comunes de la época: el cambio de nombre, el uso del idioma japonés en el ámbito escolar, la convivencia entre las estudiantes japonesas y coreanas durante la Corea colonial, así como el reclutamiento de coreanos o los entrenamientos militares a causa de la intensificación de la guerra del Pacífico.

El segundo y último relato concerniente a la década de los sesenta es *La enfermedad que ni la medicina sana* (1968). Ambientada en la región de Gyeongsang del Sur, y con personajes que guardan si-

---

[32] Aunque en la actualidad el apellido coreano '이/ 李', es romanizado comúnmente como Lee, durante la época de la colonización se solía alfabetizar como 'Ri' (entre otras formas como 'Yi', o incluso 'Rhee'), de ahí su parecido con 'Rinoie', en japonés, que significa 'la casa de los Ri'.

militudes con los que aparecen en el primer tomo de *Toji*, la magistral saga que la situó en la cúspide de la literatura coreana, este relato se considera una precuela de dicha épica saga. De hecho, fue publicado en noviembre, tan solo diez meses antes de presentar el primer volumen de *Toji*. Aunque no se percibe en la traducción, las conversaciones de los personajes revelan el distintivo dialecto de la provincia de Gyeongsang.

La historia de *La enfermedad que ni la medicina sana* está ambientada en el período final de la dinastía Joseon (1392-1897), concretamente, en el año 1895, cuando la reina Min fue asesinada en un asalto producido dentro del palacio Gyeongbok, la residencia imperial[33]. En este contexto histórico de una Corea todavía feudal, se desarrolla el desventurado amor entre Yongi, un hombre de clase media-baja y Wolseon, la hija de una chamana. En aquella época, los chamanes pertenecían al grupo de los *cheonmin* —o clase impura— junto con los siervos, los monjes budistas, los carniceros o las cortesanas *gisaeng*, entre otros. Por ende, se trataba de un amor destinado al fracaso, tal y como se refleja a través de la madre del protagonista, quien rotundamente se opone a la unión entre ambos.

En contraposición a obras occidentales bajo la temática de romances trágicos, como *Romeo y Julieta*, una tragedia en la que los dos jóvenes optan por vivir su amor a pesar de la oposición familiar, Yongi antepone el amor filial al amor romántico y, en contra de su voluntad, se casa con Jukrim, cónyuge elegida por sus padres. De este modo, la autora presenta un amor trágico, que compara con una enfermedad incurable, tanto con métodos premodernos, refiriéndose a rituales chamánicos, como con tratamientos modernos, o la medicina. Asimismo, plantea la dicotomía entre el matrimonio voluntario y el matrimonio concertado, propio de la tradición confuciana. De este modo, la obra refleja una fisura social en tiempos convulsos, marcada por un desbordante romanticismo.

---

[33] El asesinato de la reina conmocionó al país al especularse que pudieran estar involucrados unos sicarios japoneses. La reina siempre intervino en los asuntos exteriores del país para evitar la inminente colonización de la península por parte del gobierno japonés. Tras su muerte, le fue otorgado el título póstumo de emperatriz.

Las siete historias recogidas en esta antología brindan un completo recorrido por las obras más emblemáticas de Pak Kyongni, incluyéndose sus dos primeros relatos, *Cálculos* (1955) y *Blanco y Negro* (1956), así como *Tiempos de Incertidumbre* (1957). El valor de la presente publicación recae, precisamente, en su enfoque sobre los comienzos y las primeras etapas de la carrera de la escritora, a menudo olvidadas o escondidas bajo la sombra de *Toji*, su obra maestra, pero que, a su vez, se halla inspirada en historias anteriores, como *La enfermedad que ni la medicina sana* (1968), incorporada posteriormente al primer volumen de *Toji*, o *Tiempos de Fantasía* (1966), cuya trama y personajes se repiten y amplían en los capítulos *Jeokgwa Heuk* o en *Daegyeol* del quinto volumen de la saga.

En Corea, Pak ha recibido numerosos reconocimientos en vida. De hecho, tras asentarse como escritora, la buena acogida de sus obras le permitió dedicarse por completo a la escritura. Tras su muerte en 2008, tres años más tarde se estableció un prestigioso premio literario con su nombre, en honor a su prolífica carrera. Asimismo, cabe destacar la implantación de una organización cultural bajo el nombre de Fundación Cultural Toji o Toji Munhwa Jaedan y la preservación de la última residencia de la escritora en una casa-museo en forma de parque, Pak Kyongni Munhak Gongwon, estos dos últimos situados en Wonju. Esta ciudad en la provincia de Gangwon, fue donde la autora pasó la última etapa de su vida, desde 1980, cuando se mudó desde Seúl, finalizando allí la redacción de *Toji*, cuyo último tomo se publicó en el año 1994. Del mismo modo, en Tongyeong, su ciudad natal, se conserva una placa conmemorativa en la casa donde nació. Asimismo, en 2010 se estableció un museo bajo el nombre Museo Memorial de Pak Kyongni o Pak Kyongni Ginyeomgwan. Y, en Pyeongsari, pueblo en la región de Gyeonsang donde se ambienta la trama de *Toji*, se encuentra el Museo Literario Pak Kyongni o Pak Kyongni Munhakgwan. Todo esto evidencia su destacado y reconocido papel en la literatura surcoreana, siendo la presente antología la primera obra de Pak Kyongni en ser traducida directamente del coreano al español.

Para ti, papá.

*Quiero expresar mi más sincero agradecimiento
a todas las personas que, de una forma u otra,
han contribuido en la publicación de este libro. A Taciana, a
Kim Hyejin, a Julio y a Maribel, gracias de corazón.*

Eso es. Aún me queda vida por delante. Vida para luchar.

Cálculos

Hwein[34] terminó de arreglarse. Tras enrollar descuidadamente una bufanda negra alrededor de su cuello, abrió el cajón del escritorio y sacó un sobre cerrado y algunos billetes de cien *hwanes*[35]. Los metió en el bolsillo del abrigo y salió por la puerta principal. Cuando llegó al puesto de policía, cuyas luces rojas brillaban como los ojos de un conejo, se inclinó y miró la hora. Eran las cinco y cuarenta. Calculó que todavía tardaría unos diez minutos en llegar a Dongdaemun[36], y aceleró el paso.

Hwein se dirigía a la estación de Seúl. Ayer había acordado verse allí a las siete con Jeonga, antes de que ella tomara el tren de las ocho hacia Busan. Jeonga, originaria de Daegu, llevaba unos días en la capital. Aunque quizás había tenido otros quehaceres, el principal motivo de su visita había sido averiguar qué pensaba hacer Hwein con respecto a Gyeonggu, su exprometido. En cualquier caso, Jeonga era una buena amiga, y Hwein se alegraba siempre de verla. Tanto que, incluso si su tren hubiese partido de madrugada en lugar de hacerlo aquella gélida mañana, habría ido a despedirse de ella a la estación.

---

[34] Aunque para la romanización del resto de nombres se ha utilizado la herramienta del Ministerio de Exteriores de la República de Corea, indicada en la nota sobre la romanización, en este caso, para facilitar la pronunciación del lector hispano se ha optado romanizar el nombre de la protagonista 회인 como Hwein. Asimismo, se ha decidido escribir 정아 como Jeonga.

[35] El *hwan* fue la moneda oficial de Corea del Sur entre 1953 y 1962, año en el que fue reemplazado por el actual *won*.

[36] Dongdaemun, con significado «Gran Puerta del Este», es una de las cuatro principales puertas que formaban parte de las murallas de la ciudad de Seúl. Estar puertas marcaban los puntos cardinales con Dongdaemun —también llamada Heunginjimun—, al este; la Gran Puerta del Sur o Namdaemun —también conocida como Sungnyemun—, al sur; la Gran Puerta del Oeste o Seodaemun —también conocida como Donuimun—, al oeste; y la Gran Puerta del Norte o Bukdaemun, mejor conocida como Sukjeongmun al norte, cerca de la montaña Bugak.

Ya alcanzaba a ver Dongdaemun. Iba apreciando mejor el negro tejado inclinado, como si tratase de un dibujo hecho con tinta china. Vislumbró una pequeña taquilla de billetes de tranvía, diminuta como el caparazón de un cangrejo e incrustada en el muro de piedra. Preguntándose si habría alguien trabajando allí a tan gélidas y tempranas horas, se aproximó a la ventanilla. Estaba cerrada a cal y canto. Vio entonces pasar un tranvía en dirección a Yeongcheon. Temblando de frío, esperó al siguiente.

La tenue luz de las farolas alumbraba el asfalto. Las estrellas brillaban débilmente en un cielo donde se fundían la noche y la aurora. Dos jóvenes cruzaron los carriles del tranvía caminando hacia el lugar donde Hwein esperaba. Se detuvieron a su lado, dispuestos a tomar también el tranvía. La oblicua luz de las farolas iluminaba sus cabezas. Uno de ellos, de labios gruesos y oscuros, tenía el rostro arruinado por el acné. Pese a su apariencia robusta, el modo en que chascaba los dientes le otorgaba un cierto aire infantil. Parecía un vándalo con la desgastada chaqueta de piel que llevaba. Además, pudo percibir un acento norteño por la forma en que despotricaba. El otro joven, con un bulto de tela en una mano y un maletín en la otra, parecía ser un estudiante hastiado. De tez pálida, su rostro no irradiaba la menor vitalidad propia de los chicos de su edad. Aun así, transmitía amabilidad, algo frecuente entre las personas que han experimentado todo tipo de vicisitudes en la vida. Preocupado, el joven preguntó:

—¿Y qué hacemos si no conseguimos el billete de tren?

Hwein percibió un acento familiar. Sin darse cuenta, sintió cómo su cuerpo se inclinaba para escucharlo mejor. Al instante, el distintivo aroma de su tierra enterneció su corazón. Los jóvenes debían de estudiar en alguna escuela cercana y regresaban a casa por vacaciones.

—Bah, no te preocupes.

—Menudo marrón como no esté.

—Vaya, hoy es domingo. Seguramente no esté de servicio... Bueno, no pasa nada. Mi casa está muy cerca.

Hwein dedujo que el más charlatán de los dos iba a comprarle un billete de tren al otro y después se despediría de él en la estación. No obstante, había algo sospechoso en aquel joven parlanchín. Al ver al fatigado muchacho pueblerino cargando con un hatillo, Hwein se preocupó por si perdía el tren al no haber conseguido comprar el billete a tiempo.

Traqueteando, el tranvía se acercó, deteniéndose frente a ellos. Se dirigía a Itaewon. Los jóvenes se subieron primero. Hwein lo hizo a continuación.

—No pude comprar el billete. Supongo que no le importará que le pague en metálico —dijo Hwein entregándole dos billetes de diez *hwanes*. Cuando el revisor extendió la mano para coger el dinero, alguien se le acercó precipitadamente:

—Aquí tiene un billete.

El joven de pueblo entregó un billete anaranjado al revisor. Algo confundido, miró de reojo al muchacho, asombrado por su amabilidad, y tocó la campana.

—Gracias. Por favor, acéptelo —solicitó Hwein extendiendo los dos billetes como si quisiera quitárselos de encima. Hwein se sorprendió de la propia rudeza de su voz, y dedujo que habría sonado descortés. El joven no iba a aceptar el dinero y, el simple hecho de ofrecérselo de esa forma le hacía parecer una persona fría y reacia a los gestos de generosidad. No obstante, al tratarse de un desconocido, Hwein decidió seguir actuando de un modo impersonal, como se hace en cualquier transacción comercial. A pesar de la evidente dureza de su voz, su posición no iba a cambiar.

—No se preocupe, por favor. Está bien —respondió el joven empleando el acento de Seúl, sonrojado. Resignada, Hwein tomó asiento, alejada de los jóvenes.

El tranvía comenzó a moverse, deslizándose como una gran serpiente. El aire helado del amplio vagón, en el que viajaban tan solo tres personas, les golpeaba de un modo seco. Más allá de los traqueteantes cristales, se apreciaba una intensa oscuridad, como si de unas cortinas opacas se tratase. Hwein observó su cara reflejada sobre el vidrio e, inmediatamente, miró hacia otro lado. Los jóvenes permanecían en silencio. Ella, consciente de que aún podía hacer algo más para demostrar su gratitud, se sentía mal por haber guardado su dinero en el bolsillo y haberse sentado sin más. Probablemente, darle las gracias de nuevo no fuera una buena idea. No obstante, mientras fingía mirar por la ventana, como si no le concediese la menor importancia al asunto, lo único que giraba ante sus ojos era aquel billete de tranvía. Clavó la mirada en el cristal. Tras observar el reflejo de sus tristes pupilas, giró un poco la cabeza. «Bien, yo le conseguiré el billete de tren. Si le pido el favor a Seong, seguro que no habrá problema», pensó.

Le resultaría sencillo conseguir un billete si se lo pedía a Seong, quien guardaba una estrecha relación con la empresa en la que trabajaba Hwein. ¿Acaso no le había pedido el mismo favor ayer acerca de un billete para Jeonga? Con esta idea en mente, bajó la cabeza y contempló el empeine de sus zapatos, mientras se preguntaba cómo se lo diría a los jóvenes. Seguro que les sonaría raro. ¿Por qué no era capaz de guardar la calma y hablar con templanza cuando lo necesitaba? Chascó la lengua, claramente avergonzada y molesta consigo misma. No lograba calmar su inquietud. ¿Quién le habría mandado pagar el billete? En ese momento, recordó una situación similar que le había ocurrido algunos días antes.

Estaba esperando a alguien en una cafetería llamada El Gato Negro. Serían sobre las seis de la tarde y el lugar estaba repleto de gente, por lo que no parecía haber ningún asiento libre. Hwein no frecuentaba ese tipo de ambientes, y se sintió abrumada nada más entrar. Al igual que una niña rodeada por un grupo de gamberros, se sentía confundida y no sabía qué hacer. Intentó tranquilizarse, pero no logró evitar sonrojarse. Tras descubrir el único asiento libre, acabó sentándose frente a un desconocido. Consideró la opción de esperar afuera, pero había dos entradas diferentes, y parecería extraño salir en ese preciso momento. Además, podía sentir la mirada de los camareros clavada en su nuca. Incapaz de concebir alguna idea ingeniosa, acabó sentada ahí, frente a aquel hombre. Ya de por sí agobiada por el denso ambiente del lugar, hubo algo que la turbó aún más: dónde fijar la mirada. No podía limitarse a contemplar la pared o la mesa sin más, ni mucho menos mirar al hombre sentado frente a ella. Finalmente, decidió observar la entrada de la izquierda, donde encontró un lugar cómodo para su campo visual, deseosa de que apareciese de una buena vez la persona con quien había quedado. Cuando entraba alguien, sus ojos saltaban como un conejo asustado, y eso le causaba aún más bochorno. Angustiada, movió su mirada del jarrón al cuadro de un paisaje, y de ahí a la pared. Con los nervios a flor de piel, se llevó las manos al pañuelo que cubría sus hombros, y comenzó a toquetearlo. Justo en aquel momento, un niño que vendía periódicos se aproximó.

—Dame uno.

Hwein llamó ansiosa al muchacho, quien, sin embargo, pasó de largo. Tenía la boca seca y su petición parecía no haber sido más que un simple susurro. Se ruborizó de nuevo al pensar en el hombre sentado frente a ella. Guardó silencio hasta que el chico volvió a pasar, y le pidió en voz alta:

—Dame un periódico.

—¿Cuál quiere?

—*Seoul Shinmun*[37].

—¿Cuál?

—*Seoul Shinmun*, te he dicho.

Hwein sacó un billete de cien *hwanes* del bolsillo y lo puso encima de la mesa. En ese momento, el hombre de enfrente cogió con destreza un ejemplar del *Dong-A Ilbo*[38] y rebuscó en sus bolsillos. Primero, extrajo tres billetes de diez *hwanes* y, en un segundo intento, sacó otro billete de diez oculto en uno de mil. Tomó el billete y se lo entregó al muchacho quien, pensando que él y Hwein estaban juntos, se fue sin coger el billete de cien que la mujer había dejado sobre la mesa.

Hwein no entendía por qué un completo extraño, alguien con quien nunca se había visto hasta aquel preciso instante, le acababa de pagar el periódico. La sequedad en su garganta le impidió siquiera darle las gracias. Intentó mostrarse indiferente, centrando su mirada en el diario. Incapaz de concentrarse, rechazó la buena voluntad del hombre y, en su lugar, se preguntó por qué la gente realizaba tales actos desinteresados. Su plan de distanciarse de él y relajarse había fracasado por un simple periódico, y cada vez sentía una mayor ansiedad. Fue entonces cuando advirtió a la persona con quien había quedado, dirigién-

---

[37] En inglés *The Seoul Shinmun Daily*, se ha utilizado esta denominación para su romanización como *Seoul Shinmun* (서울신문). Fundado en 1904, fue originalmente llamado como *Daehan Maeil Sinbo*, hasta cambiar su nombre a *Seoul Shinmun* en 1945.

[38] Se ha seguido la romanización oficial del periódico. El Dong-A Ilbo (동아일보) fue fundado en 1920 durante el período de ocupación japonesa.

dole gestos desde la puerta. Dejando el periódico y el dinero sobre la mesa, Hwein se levantó y abandonó su asiento sin pronunciar palabra.

*

—Disculpe… ¿A dónde va? ¿Va a Busan? —logró articular Hwein pese la distancia.

—No, a Yeosu, es la línea de Honam —respondieron los jóvenes al unísono mientras se ponían sus robustos guantes militares. Tras vacilar un instante, Hwein añadió titubeante:

—Si no logra comprar el billete de tren, ¿quiere que le consiga uno?

—Se lo agradecería muchísimo. ¿De verdad podría hacerlo?

—No estoy segura, pero lo intentaré.

Ligeramente aliviada, Hwein miró por la ventana y relajó sus manos, originalmente cruzadas, e introdujo una en el bolsillo. Sintió en la punta de los dedos el tacto inequívoco de un sobre. En su interior había diez mil *hwanes*. Al enterarse de que la madre de Jeonga estaba enferma, pidió un préstamo al quince por ciento de interés, sin saber siquiera cómo podría devolverlo. Fue una decisión imprudente y desesperada, como la de un padre que roba en Nochebuena para poder llevar algo a su familia. De este modo, optó por negarse a la evidencia, pasando por alto no únicamente la enfermedad de su propia madre, sino también lo que le supondría asumir una deuda semejante. Hwein, pesimista ante las recientes vicisitudes, era incapaz de manejar con frialdad la aflicción de su madre. Un miedo abrumador le asolaba al considerar su difícil situación, y también al contemplar cómo su madre envejecía a causa de la preocupación por su hija. Aunque se había preparado con frialdad para soportar cualquier desgracia, sus intentos fracasaban cuando se trataba de su madre. Hwein intentaba evadirse de ese tormento, evitando en lo posible pensar en ella. Por eso, en ese momento, con un oído puesto en la conversación de aquellos dos jóvenes, intentaba sofocar cualquiera de sus pensamientos. De este modo, lograba recuperar su paz mental.

Con la partida de Jeonga por la mañana, se pondría punto final a su relación con Gyeonggu. Si bien había pasado ya un año desde aquel incidente y ya no sentía nada, era la primera y la última vez en manifestar su contundente posición al respecto. Era un secreto a voces cómo él había hablado con cierto pesar de su compromiso con Hwein, cuya relación, en cambio, había sido voluntaria por ambas partes. Desde entonces, y para evitar escuchar aquellos incómodos rumores, Jeonga llevaba un año fuera de su pueblo, de donde se había marchado sin pronunciarse al respecto. Gyeonggu había intentado convencerla a través de cartas o solicitando la mediación de su madre, pero Hwein nunca rompió aquel silencio. Firme en su posición, no lo perdonó, pero tampoco había terminado su relación con él. Únicamente se sumió en un obstinado mutismo sin saber lo que le depararía. No obstante, ayer por la noche expresó su clara oposición a las sugerencias de Jeonga. ¿Significaba esto que la relación con Gyeonggu había llegado a su fin? Aún no podía afirmar con certeza si la situación estaba resuelta o no. Sin embargo, tenía algo muy claro. Nunca se reconciliaría con él.

El tranvía llegó a la estación de Seúl. Hwein y los dos jóvenes entraron en la sala de espera. Hwein miraba en todas direcciones, pero Jeonga parecía no haber llegado todavía. Entonces, se giró hacia los muchachos.

—Esperen aquí, por favor. Pregunto una cosa y vuelvo enseguida —dijo. Y salió apresuradamente.

Seong la saludó cuando entró en la oficina. Ayer había venido para pagar el billete de Jeonga. Así pues, no se mostró muy sorprendido de verla.

—Seong, ¿podrías conseguir un billete para Yeosu? —preguntó con urgencia.

—Sí, claro.

—Entonces, cómprame uno, por favor. Le ha surgido un imprevisto a un pariente y tiene que ir para allá —mintió.

Hwein subió a toda prisa hacia la sala de espera. No había rastro alguno del joven con acento norteño. El chico de pueblo esperaba de pie mientras observaba un anuncio pegado en la pared.

—Lo he conseguido. Venga conmigo.

—Se lo agradezco mucho. Disculpe las molestias.

Sin decir nada más, siguió a Hwein hasta la oficina.

*

Tras entregarle el dinero a Seong, el muchacho indicó a Hwein que estaría en la sala de espera, y la dejó sola, sentada en la acogedora oficina. El calor de la calefacción templó el helado y hastiado cuerpo de Hwein. Un sentimiento de calidez, como si se tratara de un día de primavera, inundó su corazón. Era suave, ligero y confuso como la lana de oveja. Sin embargo, poco después, se desvaneció. La enfermedad de su madre, la definitiva decisión de romper con Gyeonggu, y las diversas vicisitudes de su vida atravesaban su corazón como si fueran espinas. Contempló sus manos reposadas sobre la mesa y sus aseadas uñas. El reloj de la oficina marcaba las siete en punto. El interior de la sala era radiante. La luz se reflejaba en las blancas paredes con tal intensidad que irradiaba un tenue y verdoso resplandor en su brillo. Había una pared impoluta, sin ningún elemento dispuesto en ella. En un rincón de esta, colgaba un brazalete con letras blancas inscritas, como la solitaria hoja de una flor, junto con un uniforme negro azabache, el cual evocaba el radiante carbón apilado junto a las vías del ferrocarril en un soleado día de verano. Un lejano y desolador silbido aunaba los primeros rayos de luz de la mañana. Hwein, sin darse cuenta, clavó la cabeza sobre el frío escritorio, en un intento por reprimir las lágrimas. Con los ojos cerrados, sintió como si una estatua oxidada rodase en la oscuridad. Ese penetrante sonido resonaba entre las paredes y retumbaba en la sala. El estruendo acompañó un sentimiento infinito de vacío. Hwein se levantó y agitó la cabeza, con una mueca de dolor. Escuchó otro silbido inacabable a lo lejos. No podía dejar de pensar en la noche anterior, y en la última conversación que mantuvo con Jeonga. Se cubrió la cara con las dos manos para ocultar la tristeza de su rostro. Sus lágrimas deslizaron por la nariz. Como aquella estatua de una diosa occidental que se yergue solitaria en dirección a un remoto mar, vislumbró cómo su propia estatua borrosa se alzaba sobre la más profunda soledad, para desaparecer empañada en su propio llanto.

Jeonga criticó el modo tan severo con que había tratado Hwein a Gyeonggu, tan frío como una helada invernal. Hwein miró fijamente la cara de su amiga. Sus ojos brillaban con una intensidad inusual.

—Ya veo. Así que quieres limitarte a hablar de los hechos. ¿Piensas que estoy siendo muy dura? Bien, pues siendo sincera, te diré que nunca he pensado en si he manejado bien o mal mi situación con Gyeonggu. Simplemente, tiré la toalla.

—Hwein, estás siendo demasiado inmadura. Da igual lo que digas, pero encontrar a alguien como él no es sencillo. Estoy siendo práctica. ¿No me digas que te vas a poner así por un simple comentario? Piensa en lo preocupado que debe de estar ahora mismo.

Hwein la interrumpió:

—¡Que sí, que sí! ¡Que entiendo todo lo que dices! Lo he escuchado ya un millón de veces. Dices que te parece ridículo no perdonar ese comentario si realmente lo amo, ¿verdad? Aseguras que no es para tanto porque nunca me ha traicionado, ¿es eso? Tienes razón, pero una cosa no justifica a la otra. Imaginemos a un marido infiel que, a pesar de tener varias amantes, asegura a su mujer que la ama más que a cualquier cosa. Y, al mismo tiempo, imaginemos que un hombre bondadoso cede a la presión y declara su amor por su novia, no sin antes haber herido sus sentimientos, en un intento egoísta por protegerse a sí mismo. ¿La cantidad de errores en estos dos casos supera o no a la gravedad de cada uno de ellos? Si me echas a mí toda la culpa por nuestra ruptura, con la excusa de que se trata de un solo error, he de decirte que eres demasiado calculadora. Las relaciones humanas ni se establecen ni se resuelven mediante simples fórmulas matemáticas. Ojalá la mente fuese tan metódica…

Jeonga enrojeció.

—Te lo ruego, Hwein. Déjate ya de idealismos y sé más práctica. No toleras nunca los defectos ni nada desagradable, y eso es muy cobarde por tu parte. Te ciñes exclusivamente a lo psicológico, pero, ¿crees de verdad que el mundo funciona así? La perfección no existe. Es mejor que lo asumas de una vez. ¿Por qué eres tan estricta? Sé que piensas que soy demasiado materialista, pero, en realidad, soy realista. ¿Por qué te empeñas en hurgar tanto en cosas invisibles? Tus sentimientos siempre te hacen víctima de la realidad.

—Bien, ¿y qué sacas tú de negar lo que sientes, convirtiéndote, así, en una víctima mayor de la realidad? —respondió Hwein con una mirada incisiva y vidriosa—. Hablas como si ser sensible fuese malo, pero podría haber controlado esta situación si él no se hubiese reído de mí. Hay que hacerse responsable de las propias acciones para no arrepentirse después de las consecuencias. No quiero un matrimonio que nos lastime a ninguno de los dos. Hablas de actuar racionalmente, pero lo único que consigues es presionarnos y cohibirnos tanto a él como a mí. Y ni siquiera se trata de ser razonable, en realidad te refieres a ser práctico. Hablas de idealismos y de abrazar los defectos con optimismo, ¿verdad? Si todos fueran como tú, y basaran sus relaciones en la falsedad y el egoísmo, el amor se extinguiría. Si el matrimonio no consistiera más que en unos cuantos términos y condiciones, bastaría con firmar un contrato. Si la vida real no es más que eso, no soy ni idealista, ni ilusa. En todo caso, soy una superviviente. Alguien sin pasión o, mejor dicho, sin aptitudes para adquirir riquezas y poder. Cuando rompa mi relación con Gyeonggu, no seremos nunca nada más el uno para el otro.

Jeonga la observaba sentada, y en silencio. Era una persona simple, optimista y alegre como el agua de mayo. Por un lado, sentía lástima por Gyeonggu, pero la felicidad de su amiga era prioritaria. Si bien se había mostrado práctica con Hwein para que se reconciliase con él, en realidad, ella no era alguien tan racional. Por el contrario, era una persona sensible, y en su vida abundaban tanto las risas como las lágrimas. En comparación con ella, Hwein había sido fría como el hielo. Bajo ese pulcro e inexpresivo silencio, ardía la temible llama de sus emociones. Hwein, con una gélida sonrisa en los labios, controlaba esa llama inaccesible —a la que nadie podía aproximarse siquiera un centímetro— para evitar que se desatara como un mar embravecido. No obstante, aquella noche deseaba desahogarse, por fin, con su amiga. Jeonga no era una persona compleja. Por el contrario, era sencilla y amable. Por ello, Hwein charlaba con ella como lo haría un niño pequeño, consciente de que Jeonga se iría mañana y, por tanto, se sumergiría de nuevo en una abrumadora soledad.

—Lo pasé tan mal por lo sucedido, Jeonga. Te lo juro. Cuando corrieron esos molestos rumores, permanecí callada. De hecho, tú eres la primera persona con quien he roto mi silencio. Naturalmente, tenía y tengo aún mucho por decir. Mantuve la boca cerrada cuando tenía las palabras en la punta de la lengua. Y me las tragué, como si fueran espinas. No me fiaba de mí misma, y todo me resultaba demasiado arriesgado. Sentí que, si daba un solo paso en falso, caería en el abismo. Temía que tan solo diría cosas ilógicas y absurdas, y que rompería a llorar al ver a esos envidiosos alegrarse ante mi desgracia.

Hwein habló con una sonrisa amarga. Sus manos, en un principio extendidas hacia el brasero para calentarse, comenzaron a temblar por la aflicción de sus recuerdos.

—Ahora las cosas se han calmado. Aunque me reprendas por malinterpretar lo sucedido, ¿quién podría confiar en él de nuevo? Incluso si se trató de un simple embuste o una broma, ¿cómo podría perdonarlo? Si no fue más que una mentira, se habría convertido en un mago patético. ¿No es acaso la magia nada más que un engaño, una triste farsa que el público premia y aplaude? Ahora bien, si lo que dijo fuese cierto, eso le convertiría en un vil ignorante. ¿Cómo puede ser tan insensible? Nunca me habló sobre ello, cuando debería haber sido yo la primera en saberlo. Es más, sigo sin comprender cómo recibí esa carta, en la que me declaraba un amor puro, e incluso sagrado, justo después de haber negado en público que me amara, dando comienzo a todos aquellos rumores. Quizás lo hizo por delicadeza, para suavizar el golpe que recibiría una pobre y desafortunada mujer... Esa carta estaba repleta de mentiras piadosas, ¿no crees? Ahora bien, me parece inconcebible que se sincerase primero ante mis propios enemigos, sin ninguna delicadeza ni sensibilidad. A mí me habla de un amor santo, pero a mi espalda se muestra dubitativo y despotrica acerca de nuestro pasado. ¡Le daría una bofetada ahora mismo!

Hwein, sin poder controlar sus emociones, sintió cómo se alzaba el tono de su voz. Con el rostro enrojecido, apretó los labios. Jeonga sintió una fuerte presión en el pecho. Era como si le hubiesen azotado con un látigo. Un dilatado silencio, profundo como una tumba, se interpuso entre ellas. Como si intentase disipar esa incómoda atmósfera con las dos manos, Jeonga se pronunció:

—Te entiendo perfectamente, pero ¿en serio crees que Gyeonggu sea tan mala persona?

Aunque, en un principio, parecía una pregunta retórica, Jeonga se respondió a sí misma, con una evidente negativa:

—No, claro que no. ¿En serio piensas eso? Aunque las cosas no funcionen como antes, el pobre hombre está destrozado.

—Me niego a pasar por alto su falsa fragilidad y su egoísmo. No pienso derramar ni una sola lágrima por esos sentimientos de pacotilla, ni por sus mentiras —dijo Hwein con voz sosegada, pero firme y, ya algo más relajada, de espaldas al ventanal, a través del cual se apreciaba una fría y blanca noche de invierno.

Sin saber por qué, Jeonga sintió el repentino deseo de abrazarla, rodear con sus brazos esa fina cintura, y sujetarla con firmeza, como habría hecho una hermana mayor. La pálida y hermosa frente de Hwein, como si hubiera sido tallada en marfil, resultaba inusual en una mujer. Deseó apartar el flequillo que caía sobre su frente. Gracias a este afecto, la trágica imagen de Gyeonggu —una figura desgastada de ojos oscuros— se volvió borrosa, como las nubes en la lejanía. Tan solo tenía ojos para la obstinada mujer que se hallaba enfrente y quien, como una princesa impasible, se mostraba triste, lastimada y derrotada. Los altivos y presuntuosos ojos de Hwein se cohibieron como los de una bestia finalmente domada, y en el lago de su mirada se apreciaba una profunda y desoladora tristeza. Mirando de reojo a Jeonga, se rio. Era de esa clase de risa que puede desencadenar una oleada de redondas y densas lágrimas.

—Lo mejor sería que míster Lee[39] se casase con otra —murmuró Hwein con una voz casi imperceptible. No quedaba claro si el comentario pretendía reflejar su regreso a la realidad, o encubrir su enorme tristeza. Mientras miraba al vacío, resultaban aún evidentes en su rostro las huellas de su dolor.

*

[39] En el original se refiere a 미스터 리 o «Mr. Ri», haciendo referencia a Gyeonggu, cuyo apellido coreano es 이(李), en aquel entonces también usado como 리. Tal y como se explicó en el estudio preliminar, este apellido ha sido romanizado de diversas formas, entre ellas: I, Yi, Ri, Rhee o Lee, siendo esta última la forma que tiene un uso más actual por influencia anglosajona, y que se ha elegido por el empleo en el original del término «míster».

«Tap, tap, tap», el sonido de unos pasos bajando las escaleras resonó en la tranquila oficina. Hwein levantó la cabeza. Había recobrado su expresión habitual, y su rostro recuperó la calma. Seong entró en la oficina mientras se atusaba el pelo. Ella tomó los billetes de tren con una suave sonrisa, sin pronunciar palabra. Incapaz de dar las gracias, aquella mueca se había convertido en su genuina forma de saludar o de mostrar agradecimiento.

Hwein subió con rapidez las escaleras, casi corriendo. Su corazón latía de emoción al imaginar que Jeonga estaría esperándola. Justo cuando había terminado de subir las escaleras, se detuvo, pensativa. Seong no le había dado el cambio de setenta *hwanes* de la compra del billete para el joven. No era extraño que se quedasen con el cambio en estos días, pero a ella le molestaba. Resignada, metió la mano en el bolsillo de su abrigo, dispuesta a dárselo al joven de su propio dinero.

—¡Ah!

Soltó un grito. El dinero había desaparecido. El sobre con los billetes ya no estaba ahí. Incrédula, buscó en el otro bolsillo. Nada. Lo único que encontró fue el billete de veinte *hwanes* para comprar el pasaje del tranvía. Atónita, sostuvo aquel billete, mirándolo fijamente, con la mente en blanco. Sin darse cuenta, volvió a tocarse el bolsillo. También se habían esfumado los ochocientos *hwanes* que iba a entregar a Jeonga para que se comprase algo en el tren. Hwein se quedó un rato de pie, como ausente. Aquel lejano semáforo verde parecía formar parte de un sueño. Comenzó a caminar, arrastrando un pie delante del otro. Después, empujó la pesada puerta de la sala de espera y entró. Con un extremo suelto, la bufanda negra colgaba descuidadamente de su espalda. Hwein miró a su alrededor y buscó a Jeonga, exhausta. No vislumbró el verde abrigo de su amiga. Por el contrario, el joven pueblerino se le acercó corriendo, sonriente, con el bulto blanco balanceándose en sus manos. Sin mediar palabra, Hwein extendió el billete arrugado de veinte *hwanes*, junto con el pasaje. Sabía que le debía setenta *hwanes*, pero permaneció de pie, aturdida, como si se hubiese olvidado de darle la vuelta. El muchacho tomó su pasaje, mientras observaba extrañado el rostro de Hwein, quien mantenía en silencio su mano extendida, instando al joven a que cogiera el dinero. Vacilante, parecía estar pensando en otra cosa, en lugar de en recoger su cambio.

El chico norteño se aproximaba hacia ellos. Se había quitado la gorra. Su grueso cabello suelto era ondeado por el viento.

—Oye, ¿tienes ya el billete? Hoy se han podido comprar sin problemas. ¡El señor Kim acaba de llegar y ha conseguido uno en seguida! ¡Hemos madrugado para nada!

Así exclamó el joven mientras miraba a Hwein de reojo y con desagrado por haberle pedido el favor a aquella mujer. Su actitud era hostil, molesto por haber confiado en ella y, por ende, por haber desaprovechado la ocasión por la que habían madrugado esa mañana. Tras esto, el rostro de Hwein logró volver en sí, como si se hubiera despertado de un sueño. Ahora podía observar nítidamente el rostro de los jóvenes. Se golpeó el pecho, en un intento por desenterrar aquel dolor sepultado en su corazón. Tan solo quería tirarse al suelo. De las prisas por comprar el billete —al que tanta importancia le había dado cuando se podría haber conseguido con facilidad— había perdido el dinero que llevaba en el bolsillo sin darse cuenta. Y, por si no fuera poco, ahora los dos jóvenes la tomaban por una estafadora, al quedarse con el cambio del pueblerino.

El tren de la línea Honam partía con anterioridad al de la línea Gyeongbu, y ya habían comenzado a revisar los billetes. Aún con evidente intención de querer decir algo más, el joven hizo una educada reverencia y se dirigió al área de salidas con su amigo norteño. Este último se inclinó y le susurró algo. Ambos murmuraban.

—¡Ja, ja! ¡A este idiota le ha estafado un revendedor de billetes! ¡Ja, ja!

Hwein lo escuchó alto y claro. Quiso cerrar los ojos para llorar y gritar como un ternero recién nacido. La luz de la lámpara, que colgaba sobre la cúpula de la pared, brillaba débilmente, alejándose de su campo de visión. Dio la vuelta para marcharse. Las lágrimas caían por su rostro, mojando la bufanda.

—¡Ay!

Hundió su pálido rostro en la bufanda para ocultar aquel irreprimible ataque de ira. Todavía sostenía con fuerza el billete en la mano. Se había olvidado por completo de Jeonga, quien aún no había llegado. Entre el bullicio de la gente esperando, y personas empujándose de un lado a otro, Hwein se abrió paso y salió de la sala de espera. Una ráfaga de viento golpeó sus mejillas.

En la plaza de la estación, Jeonga salió del coche con una maleta, y cerró dando un portazo. Al ver cómo Hwein se le acercaba, sonrió y batió las palmas de sus manos. Sin embargo, Hwein, no se percató de la llegada de su amiga. Por el contrario, inconsciente, siguió caminando sin rumbo.

Publicado en agosto de 1955 en la revista *Hyundae Munhak*.

Blanco y negro

El director Jang tira del nudo de la corbata y mueve la cabeza de un lado a otro, como si le apretara demasiado el cuello, grasiento y grueso como el de un cerdo. La corbata, demasiado roja e inadecuada para su edad, contrasta con su cabello entrecano, cuidadosamente arreglado, y su vestimenta juvenil. A pesar de su apariencia, es evidente que sobrepasa los cincuenta años. Saca un pesado reloj de bolsillo. Son justo las tres y media. La comida se ha enfriado hace rato, pero no parece que Hwang Geumsun vaya a regresar pronto.

Ha pasado un tiempo desde su última cita secreta con ella, una antigua alumna que ahora está casada con un funcionario. Además, es madre y su hija estudia en la escuela secundaria femenina que él dirige. Se podría considerar que la repetición de estos encuentros ilícitos fuera el último estallido de pasión en la vejez. Sin embargo, dado su extenso historial de infidelidades, no se trata sino de una nueva aventura más.

Mientras disfrutaba de la ansiada cita, el director Jang contemplaba con una mirada insinuante a Hwang Geumsun, a quien veía como una fresca y lozana rosa. Mas, en el mismo instante en que les sirvieron la comida, ella se levantó del asiento, pálida. Había perdido el cheque de trescientos mil *hwanes* que el director Jang le había prestado. Iría a buscarlo a la boutique donde había entrado mientras venía y, si no lo encontraba allí, acudiría al banco. Como él no podía acompañarla, no tuvo más remedio que quedarse sentado, con inquietud, a esperar.

Saca de nuevo su reloj de bolsillo.

Son las tres y cuarenta y cinco. Se siente ridículo al comprobar cómo cinco minutos se le hacen tan eternos. Para distraerse del tedio y la ansiedad, guarda el reloj en el bolsillo y enciende un cigarro.

Trescientos mil *hwanes* no es una suma desorbitada para el director Jang. Tampoco le sume en ninguna preocupación, pues había cumplido con el objetivo de entregárselo a Geumsun. Lo que realmente le inquieta es la posibilidad de que alguien encuentre el cheque y lo publique en la sección de objetos perdidos del periódico indicando su nombre. Definitivamente, eso sería algo muy desagradable. Mientras exhala nubes de humo, intenta quitarle hierro al asunto. Si algo tan trivial como eso le pusiera en apuros, Hyeon resolvería el problema con agilidad. Escupiendo una gruesa flema en el cenicero, se irrita consigo mismo por ahogarse en un vaso de agua.

El director Jang ha arañado siempre pequeñas cantidades de los fondos escolares, pero, hace poco, se ha hecho con una cantidad mayor. Lo cierto es que, desde entonces, se muestra un tanto ansioso y suspicaz. Aunque su corpulencia le haga parecer un atrevido hombre de negocios, las décadas que ha dedicado al mundo de la educación le han tornado taimado y cauto. Su actual posición, que ha labrado con tenacidad, lo es todo para él. Sin embargo, la hipocresía, la codicia y los placeres carnales están ya en su naturaleza. Para él, la cuestión es hasta cuándo podrá seguir defraudando. Por ello necesita al contable llamado Hyeon, su cómplice.

El director Jang recuerda la petición de Hyeon sobre la contratación de un nuevo docente, que ya ha aprobado, prácticamente. Se alegra de haber fijado la entrevista para pasado mañana, es decir, el lunes, como una forma de corresponder a Hyeon por todo lo que ha hecho por él hasta ahora. Así, su lealtad le haría asumir toda la responsabilidad si fuera necesario. Hyeon es un hombre de una extraordinaria inteligencia, firme y comprometido. Convencido de que es un hombre a su medida, el director Jang aclara su garganta y deja caer la ceniza del cigarro en el cenicero. En ese instante, escucha el sollozo de una mujer procedente de la sala contigua. Aliviado, pero a la vez invadido por una inusual curiosidad, acerca su orondo cuerpo a la pared.

La mujer debía de estar haciendo un gran esfuerzo para reprimir el llanto. De hecho, si hubiese estado hablando con Geumsun durante la comida, no lo habría escuchado. Ese llanto, inaudible pero conmovedor, perduró un tiempo, hasta que, ya calmada, logró escuchar su voz.

—¿Qué piensas hacer? ¿Has decidido algo?

—¿Cómo que qué pienso hacer?

Era la voz grave de un hombre con clara muestra de hartazgo y fastidio.

—Cada día que pasa… Ah, solo deseo morirme.

Se escucha un golpe. Después, se hace el silencio.

—Me aterra que mi familia se entere. Cada vez que regreso a casa, es como adentrarme en el mismísimo infierno. De verdad, no puedo soportarlo más. Dime qué quieres que haga. ¿Quieres que me muera ya? ¿Quieres que viva? ¡Di algo!

La mujer rompe de nuevo a llorar.

—¿Qué quieres que haga? Sabes muy bien que no me puedo casar contigo. Lo único que puedo hacer es llevarte a un hospital… Reuniré todo el dinero que pueda.

Los sollozos de la mujer se vuelven más audibles. Llevada por la emoción, parece haberse olvidado por un instante de que se encuentra en la sala privada de un restaurante chino. Desconcertado, el hombre comienza a consolarla.

El director Jang agarra el nudo de la corbata y mueve la cabeza de un lado a otro antes de sacar el reloj de bolsillo. Son las cuatro y cinco. Geumsun debe de haber perdido el cheque y probablemente esté en el banco. Tranquilo, deja el cigarrillo en el cenicero, se levanta y se pone el abrigo. Desliza la puerta corredera para salir. Justo en ese instante, la puerta de la sala contigua se abre, y se encuentra con un hombre de cara alargada, de unos treinta años. Sorprendidos, ambos apartan la mirada. Aunque no se conocen de nada, sus reacciones resultan similares. El hombre se agacha para ponerse los zapatos, bajando el borde de su sombrero de fieltro. La mujer, ágil como una ardilla, pasa por delante del hombre y salen a la calle.

El director Jang, algo más relajado, observa a la pareja caminar a escasos pasos de él. La fina figura de la mujer de espaldas le impresiona. Las mangas raglán[40] de su abrigo parecen balancearse sobre

[40] La manga raglán, también conocida como ranglán, es un estilo de confección que se utiliza en abrigos o gabardinas. A diferencia de las mangas tradicionales, no cuenta con una costura recta bajo la axila. En su lugar, la costura comienza en el cuello y se extiende en una sola pieza cubriendo el hombro y descendiendo en forma diagonal.

sus redondeados hombros. De repente, le invade un sentimiento de tristeza. No solo porque Geumsun haya perdido el cheque, sino, asimismo, porque su esposo regresará en los próximos días de su viaje de negocios y la interrogará sobre su fortuito embarazo. Ajusta el nudo de su corbata y gira el cuello de un lado a otro mientras se lame los labios, un gesto que se ha convertido en un hábito cuando siente tedio o frustración. Sabe que debe terminar con ella pronto y, sin embargo, Geumsun es aún tan joven y hermosa.

*

Hyesuk junta las pantorrillas con fuerza. Tras ajustarse la manta para cubrirse los hombros, continúa tejiendo con denuedo. Si al menos el día estuviera despejado, podría disfrutar del sol sentada en el solado de madera[41], del ancho de la palma de la mano, que da al patio. Sin embargo, el día de hoy no solo está nublado, sino que, además, el viento azota con furia el techo de hojalata.

Al día siguiente de comenzar las vacaciones escolares, la madre de Hyesuk había llevado a su nieta, Gyeongi, a la casa de su hermana menor. Ya han pasado cuatro o cinco días desde el inicio del curso, pero aún no sabe nada de ellas. La falta de noticias le resultaba desalentadora, más aún sabiendo que habían ido a pedir ayuda económica. Probablemente, su madre no consiguió el dinero y optó por quedarse allí con su hija para pasar el invierno y, al menos, tener algo que comer. Estaría cosiendo o ayudando en la cocina de su sobrina política, aguardando despertar un poco de compasión. Sin darse cuenta, derrama unas lágrimas.

Han transcurrido cinco años desde que su marido murió en una terrible explosión y su hogar fue reducido a cenizas durante la guerra

---

[41] En coreano *maru* (마루), hace referencia al suelo elevado de madera que se encuentra en las casas tradicionales coreanas. Este espacio servía como zona común para sentarse o conversar. Además, es el lugar donde se quitan los zapatos antes de entrar al interior de la casa. En la actualidad, este tipo de construcción sigue siendo típica en los *hanok* (한옥) o las casas construidas bajo el estilo arquitectónico tradicional coreano.

de Corea. Su agotadora vida como refugiada, vagando de un lugar a otro hasta llegar a Busan, finalizó con la firma del armisticio. El verano pasado consiguió un precario trabajo en la capital, con el que logró asegurar una pequeña habitación de madera carcomida y un techo de hojalata donde vive junto con su hija Gyeongi y su madre. Pero incluso esa inestable vida se desmoronó hace dos meses, cuando perdió su empleo. Aun así, ni la miseria ha logrado doblegar a la Hyesuk de siempre, quien ante algo sucio o desagradable, es de las que escupe al suelo y se aleja. Ese carácter empeoraba su situación económica, pues, la causa de su renuncia fue debida a su intachable integridad ética.

Así, indignada por la repugnante y lasciva actitud de sus barrigudos superiores, presentó su carta de dimisión. Esto no implica que Hyesuk, con una niña y una madre anciana a su cargo, y que había soportado años de sufrimiento tras la muerte de su marido, fuera una ingenua flor. Cuando presentó su renuncia, ya había elaborado un plan. A pesar de sus dificultades económicas, había invertido una parte de su modesto salario en un círculo de inversión privado[42], del cual recibiría su parte de beneficio en unos días. Doscientos mil *hwanes* no eran una fortuna, pero sí era una suma importante para ella. Con ese dinero, pensaba abrir una pequeña tienda para mantener a su familia. Su madre podría encargarse del negocio, mientras ella lo supervisaría de vez en cuando. Además, había pensado en trabajar en la enseñanza, lo que se ajustaba bien a su carácter. No obstante, sus planes se vinieron abajo por completo. Sin duda, la vida no es matemáticamente predecible, y menos en tiempos de tanta incertidumbre. El propietario del fondo se apropió del dinero y solo le entregó cincuenta mil *hwanes*, aplazando el pago día tras día hasta que, poco a poco, gastó incluso aquellos cincuenta mil *hwanes*. Ahora desempleada, no puede hacer nada al respecto.

El invierno avanza con pasos de escarcha y penetra con su gélida presencia en la habitación sin calefacción y en sus bolsillos vacíos.

---

[42] En el texto se hace referencia a un *gye* (계/契), o un círculo de inversión privado, donde cada uno de los miembros aporta una cantidad de dinero en un ciclo regular, turnándose para recibir la suma global. Para más información, leer el estudio preliminar.

El viento arrecia y se escucha el repiqueteo de los granos de arena golpeando contra el techo de hojalata. Las hojas secas de rábano, colgadas de la pared, se agitan con cada ráfaga.

Hyesuk se rasca la cabeza con la aguja de tejer y la vuelve a enhebrar. Tras tejer durante un tiempo, coloca el material sobre sus rodillas y junta las manos para calentarlas con su aliento. Mientras se descongelan sus entumecidos dedos, fija su mirada en el calendario de la pared. De pronto, se levanta y ordena la habitación. A continuación, sale apresurada para traer los escasos restos de leña que quedan en el patio trasero, y llevarlos a la cocina.

Hoy es domingo.

Los domingos siempre recibe visitas. Yeongmin vendrá sin falta, y quizás también el señor Hyeon. Yeongmin, una excompañera de trabajo, es como una hermana para ella. De hecho, viene a su casa cada domingo, sin excepción. El señor Hyeon fue amigo de su difunto marido y trabaja como contable en una escuela secundaria femenina. De vez en cuando le lleva huevos. La última vez que hablaron, Hyesuk le pidió ayuda para encontrar trabajo.

Hyesuk enciende el fogón[43] y permanece absorta contemplando el fuego. Al pensar en su madre y su hija, siente un dolor punzante en el pecho. Se imagina la desaliñada imagen de la anciana, encargándose de las labores de la cocina junto con su sobrina política. Asimismo, evoca el rostro de Gyeongi, temblando de miedo como un polluelo asustado. Probablemente, sin sentirse a gusto con los otros niños, se aferre a la falda de su abuela. Si la tía de Hyesuk arremetiera contra la patética actitud de su hija, la madre de Hyesuk la apartaría con ternura, y de los grandes ojos de la niña brotarían lágrimas. Cavilando todo tipo de escenarios, percibe el lamento de su madre: «Hija, ¿qué vamos a hacer?». Desde su partida, el desesperado golpeteo de la anciana contra su ya contuso pecho resuena día tras día en su mente. Así, siente como si se

[43] En coreano *agungi* (아궁이) es una cámara de combustión presente en las cocinas tradicionales coreanas. Una vez encendido el fuego, ya sea con leña u otros combustibles, se usaba para cocinar. Además, formaba parte del sistema de calefacción tradicional coreano conocido como *ondol*, que calienta el suelo mediante el calor del fuego y el humo canalizados bajo la vivienda.

precipitara por un oscuro acantilado. En un intento por escapar de esa aterradora imagen, Hyesuk alza la mirada y se sumerge de nuevo en el sonido del viento. Desolada, se aferra a la esperanza de recibir, pese a que no le prometiera nada, una oferta laboral del señor Hyeon.

Hyesuk recoge los trozos de leña y los parte con las manos. Sin recordar cuándo dejo de llorar, se siente aún más miserable. Desolada, estudia el tono y la expresión del señor Hyeon en busca de una señal de esperanza, mientras recuerda sus últimas palabras: «No estoy seguro, pero voy a ver qué puedo hacer. No hay nada fácil ahora mismo». El señor Hyeon venía algunos domingos con una bandeja de huevos para ver cómo seguía la familia. Sin embargo, y como consecuencia de la pasada petición de Hyesuk, quizás haya decidido no visitarla hoy. Considerando, por última vez, el peor escenario posible en lo referente al trabajo, lanza el último pedazo de leña al fuego. Incorporándose, se sacude la falda, como si quisiera disipar esos pensamientos de su mente.

De vuelta en la habitación, vuelve al tejero, sumida en otro tema que la perturba. Ha tomado una decisión sobre el trabajo, pero aún le preocupa resolver el asunto relativo al abrigo que intercambió con Yeongmin. Cuando venga hoy, se lo devolverá sin falta y se quitará, por fin, ese peso de encima.

El otoño pasado, salieron juntas a encargar abrigos a medida. Yeongmin se decidió al instante por una tela marrón, mientras que Hyesuk vaciló al no disponer de suficiente dinero. Tras tocar y comparar varias telas, optó por una verde, diez mil *hwanes* más barata. Aunque el color era más llamativo, la calidad de la tela igualaba a la marrón de su amiga. Una vez confeccionados los abrigos, Hyesuk volvió a dudar. El color le parecía demasiado llamativo para su edad. En cambio, al probárselo Yeongmin, se sorprendió al verlo mucho más bonito de lo que se imaginó con la muestra de tela, y enseguida se encaprichó de él. De este modo, decidieron intercambiar los abrigos y, una vez recibida su parte del círculo de inversión privado, Hyesuk le pagaría a Yeongmin la diferencia. No obstante, lejos de cumplir con el trato, Hyesuk perdió su trabajo, y la única solución sensata era devolverle el abrigo. Sin embargo, cada vez que sacaba el tema durante las visitas, su amiga la interrumpía, pues no lo consideraba un asunto urgente.

Son las doce del mediodía cuando llega Yeongmin. Tres o cuatro años menor que Hyesuk, sus definidas facciones se asemejan a las de una mujer occidental. Además, su clara voz la hace aún más distinguida. Arrojando su bolso al suelo, se desploma con las piernas a un lado y observa a Hyesuk en silencio, con la mirada vacía. Pareciera estar inmersa en sus pensamientos o completamente abatida. Hyesuk no es ajena a sus problemas. Sabe que está saliendo con un imprudente hombre llamado Taeho, pero eso no le preocupa demasiado, pues su amiga es inteligente.

—Me quiero morir —murmura Yeongmin.

—¿Morirte por qué? —pregunta Hyesuk.

—Porque no sé cómo voy a vivir así.

Inmediatamente, Yeongmin rompe a llorar sin dar explicación alguna. Viendo cómo llora desconsolada, balanceándose y cubriendo su rostro con las manos, Hyesuk percibe, con inusual claridad, la feminidad de su amiga, como si hasta ahora no se hubiese percatado de que fuera una mujer. Al mismo tiempo, sentía de manera tangible cómo esa relación amorosa, que se había intensificado con el tiempo, parecía haber llegado a un irremediable final.

—Creo que nunca había sabido de verdad lo que significaba ser mujer hasta este preciso momento —continúa Yeongmin, mientras se seca las lágrimas.

Hyesuk permanece en silencio.

—Creo que vamos a romper.

Hyesuk comprende, como solo pueden hacer quienes lo han sufrido, la resignación que ocultan esas palabras. A los veintitrés años, su amiga acaba de conocer el mayor dolor de la vida.

—¿Cómo? No puede ser —responde Hyesuk con los ojos bien abiertos, intentando llenar el extraño vacío del momento. Al reparar en la vacuidad de sus propias palabras, siente cómo se le derrama una lágrima.

Después de un buen rato, Yeongmin se levanta.

—Me voy ya. Volveré otro día.

Hyesuk se levanta de un salto y detiene a su amiga, justo cuando se está poniendo el abrigo. Después de pensar un momento, añade:

—Escúchame un momento —dice, mientras se coloca detrás de ella y empieza a quitarle el abrigo verde.

—¿Qué quieres? —responde Yeongmin extrañada—. Ah, otra vez el dinero… Te lo he dicho mil veces. Que me da igual si me lo devuelves o te lo quedas.

—Ya no tengo esperanzas de poder devolvértelo. Además, cada vez que lo veo, me siento fatal. Necesito quitarme este peso de encima. Toma y calla —añade Hyesuk con una sonrisa, mientras le da palmaditas en la espalda para convencerla.

Pálida, Yeongmin mira a su amiga con una triste mueca y deja que esta le ponga el abrigo marrón.

—Ya está —concluye Hyesuk.

Acariciándole por última vez la espalda, Hyesuk se sitúa frente a ella. Mientras tanto, su amiga permanece estática, con la mirada ausente. Unos segundos después, se coloca apresuradamente el cuello del abrigo, como si se hubiera despertado de repente, y sale al solado de madera para calzarse.

—No te olvides de la bufanda —añade Hyesuk, recogiéndola del suelo.

—Déjala. La compré a juego con el abrigo.

Yeongmin sale a la calle apresurada antes de que Hyesuk logre ponerse los zapatos. Esta última la observa desaparecer con la bufanda en la mano.

—Espero que no haga ninguna locura —murmura.

*

Tras la partida de su amiga, Yeongmin permanece encogida e intranquila en medio de la habitación. El estruendo del viento despierta en ella una nueva preocupación, pues aún no ha llegado el señor Hyeon.

A medida que avanza la tarde y la noche comienza a caer, la desesperación invade la diminuta habitación. Cada minuto que pasa, el cuerpo de Hyesuk se endurece como una piedra. Cuando un oscuro abismo se le aparece ante los ojos, sacude la cabeza y mira al techo, intentando alejar esa imagen de su mente.

La ventana abatible que da a la calle se zarandea con el viento. Hyesuk se levanta de un salto y abre la ventana, buscando una silueta humana en medio de la oscuridad, pero solo percibe el rugido del viento. Abatida, se desploma sobre el suelo perdiendo la noción del tiempo, hasta que oye golpes en la puerta. Hyesuk contiene la respiración.

—Señora.

Es el señor Hyeon.

Un escalofrío recorre el cuerpo de Hyesuk mientras se abalanza hacia la puerta. La luna brilla débilmente entre las nubes flotantes. La urgencia de su conducta la sume en la tristeza. Se aparta el cabello del rostro y se inclina ante él con una reverencia.

Una vez dentro, se sientan uno frente al otro bajo la anaranjada luz de una vela, que ilumina la grasienta piel del señor Hyeon. Impaciente, espera a que él saque el tema. Molesta por el prolongado silencio, acaso intencionado para darle un mayor peso a sus palabras, se siente como un ternero dispuesto sobre un altar para ser sacrificado.

El señor Hyeon apaga su cigarrillo en el cenicero y comienza a hablar:

—Dada la urgente situación, hablé al respecto en la escuela donde trabajo. Justo ahora hay una vacante porque la profesora de tareas domésticas se acaba de casar. Por el tono del director, diría que, al menos, hay un ochenta por ciento de probabilidades de que consiga el puesto. No puede decirme que no.

De pronto, el rostro de Hyesuk se ilumina. Balbuceando, intenta expresar su agradecimiento, pero el señor Hyeon continúa hablando, manteniendo la mirada fija en otra dirección.

—Venga a la escuela mañana. El director la recibirá a las diez y media.

Tras esto, gira la cabeza y la observa, manifestando las ocultas intenciones que hábilmente había disimulado. Ella lo elude, sin poder evitar la culpa que la consume.

—Siento causarle tantas molestias… —responde cabizbaja.

El señor Hyeon la observa en silencio.

—Con todos los amigos que tuvo en vida… —añade para reducir la tensión del ambiente y recordarle, de manera sutil, su posición como la esposa de su difunto amigo.

Por un instante, un leve destello de emoción se manifiesta en el rostro del señor Hyeon. Después de recuperar su habitual serenidad, esboza una irónica mueca, como si se mofase de su habilidad para cambiar de tema. Hyesuk siente cómo el rubor se extiende hasta la punta de sus orejas, desbordada por la humillación y la derrota. El señor Hyeon se levanta mientras sacude su traje.

—Por cierto, le hablé al director, por encima, acerca de su situación y le dije que usted es mi prima. Si le pregunta algo, sígame el juego.

—De acuerdo —responde Hyesuk, mordiéndose el labio inferior.

Tras despedirse de él, Hyesuk toma un poco de agua para humedecerse el cabello y comienza a ponerse los rulos. Ya ha pasado tiempo desde que se hiciera su última permanente y teme despertar con el cabello desaliñado al día siguiente. Poco después, una sensación de malestar paraliza sus manos y nubla su expresión. Con una mezcla de enojo y ansiedad, rememora la penetrante mirada del señor Hyeon. No obstante, y solo por esta vez, decide ceder por su propio bien y continúa poniéndose los rulos. Poco después, se detiene aturdida, al recordar el abrigo verde que había recuperado de Yeongmin. Le parece demasiado llamativo para mañana. Preocupada, lamenta no haber esperado a devolvérselo. La entrevista de mañana es crucial, pero como no puede hacer nada al respecto, continúa rizándose el cabello. Al terminar, se envuelve la cabeza con una toalla blanca, como si se tratara de un turbante, y se prepara para dormir. Incómoda, da vueltas en la cama hasta que, finalmente, cierra los ojos en un desconsolado rezo. Sin embargo, en la oscuridad, mientras suplica para conseguir el empleo, advierte los ojos del señor Hyeon, mirándola con claras intenciones, desde diversos ángulos.

*

El director Jang da vueltas en la silla giratoria de su oficina antes de levantarse. A continuación, se estira y se dirige a la ventana. Al ser hora de clase, el patio está vacío e inusualmente limpio, probablemente gracias al fuerte viento de la noche anterior. Con el cese de la ventisca, las ramas de los árboles reciben el agradable sol de invierno. Estirándose de nuevo, comienza a juguetear con su bigote. Desde hace tiempo, ha estado examinado los métodos y procedimientos para la ampliación de aulas en educación secundaria superior[44]. Lo más práctico y viable sería aprovechar las aulas ya existentes para acoger al mayor número posible de estudiantes de otras escuelas, y trasladar a los alumnos actuales a las nuevas. Concentrado, el estridente sonido de una llamada telefónica corta el hilo de sus pensamientos.

—¿Sí? ¿Quién es? Sí, eh, eh… perfecto. ¿Cómo?

El director Jang asiente con el ceño fruncido. Al otro lado del teléfono, Hwang Geumsun lo tranquiliza, asegurándole haber recuperado el cheque antes de que cayera en manos equivocadas. No obstante, le pide que se vean para hablar.

—Está bien. Entonces nos vemos pasado mañana a las cuatro donde siempre —decidió molesto al saber de qué se trataba.

Cuando estaba a punto de finalizar la conversación tras acordar la fecha y hora, ella añade:

—Ha vuelto —y cuelga.

Sin duda, se refería a su marido. Colgando el teléfono con brusquedad, su indignación se transforma en preocupación. Con el regreso del marido, resolver aquel asunto era de máxima urgencia. Inquieto, da una vuelta al escritorio y se acerca a la ventana para mirar el patio. A lo lejos, observa a una mujer entrando por la puerta de la escuela, en dirección a su oficina. Incluso desde la distancia, destaca su distintivo abrigo verde, acompañado de una llamativa bufanda gris y amarilla. El director Jang inclina la cabeza y la observa con atención. Aún no puede distinguir su rostro, pero su silueta es esbelta y su piel, muy clara. Cuando la mujer llega a la entrada del edificio y advierte su perfil desde la ventana, no puede evitar soltar un pequeño grito. Hay algo familiar en ella. Sin duda, aquel vistoso atuendo es el de la mujer que salió llorando del restaurante chino dos días atrás. «Vaya, el mundo es un pañuelo», piensa el director Jang, esbozando una sonrisa amarga, sin detenerse a considerar qué podría estar haciendo esa mujer en la

---

[44] En coreano *godeunghakgyo* (고등학교), en el texto se refiere a la educación secundaria superior, que en España abarca el cuarto curso de la Educación Secundaria Obligatoria (ESO) y los dos años de bachillerato.

escuela. Como es habitual en él, se ajusta la corbata y gira la cabeza mientras se deja caer en la silla giratoria. A continuación, comienza a revolver los documentos sobre el escritorio, estampando sellos con fuerza, como si desahogara su ira con cada golpe. En ese momento, alguien llama a su puerta con delicadeza y el director Jang alza la vista. Cuando el señor Hyeon entra en el despacho con expresión seria, lo mira con una sonrisa paternal.

—Acaba de llegar la prima de la que le hablé el otro día —menciona apretándose las manos—. Si no está muy ocupado…

—¡Ah, sí! Se me había olvidado por completo. Claro, no hay problema. Hágale pasar.

Tras hacer una reverencia, el señor Hyeon sale del despacho. Poco después, regresa acompañado de Hyesuk. El director Jang no puede reprimir su sorpresa. Es la misma mujer que había visto hacía unos instantes cruzando el patio de la escuela con ese llamativo abrigo. Desconcertado ante tal inesperada situación, la mira aturdido. «Esta mujer es una fulana», piensa ante la serena e impasible actitud de ella. Observándola de arriba abajo con reproche, clava su feroz mirada en el vientre, con una fría expresión de desprecio. Incómoda ante la denigrante actitud del director Jang, quien la escruta de pies a cabeza como si estuviera desnuda, Hyesuk siente cómo su rostro se enrojece, en una mezcla de humillación y rabia. Sin poder evitarlo, baja la mirada hacia sus propias manos, apoyadas sobre las rodillas.

—El señor Hyeon me ha informado de su situación. Puede irse ya. Le comunicaré la decisión final a través de él —concluye, cortante.

Hyesuk tiene un mal presagio. Angustiada, un intenso dolor le oprime el pecho. En un último intento por persuadirle, dirige una mirada suplicante al director Jang, pero la frialdad de sus ojos se extiende hasta la comisura de sus labios. Incapaz de soportar más la situación, Hyesuk se levanta de un salto, con un movimiento mecánico.

Fuera de la oficina, Hyeon observa con sorpresa el desolado rostro de Hyesuk. Confundido, le ruega que espere y llama a la puerta. Con la cabeza agachada, el director Jang levanta los ojos para, a continuación, añadir con desagrado:

—Deberías vigilar más a esa prima viuda tuya. Si no me falla la vista, te aseguro que esa mujer tiene un romance con otro hombre. Lo siento mucho, pero no puedo aceptar tu propuesta.

Pálido, el señor Hyeon aprieta las manos, sin pronunciar palabra. De repente, el perturbador sonido del teléfono irrumpe el silencio y el director Jang descuelga con parsimonia.

Publicado en agosto de 1956 en la revista *Hyundae Munhak*.

Tiempos de oscuridad

Bajo un cielo encapotado, la lluvia parecía no dar tregua.

Tras diez días desde el comienzo del monzón[45], el agua se acumulaba bajo el *ondol*[46] de la tienda familiar, también vivienda, de Sunyeong. El agua no solo se filtraba por la deteriorada chimenea, sino que, sobre todo, provenía de los ríos de agua fangosa que serpenteaban y, paulatinamente, inundaban las calles. Adentrándose por el umbral de la tienda, el agua alcanzó el fogón situado en la cocina. Era palpable la humedad y las habitaciones se habían impregnado de un penetrante olor a moho. Además, la incesante lluvia impedía lavar la ropa, que se apilaba junto con las cajas de ropa vieja, dejando la casa más desordenada de lo normal. Frente a la tienda de Sunyeong se extiende una gran avenida en forma de H. Puede que el sistema de alcantarillado esté obstruido, o que quizá ni siquiera exista, pues siempre que se intensifica la lluvia, se inunda la ya de por sí problemática vía. De este modo, cada verano la casa de Sunyeong sufre importantes daños, pues, además, se encuentra en un cruce, haciendo esquina. En la tienda se exhiben tentempiés, fruta y algunas botellas de licor. Re-

---

45 Asimismo conocida como temporada de lluvias o *jangma* (장마), se produce generalmente desde el solsticio de verano hasta mediados o finales de julio, aunque puede variar cada año. Surge con el choque entre la masa de aire frío y húmedo proveniente del anticiclón del mar de Ojotsk, desde el noreste, y la masa de aire cálido y húmedo del anticiclón del Pacífico, desde el suroeste. Este periodo se caracteriza por fuertes lluvias torrenciales.

46 Mejor conocido como *ondol* (온돌) en la actualidad, hace referencia al sistema de calefacción tradicional que funciona mediante la circulación de humo caliente bajo el suelo de la casa. Para ello, primero se encendía el *agungi* (아궁이) o fogón situado en la cocina, que generaba humo caliente. A continuación, el humo pasaba a través de canales construidos bajo el suelo de la casa. Las losas de piedra *gudeul* (구들장) que cubren el conducto, distribuían el calor por el suelo de la habitación.

sulta triste que de este precario negocio dependa la subsistencia de una familia de cinco miembros.

Sunyeong estudia literatura, mientras lucha por mantener a sus hijos —una hija de diez años y un hijo de ocho—, y a su anciana madre. Durante la guerra perdió a su marido, así como todas sus pertenencias. De este modo, vagando confusa entre la destrucción, la desdicha irrumpió en su vida. No obstante, aun entre la pobreza, el hambre y su desesperada lucha por no rendirse, Sunyeong siempre ha mostrado un espíritu de resistencia. Sin poder deshacerse de sus inclinaciones románticas, se refugia en la literatura.

La lluvia parece haber amainado ligeramente. Sunyeong está en la tienda observando de pie el exterior, mientras se suaviza su todavía húmedo cabello por las fuertes lluvias de estos últimos días. A su lado está su madre, sentada en silencio sobre una caja de manzanas vacía con los brazos cruzados. Aún se translucen sus pezones a través de la fina y mojada blusa[47]. Sunyeong, cabizbaja y deslizando las manos por su cabello, entra en la oscura habitación. En ella, tumbados sobre el suelo pegajoso por la humedad, sus hijos colorean los cuadernos para las vacaciones de verano. Su estatura es demasiado baja para su edad. Con sus pequeñas espaldas encorvadas, parecen dos tortugas. Sunyeong los mira con la mente en blanco. Pequeñas franjas azules se abren paso en el cielo ceniciento. La luz cae sobre su rostro mientras continúa mirando fijamente a sus hijos en la oscura habitación.

Bajo una grata presencia luminosa, se gira hacia la pequeña ventana por la que observa un cielo azul grisáceo. Mirando absorta el exterior, de pronto se dirige a sus hijos y les dice, como acabando de recordar algo:

—¡Myeonghye! Vete con Myeongsu a casa del abuelo, que mamá tiene que trabajar, ¿vale?

---

[47] En coreano *jeoksam* (적삼), es una prenda tradicional coreana similar a una camisa ligera de manga larga. Se utilizaba de dos maneras diferentes según la estación: en invierno, confeccionado en algodón, servía como ropa interior bajo la parte superior del *hanbok* (한복) o *jeogori* (저고리), mientras que en verano, elaborado generalmente con ramio, se llevaba como blusa debido a su ligereza y transpirabilidad.

Mientras habla, continúa inmersa en sus pensamientos. Los niños elevan sus pálidos rostros, como setas que se asoman entre las grietas de una piedra, y comienzan a recoger sus libros para guardarlos, uno tras otro, en la mochila.

—¡Nos vamos, madre! —gritan con voz aguda, como alondras, y salen de casa.

La casa del abuelo se encuentra cerca del mercado. La llaman "la casa del abuelo", pero se trata de la habitación de un estudiante del pueblo de Sunyeong, que estudia en la Universidad C[48]. Y a quien llaman "abuelo", en realidad, es un primo de su difunto padre, tío segundo para ella. El abuelo había ido y venido a Seúl debido a unos problemas legales, pero desde hace unos meses reside en la capital. Sin más remedio, y a pesar de la precaria situación de su familia, se encargan de él como pueden. En el pasado recibieron ayuda de la familia del abuelo y, en cierto modo, tanto ella como su madre se sienten en la obligación de devolverle el favor, aun a pesar de su ya comprometida situación. Y, pese a que habían logrado darle de comer, no tenían suficiente espacio en la casa para alojarlo. No obstante, y para suerte de Sunyeong, ese estudiante alquiló una habitación en el barrio y el abuelo pasó a vivir con él. Además, ahora que son vacaciones de verano y el estudiante ha regresado al pueblo, el abuelo tiene toda la habitación para él solo.

Tras la salida de sus hijos, Sunyeong ordena el escritorio, repleto de papeles y libros, y arrastra otra caja de manzanas de la tienda a la habitación. Su madre, todavía sentada sobre la caja vacía y observando a Sunyeong con los brazos cruzados, le dice malhumorada:

—Tienes que hervir el engrudo[49].

Sunyeong sabe el porqué de su tono de voz. Sin prestarle atención, se dirige a la joven encargada de las tareas domésticas.

---

[48] Aunque llama la atención del lector hispano, en la literatura coreana es muy común el uso de iniciales o letras en lugar de ofrecer el nombre completo. Podría tratarse de una estrategia narrativa para sugerir anonimato o ambigüedad, no enfatizar una identidad exacta al no ser relevante para la historia, o evitar asociaciones con personas o lugares reales.

[49] El engrudo suele prepararse con harina y agua. Es el mismo que se usa para elaborar manualidades con *hanji* (한지/韓紙), el papel coreano.

—¡Sunja! ¡Sunja! —la llama con voz autoritaria.

Aunque se trata de la sirvienta, en realidad es un miembro más de la familia, a la que ha acompañado en toda clase de altibajos. Cuando Sunja aparece, con expresión rígida y un trapo en la mano, Sunyeong vuelve la mirada para ver cómo se nubla de nuevo el cielo, y le dice:

—Trae de esos papeles para empapelar la pared. Elige uno bonito y trae cinco pliegos, ve —dice Sunyeong entrando en la habitación.

—¿Para qué complicarse tanto? Con papel de periódico es suficiente, que no tenemos dinero. No hay quien te entienda.

Tal y como imaginaba, antes de darle el dinero a Sunja, su madre continúa refunfuñando durante un buen rato. Sunyeong llevaba días planeando vaciar una caja de manzanas para meter su ropa, y hoy, por fin, se disponía a hacerlo. Mientras tanto, espera sudando a que hierva el engrudo que su madre está preparando sin parar de rezongar. La madre no se fía de Sunyeong, pues había echado a perder la vez pasada el engrudo por excederse del tiempo de cocción.

—¿Tan refinada es la habitación como para no poder empapelarla con hojas de periódico? ¡Que no tenemos dinero! ¿Acaso el papel tapiz hará que a las cajas de manzanas le salgan estrellitas? ¡De verdad! —despotrica aún, mientras remueve el engrudo— ¡Ay! ¡No puedo más! ¡Qué tortura de vida!

En la habitación, Sunyeong la escucha sentada, sin pronunciar palabra. Una sofocante mezcla de frustración y angustia oprime su pecho. «¿Es tanto pedir que el espacio que ocupamos esté limpio y ordenado?», desea decir Sunyeong, pero, finalmente, se lo guarda para sí. Sabe bien que su madre nunca la entendería.

Cuando Sunyeong era pequeña, su madre se separó de su esposo. Desde entonces ha vivido a solas con ella, su única hija. Sin embargo, y aun cuando habían disfrutado de una posición económica próspera y estable, la guerra las arrebató todo de la noche a la mañana, haciendo que vaguen en la miseria. Por ello, la madre siente una profunda nostalgia por los tiempos pasados y no hace más que maldecir su vida actual.

Con el engrudo ya elaborado y el papel que ha traído Sunja, Sunyeong comienza a empapelar la caja. Justo cuando va por la mitad, escucha la aguda voz de Myeonghye:

—Abuela, el abuelo dice que vamos a enfermar por deficiencia nutricional, y que Myeongsu se hizo ayer pis encima porque está muy débil.

—Dile que deje de preocuparse por los asuntos de los demás y se ocupe de los suyos —responde cortante la abuela, resentida con su primo político, a quien debe cuidar incluso en una situación económica tan complicada para ella.

—Dice que, como enfermemos, las medicinas resultarán aún más caras.

—¡Es el colmo! ¡Ni que no comiésemos por capricho! Pues si enfermamos, nos moriremos. No se puede hacer nada.

—Por eso, el abuelo dice que comamos esto.

—¡Bah! Como antes estaba seboso, no puede quitarse de la cabeza la carne —se mofa la madre.

Sunyeong, pendiente de la conversación desde la habitación, se disgusta al escuchar cómo su madre se desahoga frente a los niños, pero prefiere permanecer callada. Tras un rato, la apabullante voz de Myeonghye deja de resonar en la pequeña tienda, haciéndose el silencio. Parece haberse marchado. Sunyeong deja de encolar y observa inmóvil sus dedos manchados de engrudo. El sentir que la vida es como un campo distante inunda su corazón. «¿Hasta cuándo continuará este tormento?». En el instante en que Sunyeong vuelve a tomar la brocha, su madre se detiene en el umbral de la puerta[50] portando algo envuelto en papel de periódico.

—¿Qué es eso? —pregunta Sunyeong, mirando de soslayo el paquete.

—Ése nos manda carne.

Sunyeong sumerge la brocha en el engrudo recordando las palabras de su madre sobre lo seboso que estaba su primo político y su obsesión por la carne. Sin duda, disfrutó de muchas comodidades en el pasado. A sus casi cincuenta años, desconoce el significado de ganarse el pan con el sudor de la frente, y es incapaz de entender la

---

[50] En la actualidad, las puertas carecen de umbral, o escalón de entrada. En el pasado, existía la superstición de considerar de mal agüero detenerse sobre el umbral de la puerta.

complicada situación que están atravesando. En particular, lo demuestran sus sibaritas gustos culinarios, que han permanecido inalterables aun en tiempos de adversidad. Si en la mesa no hay carne ni alcohol, su semblante cambia notoriamente. Sunyeong nunca ha subestimado la inteligencia ni la formación académica de su tío. Sin embargo, no puede evitar sentirse incomodada cuando alardea de su erudición o de su refinado paladar. Y es más que razonable que su madre considere ridícula su fijación por la carne cuando dentro de poco no tendrán para comer. Al menos en esta ocasión, deduce que la carne que les ha hecho llegar no solo obedece a sus delicados gustos culinarios. Justo el mes pasado, su esposa le envió cinco mil *hwanes*, y esta mañana ha llegado una carta de la mujer preguntando si han recibido el dinero y la ropa. En el mensaje también se disculpaba, lamentando toda la situación. Por este motivo, no quiere desestimar el excepcional gesto de cortesía de su tío.

Sunyeong contempla ensimismada la espalda de su madre, que cruza la habitación para dirigirse a la cocina. Le asombra la delgadez de su cintura, visible a través de la aún húmeda tela de la blusa y de la cinturilla de su falda. Ha perdido tanto cabello que su horquilla plateada[51] se desliza por un exiguo moño en forma de piña, envuelto en notables mechones canosos. Al rato, dirige la mirada a sus manos embadurnadas de engrudo. «¿Hasta cuándo tendremos que vivir así?», se sume de nuevo en cavilaciones, pensando en la forma de escapar de ese infierno. La única opción es vender su cuerpo. Sin embargo, descarta esta posibilidad, no porque no le parezca una solución viable, sino porque ni siquiera sabe de qué modo se hace. Con los ojos empañados por las lágrimas, agarra el engrudo y lo extiende por el último papel. Le resulta imposible ignorar cómo los productos de la tienda merman cada día. Ha llegado a un callejón sin salida. La madre regresa de la cocina a la habitación rezongando aún.

---

[51] En coreano *binyeo* (비녀), es un adorno tradicional utilizado como accesorio para el cabello. Se trata de una suerte de horquilla de un solo vástago, que puede estar confeccionada de diversos materiales, desde madera, hasta marfil, jade, o materiales preciosos como el oro o la plata, o estar adornados con joyas, por lo que también podía identificar la clase social de la persona.

—Hija, es ridículo que pegues papel de decorar a una caja de manzanas. Para ya. ¡Ni que viviésemos en un palacio! Por no tener, no tenemos ni muebles. Ni clientes.

—…

—Mira, ya me da igual todo. Esa carne, también. ¿Qué habré hecho yo para merecer esto con lo vieja que estoy? Ojalá me muriera esta misma noche…

—¡Ya basta! Ni que fueses la única que quiere morirse. ¿Quién demonios querría vivir así? —grita Sunyeong.

Esa es la forma que tiene la madre de desahogarse. Lo lleva haciendo durante veinticinco años, al menos una vez al día. Sofocada tras terminar su dilatada labor, Sunyeong se refresca el rostro, se peina y recoge su cabello antes de salir de la habitación para sentarse en la tienda. Mientras, su madre remienda unos calcetines sentada en una caja. El río de agua fangosa que serpenteaba por las calles durante la mañana se había secado, dejando al descubierto zapatos viejos y tablas podridas, ahora iluminadas por un sol resplandeciente. Sopla un viento cálido y espeso. Abanicándose, Sunyeong intuye que la temporada de lluvias aún no ha llegado a su fin. Pensar en el agua acumulada bajo el *ondol,* así como en la humedad de la habitación, la desalienta aún más. Ahora, el fulgurante sol se desplaza hacia la ventana de la pensión situada en frente de la calle, para ocultarse en el horizonte. De pronto, algo llama su atención. Su hija regresa corriendo a casa.

—Mamá, Myeongsu se ha hecho daño —grita Myeonghye, entrando en la tienda.

—¿Cómo? —gritan al unísono Sunyeong y su madre, incorporándose, alarmadas.

—Se cayó y se ha dado en la frente.

Sunyeong se tranquiliza al escuchar que no se trata más que de una simple caída.

—¿Y cómo se ha caído? Ya lo que nos faltaba —pregunta su madre colocándose la falda y preparándose para salir.

—Es que el abuelo nos llevó a la montaña.

—¿Cómo? ¿A la montaña?

Sin poder continuar, su madre la interrumpe con expresión intimidatoria, como si fuera a descargar su ira sobre él.

—¿A quién demonios se le ocurre ir a la montaña con lo resbaladiza que está? Este hombre va a acabar con nosotros.

*

Myeonghye regresa sin su abuela, con quien había salido de casa, pues ahora estaba de camino al hospital. A continuación, le explica lo sucedido. Habían pedido al abuelo que los llevara a Jongno porque estaban aburridos. El hombre, en cambio, los convenció para ir a la montaña situada detrás de la casa. Les compró caramelos y subieron al monte, donde jugaron un buen rato hasta que, en el camino cuesta abajo, Myeongsu soltó la mano del abuelo y se cayó. Enojada, Sunyeong aguarda el retorno de su hijo. Sin embargo, el tiempo transcurre sin que dé señales de vida. La invade un mal presentimiento y, ansiosa, se arrepiente de no haberlos acompañado. Ahora solo puede esperar. Ya ha pasado mucho tiempo desde el incidente.

—¡Qué desgracia! Myeongsu ni siquiera me reconoce…

El lamento de su madre resuena desde el exterior de la tienda. Aturdida, Sunyeong siente cómo se le nubla la vista.

—Le hemos llevado al Hospital S y dicen que tienen que operarlo. No sé qué vamos a hacer… —entre sollozos, la voz se le entrecorta.

Su madre, llorando, rebusca en su atuendo, saca un fajo con 20.000 *hwanes* y toma la ropa de Myeongsu. Esos 20.000 *hwanes* es todo cuanto tiene su madre. Al mirar la ropa de Myeongsu, Sunyeong siente cómo su visión se nubla una vez más.

*

Sunyeong y su madre se suben a un taxi, portando la ropa de Myeongsu y una manta, todo envuelto en un hatillo.

—¡Ay! ¿Qué vamos a hacer? Mi Myeongsu ni siquiera me reconoce… —se lamenta la madre de Sunyeong mientras golpea inquieta el suelo con los pies.

Las manos de Sunyeong, con el semblante pálido, tiemblan sin control. Al bajarse del vehículo, justo frente al Hospital S, se dirigen a la consulta en la que se encuentra Myeongsu. Al entrar en la sala, lo ven dormido. Tenía la cabeza vendada. La sangre se había esparcido por el colchón de caucho, y tenía cubiertos de arena los pies y la mano en la que le habían salido dos verrugas. Sunyeong le limpia la arena mientras lo contempla. Su madre, siguiendo sus pasos, abandona el bulto con la manta y la ropa en el suelo, y extiende sus brazos hacia el niño dormido, con intención de abrazarlo. No obstante, Sunyeong la detiene después de haber analizado el rostro del chiquillo, y decide sentarla en una silla. La conmoción que la embarga le ha impedido reparar en la situación del pequeño. Mareada, Sunyeong se aprieta la cabeza con ambas manos. El niño está inconsciente.

Aferrándose la cabeza con las manos, Sunyeong siente como si aquella sala cuadrada diese vueltas a su alrededor. Mientras tanto, su madre se frota los pies con nerviosismo. Sunyeong deja caer sus manos. El niño permanece inconsciente, recostado en una cama elevada, en el centro de la sala de consulta. De pronto, repara en que lo han dejado solo todo este tiempo. Sus ojos se enrojecen, y su rostro arde de indignación mientras contempla la desierta habitación, sin enfermeros ni médicos a la vista. «¿Qué habría ocurrido si el niño, estremecido de dolor, se hubiese caído de la encumbrada cama?». Con la frente empapada de sudor, su rostro vuelve a mudar de color, producto del intenso odio que siente hacia su tío, quien ni siquiera ha hecho acto de presencia. Si pudiera, le desgarraría la cara con sus propias manos. Poco después, cuando el hombre entra visiblemente afectado, y con el rostro quemado por el sol, Sunyeong se encuentra llorando a los pies del niño inconsciente.

—No te preocupes. Dicen que tiene un poco dañada la parte frontal del cerebro, pero que se recuperará con unos puntos de sutura.

Sunyeong continúa llorando, inclinada sobre la cama. Por mucho que trate de consolarla, la gravedad de la herida es obvia. En ese momento, entran dos hombres jóvenes vestidos con batas blancas. Parecen estudiantes en prácticas. Llorando, Sunyeong levanta la cabeza. Uno de ellos, tras mirar al niño de forma superficial, asesta:

—Van a tener que comprar sangre. Su presión arterial es muy baja, por lo que corre el riesgo de morir durante la intervención.

Al tiempo que su madre se golpea en el pecho, Sunyeong se acurruca nuevamente bajo los pies del niño. Al cerrar los ojos, un mar de sangre se extiende en el horizonte y, en su interior, tiene inscritas las letras AB. Se trata, justamente, del grupo sanguíneo de Sunyeong. Al levantar de nuevo la cabeza, observa a su tío de pie, inerte como una estatua[52].

—Bueno, lo primero será hacerle un análisis para ver su grupo sanguíneo, por si podemos donar nosotros, o si tenemos que comprarla —añade, cortante, Sunyeong.

El tío sale de la sala agitando sus largos brazos, para entrar de nuevo por orden de la enfermera, quien le pide que espere dentro. El tiempo pasa sin ninguna novedad. A través de la ventana se ve cómo oscurece. Han transcurrido varias horas desde que el niño ingresó en el hospital y, sin embargo, salvo aquellos dos jóvenes que parecían ayudantes o estudiantes en prácticas, nadie más se ha acercado para informarles sobre la situación. Ni siquiera pueden confirmar si lo están controlando, ni quién está a cargo de su cuidado.

Un silencio profundo inunda la consulta del inmenso hospital donde permanecen el paciente y su familia, aislada como si se tratara de una región extranjera.

—¿Qué estarán haciendo? —interpela bruscamente Sunyeong al tío, quien todavía permanece inmóvil.

Tras esto, el hombre abandona de nuevo la consulta agitando sus largos brazos y regresa junto con una enfermera.

Al extraerle sangre de la mano, el niño frunce el ceño y emite un débil gemido, para desmayarse una vez retirada la jeringa. Al salir la enfermera y el hombre, dos encargados entran en la habitación con una camilla para trasladar al paciente al quirófano. Tras examinarlo con desinterés, comienzan a desplazarlo de forma mecánica, indiferentes al sufrimiento de la familia. Lo mueven sin mimo alguno, como si de un objeto estropeado o un escritorio con una pata rota se tratase. Una vez en la camilla, el niño vuelve a retorcerse de dolor, gimoteando.

---

[52] En el original hace una referencia específica a los *jangseung* (장승), una figura tradicional tallada en madera o piedra y antiguamente colocada en los caminos o las entradas a los pueblos o aldeas. De apariencia ruda o grotesca, servían como guardianes o protectores, ahuyentando a los malos espíritus.

Cargando Sunyeong con la manta y las sábanas, madre e hija siguen el paso de los dos trabajadores que empujan la camilla sobre la que yace el niño. El pasillo es largo, el más largo que nunca hayan recorrido. Giran por diferentes corredores hasta desembocar en otro extenso pasillo. Al doblar la esquina, Sunyeong percibe cómo la anaranjada luz de las lámparas arroja un resplandor pálido a ambos lados de las blancas paredes. El sonido de las ruedas de la camilla resuena en su mente como un ferrocarril avanzando por los rieles. Finalmente, llegan al quirófano.

La enfermera, recostada en el banco que se halla frente a la sala, se incorpora para abrir de par en par la puerta del quirófano. El aire húmedo y esterilizado procedente del área de desinfección golpea el rostro de Sunyeong. Nada más poner un pie en la sala para acompañar a su hijo, escucha una voz:

—¡No entre! —grita amenazante la enfermera mientras le agarra con fuerza el hombro, expulsándola del lugar.

A continuación, le cierra la puerta en la cara. Inmóvil, se queda un tiempo en silencio, entrelazando los dedos con nerviosismo. No puede ver nada. En un intento por recuperar la calma, Sunyeong se acerca a la enfermera que había regresado al banco. A pesar de su gran altura y su actitud hostil, se inclina con cortesía, saludándola con una reverencia.

—Disculpe, la vida del niño no corre peligro, ¿verdad? —pregunta con adulación, como si esa imponente mujer fuese una diosa, y la vida de su hijo dependiese de ella.

—¿Cómo no va a correr peligro si es una intervención cerebral? —respondió.

Estas duras palabras abofetearon a Sunyeong, haciéndola perder el valor para seguir indagando. Aunque en el fondo de su ser deseaba implorar de rodillas, retrocede por miedo a incomodar a la enfermera, y se sienta frente a ella. Su madre se acomoda a su lado y observa con conmiseración el pálido cuello de su hija, que mira cabizbaja el suelo.

—El médico aseguró que todo saldrá bien, que con la operación el niño se recuperará… —comenta entre sollozos, consciente de que su comentario no le brindará consuelo alguno.

En frente, la enfermera le lanza una mirada despectiva, mientras, a su lado, permanece de pie una joven auxiliar.

—¡Tú! Ve a comprobar el estado del paciente —ordena con frialdad a la joven, quien probablemente fuera una estudiante de enfermería en prácticas.

—No se preocupe demasiado —susurra a Sunyeong al pasar a su lado, antes de adentrarse en el quirófano.

Sus cálidas palabras reconfortan el corazón de Sunyeong. «Mi pobre Myeongsu está en buenas manos», piensa. No obstante, pronto vuelve a sentir un nudo en el pecho y decide levantarse para hablar de nuevo con la enfermera más alta.

—¿Tenemos que traer sangre para comenzar la intervención?

La enfermera clava sus gélidos ojos en Sunyeong.

—Claro que necesitan sangre. ¿Le han dicho que tienen que comprarla fuera del hospital?

—Sí.

—También la pueden comprar aquí.

—Ya, pero es que el grupo sanguíneo…

—Tenemos del grupo O, que vale para todos —contesta con reticencia, mientras se estira para entrar en el quirófano.

«¿Qué demonios estarán haciendo ahí adentro? ¿Es que ni siquiera le han hecho un análisis de sangre? A este paso, lo matan vivo. Con lo débil que está mi hijo», se dice para sus adentros. Finalmente, aparece su pariente al fondo del pasillo.

—Es del grupo B.

—Dicen que tienen sangre en el hospital —responde Sunyeong.

—Ni caso. Me acaban de decir que lo mejor es que la consigamos nosotros fuera. No te puedes fiar de esta gente.

Tras esto, el hombre saca algo de dinero y se va.

Ya han transcurrido seis horas desde que el niño llegó al hospital. El tiempo transcurre de forma interminablemente lenta. Cada vez que una persona aparece en el pasillo, desaparece de inmediato para entrar en alguna otra habitación del hospital. De repente, la enfermera más alta se asoma desde el quirófano para preguntar si han conseguido la sangre. Sunyeong se levanta como un resorte.

—Por favor, comiencen ya con la sangre que tengan en el hospital.

Su madre le agarra del brazo.

—Hija, si con ese dinero no hubiera suficiente…

Sunyeong la pellizca furtivamente. Y, para que la enfermera la escuche, dice en voz alta:

—Mi hermana nos dará lo que haga falta.

Su madre la mira extrañada. Mas al ver su expresión, vacila y permanece en silencio.

—Bueno, como ya han ido a comprarla, usaremos la de aquí si no hubiera suficiente.

Tras esto, cierra la puerta de un portazo.

—Madre, ¿por qué insinúas que no tenemos dinero? ¿Para qué están tus anillos y tus horquillas de plata? Podríamos venderlas, ¿verdad? —comenta, mientras mira a su madre con resentimiento por su imprudente comentario.

Las palabras de su madre provenían de una rígida mentalidad económica, forjada por haber vivido sin marido. Aun así, para Sunyeong resultaba desgarrador comprobar cómo se aferraba a lo material, incluso en momentos críticos como aquellos. Secándose las lágrimas, dirige su mirada al fondo del pasillo. Los anillos y horquillas representan para su madre los únicos vestigios de su vida pasada. Siempre ha insistido en no desprenderse de ellos, pero podrían ser el último recurso si aquellos veinte mil *hwanes* no fueran suficientes.

Sunyeong, con la mirada clavada en el corredor, advierte ahora la presencia de los dos jóvenes, aquellos asistentes o estudiantes en prácticas que habían estado en la consulta. Despreocupados, trazan círculos con los pies en el suelo mientras flirtean con la enfermera alta. Sus conversaciones parecen interminables: hablan de lo bien pagada que está el área de ginecología, sobre cómo asistieron a las reuniones de antiguos alumnos con ese dinero… Además, intercalan anglicismos al hablar, lo que subraya su vulgaridad. Incapaz de reprimirse, Sunyeong se dirige a ellos:

—Les ruego que comiencen la operación con la sangre que tienen en el hospital. Por favor, doctores.

—La sangre del hospital se usará si no es suficiente con la que ustedes suministren. Mantenga la calma y regrese a su sitio —responde molesta la enfermera, para continuar charlando con los jóvenes.

Sunyeong permanece de pie, inmóvil, frente a ellos. Al percatarse de su presencia, uno de los jóvenes, que se estaba riendo a carcajadas, deja de reír y la mira amenazante.

—Por favor, usen la sangre del hospital, y comiencen la operación, se lo ruego.

—¿Qué sangre cree que tiene el hospital? No hay —responde con frialdad mientras la enfermera alta le da un codazo, como si se tratase de algún código ininteligible para ella.

Confusa, Sunyeong no puede contener el temor que la invade. Cuando los dos jóvenes se van, la enfermera, suavizando un tanto su expresión, se dirige a Sunyeong:

—Mire, el cirujano tiene una medicina excelente para las cirugías cerebrales y, para su tranquilidad, piensa utilizarla con su hijo. Es algo que no se puede encontrar en farmacias, así que la transacción deberá hacerla directamente con el hospital.

Sunyeong asiente como un títere. En ese instante, se escucha un tumulto al final del pasillo. Con los ojos abiertos de expectación, se levanta de golpe con la esperanza de encontrar a su pariente trayendo la sangre necesaria. No obstante, y para su decepción, se trata de un paciente que va a ser intervenido de inmediato en el quirófano contiguo al de Myeongsu. Sus familiares se sientan, llenando los bancos. Por la serenidad de sus rostros, no parece que sea muy grave. Incapaz de esperar más tiempo sentada, Sunyeong sale del hospital, pero el viento nocturno del jardín la estremece aún más. De vez en cuando, algún coche se detiene frente al hospital, pero su tío no se baja de ninguno de ellos.

—No hay reservas en el banco de sangre. Tampoco tienen en el hospital Baeginje…

Sunyeong escucha a lo lejos mientras permanece de pie en el jardín. A punto de desmayarse, corre hacia la entrada del hospital, de donde proviene aquella voz. Un conductor, con traje militar, observa llegar a la mujer con el rostro blanco como una pared y con los ojos visiblemente hinchados.

—¿Es usted la madre del niño? —pregunta.

Sunyeong asiente.

—Hace un rato llevé a un familiar suyo al banco de sangre y al hospital Baeginje, pero no tienen sangre ni del tipo B ni del O. Después lo llevé al hospital de la policía de la capital, pero no había nadie de guardia. De todas formas, telefoneamos a un encargado. El caballero se ha quedado esperando ahí.

Sunyeong se desploma sobre el suelo de cemento.

—¡Ay, Sunyeong! ¿Dónde estás? ¿Qué vamos a hacer? —grita su madre mientras sale del centro tanteando las paredes, como si de pronto hubiera perdido la visión—. ¿Cómo es posible que no haya sangre en este enorme hospital? ¿Qué va a ser de mi nieto? Hija, dona, aunque sea, tu sangre —añade frotándose las manos en un gesto de súplica.

Sunyeong la ignora.

—¡Hija, dona tu sangre!

—Es de un grupo sanguíneo diferente —responde Sunyeong sin dirigirle la mirada.

—Pues que le done Myeonghye, entonces. ¿Adónde ha ido? —pregunta su madre, mirando alrededor en busca de su nieta, quien, obviamente, está en casa.

Sunyeong recuerda el resultado del análisis de sangre que en una ocasión le hicieron a su hija en la escuela. Su grupo sanguíneo también era AB. Sin embargo, incluso si fuesen compatibles, ¿cómo podrían sacar siquiera una gota de sangre de aquel delicado cuerpo, tan pequeño y frágil como el de un polluelo?

—Ay, ¿qué vamos a hacer? —se lamenta la madre de Sunyeong mientras se golpea el pecho con el puño.

La madre es de las que se dan fácilmente por vencidas. Una vez fue a comprar un televisor japonés con diez mil *hwanes*, pero cuando vio que aún le faltaban cinco mil, regresó con las manos vacías.

—Ay, ¿qué vamos a hacer? —repite, desesperada, sin parar de golpearse el pecho.

A continuación, regresa por el pasillo de donde vino, tanteando las paredes como si tratara de orientarse en la oscuridad. No sabe cuánto tiempo ha transcurrido, y aún su pariente sigue sin dar señales de vida. Las hojas de los árboles se mecen con el viento. De pronto, se escuchan pasos apresurados en la entrada.

—¿Está la madre del niño? —grita alguien—. ¡Que la madre del niño acuda inmediatamente al quirófano!

Sus palabras resuenan en su mente, al punto de perder la conciencia de todo lo que sucede a su alrededor. De pronto, y sin saber si corre o camina, distingue la figura de un médico. Viste ropa quirúrgica y lleva un gorro blanco de cirujano.

—¿Es usted la responsable del niño?

—Sí.

—Bien, venga conmigo.

Llegan frente al quirófano. Una enfermera tira de ella al ver que pisa algo, pero Sunyeong ni siquiera es capaz de ver qué hay bajo sus pies. El doctor señala la cabeza abierta de Myeongsu.

—Mire eso. Es un auténtico desastre.

Acto seguido, la enfermera saca a Sunyeong del quirófano y cierra la puerta tras ella. Apenas alcanzó a ver algo rojizo, como una ilusión, algo borroso que se vislumbra al cerrar los ojos. «¿Cuándo y cómo han comenzado la operación si ni siquiera tienen sangre?», murmura para sus adentros, como sonámbula. Permanece de pie, sin percatarse de la ausencia de su madre. A continuación, escucha a su hijo sollozar. Llevándose las manos a la cabeza, corre de un lado a otro por el pasillo para huir de aquel llanto, pero su eco retumba en su interior. Una de las mujeres sentadas en los bancos frente al quirófano comenta:

—Debe de ser grave. Si no, no habrían dejado mirar a un familiar.

Sunyeong corre desesperada, pero, por más que se adentra por el pasillo trasero y el corredor contiguo al quirófano, el llanto de su hijo la persigue. Al ver unas escaleras que descienden al sótano, baja los escalones de tres en tres. Allí, el llanto de Myeongsu se desvanece poco a poco. Impotente, golpea la cabeza contra la pared y se arranca mechones de cabello.

—¡Sunyeong! ¡Hija! —oye a su madre, quien la busca angustiada, al otro lado del pasillo.

Al escuchar tan próxima la voz de su madre, y aún con la cabeza apoyada contra la pared, Sunyeong se acomoda el cabello y sube las escaleras. Su madre había ido a comprar la medicina.

—Ya ha comenzado la operación —aserta Sunyeong, desviando la mirada.

Su madre permanece en silencio, como si ya lo supiera. No se vuelve a escuchar el llanto de Myeongsu. La puerta del quirófano se abre. La intensa luz de la sala se extiende hacia el banco al otro lado del pasillo. A continuación, la enfermera alta asoma su cabeza. Sunyeong la escruta con frialdad.

—Señora, por favor, compre diez unidades más de la medicina que ha traído.

Mientras el pequeño cuerpo de su madre se aleja con celeridad por el pasillo, Sunyeong se dirige a la ventana. Al otro lado, una vasta oscuridad ciega su visión, impidiendo que observe el exterior. En ese instante, siente cómo esa densa penumbra se adueña de cada rincón de su ser, fundiéndolo en las tinieblas.

El quirófano permanece tranquilo. Tan solo se oye el murmullo los familiares de otros pacientes que están siendo sometidos a cirugía. Murmuran mientras observan de reojo a Sunyeong, apoyada en la ventana. Al ver regresar a su madre con los frascos de medicina, decide caminar en sentido contrario y salir al exterior, pues siente su cuerpo temblar como una bestia salvaje. Exangüe, se desploma entre los arbustos del jardín.

—Sálvenlo, por favor. Salven a mi hijo —repite sin cesar.

La oscuridad la envuelve con una misteriosa fuerza, como si estuviera al borde de un abismo. No ve ninguna salida a su alcance. Sopla un viento húmedo y templado, lo que anuncia lluvia. Unos estudiantes de enfermería fuera de servicio pasan silbando, vistiendo informalmente. Para quienes van a morir, representan una mezcla de enérgica juventud y oscuridad meliflua. Sunyeong se levanta y emprende el camino de regreso al hospital. A cada paso, la pendiente de la colina se le antoja más empinada, como si estuviera escalando una imponente montaña. Al llegar a la entrada, escucha una voz.

—¡Sunyeong! —la llama el pariente mientras corre hacia ella portando una caja.

Ella se gira, al recibir la tenue luz del hospital, para cubrir su rostro. Rompe a llorar. Las lágrimas se deslizan entre sus dedos. No siente ni ira ni odio, tan solo desesperación.

—Deja de llorar. Todo se va a solucionar.

—¿Que todo se va a solucionar? Esto ya no tiene arreglo—responde entre sollozos.

Eran casi las diez de la noche cuando su pariente entregaba la sangre a la enfermera. Sentado en el banco frente al quirófano, el hombre se seca el sudor. Con la mirada perdida y los labios secos, jadea sin cesar por el esfuerzo físico y la tensión emocional. Un hombre, familiar de otro paciente y también entrado en años, tras observarlo durante un rato con lástima, le pregunta:

—¿Ha estado buscando la sangre hasta ahora?

—Sííí.

—¿Y dónde la ha comprado?

—Fui al hospital policial de la capital, pero no había nadie de guardia. He buscado por toda la ciudad, hasta que, por fin… —se detiene un momento para tomar aire—. La situación se va a poner muy seria. Están jugando con la vida de la gente. Hay una persona al borde de la muerte y me dicen que no tienen sangre. Y no sé en absoluto si es verdad o no que no tengan…

El hombre mayor asiente.

—Eso es porque usted es nuevo en esto. Nosotros hemos comprado sangre siete veces ya hoy. Primero probamos en el banco de sangre. Ahí siempre dicen que no tienen y no queda más remedio que negociar. Les meto un fajo de mil *hwanes* en el bolsillo junto con unos cigarrillos. Entonces cambian la versión y dicen que tenían algo reservado para mañana y me lo dan. Si usted hubiese hecho lo mismo, se habría ahorrado mucho tiempo y problemas —responde.

El pariente de Sunyeong lo escucha, atónito, mientras se limpia el sudor y repite aquello de que la situación se va a poner muy seria. La puerta del quirófano se abre de nuevo y todas las miradas se dirigen hacia la sala. Quien sale por la puerta es la estudiante de enfermería que había dicho a Sunyeong que no se preocupara demasiado. El hombre, murmurando palabras ininteligibles como una persona fuera de sus cabales, se levanta de un salto para acercarse a la joven y preguntar cómo va la operación. Moviendo los brazos con nerviosismo, corre detrás de ella. La alcanza antes de que doble el pasillo. Tras una breve conversación, regresa pálido. Sentado en el banco, encorva la espalda, apoyando los brazos sobre las rodillas, como si intentara evitar a Sunyeong y a su madre. Tiene manchas de sangre en el pantalón. La madre de Sunyeong evita mirarlo, como si de un espíritu maligno se tratase.

El lugar está sumido en un silencio sepulcral, no se escucha ni la respiración. Tan solo las sombras se agitan de vez en cuando sobre la pared.

—¿Qué hora será? —una mujer, familiar de otro paciente, pregunta al hombre mayor.

—Pues deben de ser alrededor de las once y veinte… —responde mientras mira el reloj.

A continuación, la madre de Sunyeong se levanta y se dirige hacia la esquina del pasillo para llamarla, haciéndole gestos con la mano. Sunyeong se acerca en silencio.

—Hija, vete a casa. Es peligroso dejar sola a la niña. Y no te olvides de traer mañana los anillos junto con las horquillas para venderlos y pagar los gastos médicos.

Apenas ha terminado su madre de hablar, Sunyeong echa a correr, como si tratara de escapar de algo. Ni siquiera ella sabe el porqué. Una vez afuera, camina con pasos lentos y pesados.

—Sálvalo, por favor. Sálvalo, por favor —murmura mientras eleva la vista al cielo, uniendo las manos en oración y moviéndolas de arriba abajo.

Afuera, las otras familias y el personal fuera de servicio, que toman el aire pese a lo tarde que es, escrutan con desprecio los extraños gestos de Sunyeong.

—¡Sunyeong!

Sunyeong continúa caminando, moviendo los brazos de arriba abajo.

—¡Sunyeong!

Finalmente, se vuelve, y ve que su pariente se aproxima.

—No sé bien qué decir… Por favor, cálmate. Es culpa mía… Todo es culpa mía… —añade con voz temblorosa.

—Mi hijo… Myeongsu…—se detiene un momento, y lo mira fijamente. El odio destella en sus ojos—. Se va a morir. ¡Tú lo has matado!

—No digas eso, te lo ruego. Es por culpa del dinero que recibí. De no haber tenido nada en el bolsillo, no habría llevado a los niños a ningún sitio.

—El niño se va a morir. He salido corriendo porque no puedo soportar verlo.

—Soy yo, soy yo quien tendría que morirse.

Sunyeong rompe a llorar, desesperada, deseando que quien muriera fuera el hombre, y no su hijo. Sunyeong coge el último taxi que sale frente al hospital junto con otra persona, con quien compartirá el trayecto. Apoyado contra la puerta de hierro del hospital, abatido, el tío permanece de pie junto a un árbol, incluso después de que el vehículo haya partido.

*

La noche parecía no acabar nunca.

Ha mirado más de una decena de veces por el rudimentario orificio practicado en la madera que sirve de ventana, pero el sol sigue sin salir en el horizonte. El sonido intermitente de los coches que circulan velozmente retumba en la casa.

Al fin, termina la agonizante noche. Sunyeong toma el primer tranvía de la mañana. Le parece que, en lugar de correr por la avenida, el tranvía se estuviera arrastrando. Aquella parsimonia convierte cada minuto en una eternidad. Viajando en un vagón vacío, y con la cabeza apoyada en sus manos, piensa: «Myeongsu estará ahora descansando en la habitación del hospital. ¿Qué pecado hemos cometido para que no pueda salir de esta? Estará bien. Ya ha pasado lo peor. Debe de estar sediento. Le llevaré zumo de piña y pondré flores en su habitación. También le leeré libros ilustrados y le cantaré canciones». Inmersa en sus pensamientos, evita dar pábulo al pesimismo.

Sunyeong se baja del tranvía. Los infernales ladrillos rojos del hospital resplandecen bajo la azulada luz del alba. Incapaz de articular palabra alguna, permanece de pie frente al mostrador. El recepcionista evita mirarla. Su rostro parece lejano, como si Sunyeong estuviera soñando.

—¿Cuál es la habitación del niño que operaron anoche?

El hombre no responde. Su rostro se vuelve aún más borroso. Ya no puede ni distinguirlo.

—Le he preguntado en qué habitación… —repite, temblando.

Sin mirarla a los ojos, responde:

—Probablemente ha muerto.

—…

—Estará en la morgue… Voy a preguntar.

El suelo se abre bajo sus pies, engulléndola. Sin embargo, Sunyeong lucha por mantenerse firme y no llorar. Rígida como un tronco, y avanzando pesadamente, sigue al recepcionista por el pasillo. Frente a las habitaciones de los pacientes han encendido una estufa de carbón para preparar el desayuno. Al ver a Sunyeong, la estudiante de enfermería le agarra el brazo.

—Por favor, no llore. Tiene que ser fuerte.

Sunyeong la aparta con sus manos, y continúa caminando con paso firme, sin derramar ni una sola lágrima. Pasa por un largo pasillo, por otro extenso corredor, atraviesa un edificio interior y cruza un patio sin saber cuánto tiempo lleva deambulando. De pronto, escucha los lamentos de su madre, que perforan su nublada conciencia como pedradas.

Myeongsu yace sobre una elevada camilla, cubierto por una sábana. La madre de Sunyeong se estremece en el suelo de hormigón mientras su tío se aferra a la camilla, inclinándose sobre ella. Al levantar la sábana, un bramido emerge desde lo más profundo de su garganta, como el rugido de una bestia enfurecida. Han vendado la cara del niño, ocultándola por completo. Además, han atado firmemente con vendajes sus brazos y piernas para inmovilizarlo. Sunyeong intenta abrazarlo, pero el cuerpo del niño no responde. Por el contrario, permanece rígido, lo que indica que ha muerto. Súbitamente, dirige la mirada a su madre, que se revuelca en el suelo. Entre los llantos de su madre y sus propios alaridos, Sunyeong siente cómo su cuerpo se desvanece, mientras su alma llora y golpea las frías paredes que la rodean. El hombre se inclina para separar a madre e hija.

—¡Demonio! ¡Eres un demonio! —la voz de la madre de Sunyeong retumba en las paredes de la morgue—. ¿Por qué viniste a nuestra casa? ¿Por qué apareciste en nuestra vida? ¿Qué hemos hecho para merecer esto?

Su madre tiembla como una chamana poseída por un espíritu.

—¡Viniste para matar a nuestro Myeongsu! ¡Esto nunca habría pasado si ya te hubieras ido! ¡Ay! ¡Salva a mi nieto!

El hombre sale precipitadamente de la morgue.

Sunyeong vuelve a levantar la sábana. Sin embargo, los vendajes le impiden ver la cara de Myeongsu. Desplomándose sobre su cuerpo, hunde el rostro en su rígida cintura. Sin saber cuánto tiempo ha pasado, al abrir los ojos se encuentra en una habitación de tatami contigua a la morgue, donde su madre se lamenta mientras golpea el suelo.

—Si se iba a morir, ¿para qué lo han operado y le han cortado brazos y piernas? Lo han matado dos veces. ¡Le han quitado carne de los brazos y de las piernas como si fuera un ternero! ¡Mi pobre nieto! ¡Mi niño!

Postrada en el suelo, Sunyeong se queda mirando el techo.

—¡Myeoungsu! ¡Mi niño! Estabas ahí, en tus cabales, preguntando por los abuelos y pidiendo un helado… ¿Por qué te has tenido que morir?

Sunyeong cierra los ojos. Era una madre que había huido. Una madre que había salido corriendo por temor a ver morir a su hijo.

—¡Perros asquerosos! ¡Habéis estado bebiendo alcohol y chismorreando en medio de una operación! ¡Habéis cortado a mi hijo como si fuera un ternero mientras os atiborrabais a refrescos! ¿Que esto es un hospital? Un hospital que mata a personas, eso es lo que es. ¡Y voy a quemarlo y reducirlo a cenizas, ay de mí!

Sunyeong se levanta del suelo para tomar asiento. Sus ojos emiten un destello. Se desmaya de nuevo. Su madre, quien hasta entonces había estaba golpeando el suelo de cemento y lamentándose, se levanta de pronto para abrazar a Sunyeong. Una vez recuperada, decide regresar a casa para comunicar lo ocurrido, dejándola sola.

Sunyeong levanta la sábana. Toca las manos del niño. Sus dedos están torcidos. Los aprieta con firmeza. Las verrugas de una de sus manos tienen restos de un ungüento rojo. Le acaricia la cabeza, pero no puede ver sus ojos, ni su nariz, ni sus hermosos labios. Cuando su tío la descubre desde afuera, incapaz de verla así, se acerca y la aferra por los hombros. Todo el cuerpo de Sunyeong se agita como una carpa.

—Sal de aquí, por favor. Solo traes desgracias a esta familia.

El hombre vuelve a salir. Sunyeong cubre al niño con la sábana y se dirige a la ventana. Puede ver el rocío cubriendo la hierba. Myeongsu está por todas partes: de pie junto a los arbustos y entre las ramas de los árboles, observando a Sunyeong con los ojos bien abiertos, como sorprendido. Juega con la hierba y le sonríe, pero, seguidamente, la mira con ojos llorosos mientras sostiene una red para atrapar insectos. Dondequiera que mire, su hijo está allí. Abre los brazos para abrazarlo, repitiendo su nombre sin cesar. De pronto, el niño entra en la habitación, permaneciendo de pie. Sunyeong se incorpora para lanzarse a asirlo. Empero, se desploma en el suelo. Se levanta de nuevo. El niño continúa de pie frente a ella. Sunyeong corre una vez más para abrazarlo. Se precipita sobre el suelo, nuevamente. Y, mientras cae, aspea con los brazos en el aire.

—¡Myeongsu! ¡Quédate ahí, hijo mío! Dime, ¿quién te ha comprado esa red para atrapar cigarras?

Él siempre le había pedido que le comprara una.

—¡Myeongsu! ¡Quédate ahí, hijo mío! No te vayas. ¡Quédate ahí!

Sunyeong corre por la habitación de suelo de tatami, agitando los brazos mientras persigue el espectro de su hijo. El pariente, que había permanecido afuera, alarmado al verla en semejante estado, se apresura a tranquilizarla.

—¡Ay, qué barbaridad! Vuelve en ti, Sunyeong.

Sunyeong se sienta. Sujetándose la cabeza, escucha su propia respiración.

La oscuridad lo cubre todo. Es una oscuridad infinita. Incorporándose de nuevo, Sunyeong se dirige a la ventana. Ha comenzado a lloviznar. El niño permanece inmóvil bajo la lluvia. Al otro lado de la alambrada, coches y autobuses circulan por la carretera.

*

Informados por la madre de Sunyeong, varios allegados acuden al hospital. La vecina, con un bebé a cuestas, entra en la morgue secándose las lágrimas con un pañuelo. Todos se lamentan y lloran por lo sucedido. Tan solo una prima segunda, de confesión católica, mantiene la compostura mientras ora en silencio. Al sentir las manos sudorosas que la sostienen y lloran con ella, compartiendo su lamento, toma conciencia de que la muerte de su hijo no es un sueño, sino una dolorosa realidad. Finalizada la oración, la prima, mesando el cabello alborotado de Sunyeong, añade:

—No llores, Sunyeong, tu hijo ha dejado este mundo pasajero libre de pecado. Ahora es un ángel.

—De verdad espero que exista el cielo. De verdad. ¡Ay, mi pobre hijo! —responde para, de nuevo, taparse el rostro con las manos.

—No es bueno para su alma que llores —añade pausada.

La prima de Sunyeong hace un gesto al pariente. Juntos se dirigen a un rincón para comenzar a abordar los asuntos funerarios.

—En el estado en que se encuentra, no creo que se le pueda vestir…

—¿Y si lo envolvemos en tela de cáñamo?

—Sí, hagamos eso. Pero con seda, que es mejor, como hacen en Asia Central —añade el hombre, quien ni siquiera en momentos tan devastadores logra contener su afán de alardear de sus conocimientos, como de sus gustos de sibarita.

Al escucharlo explayarse sobre las costumbres funerarias de Asia Central, Sunyeong siente cómo la rabia y el odio se intensifican, consumiéndola por dentro.

Finalmente, optan por la incineración. En un principio, Sunyeong se había resistido a ello, pero, al final, termina cediendo tras comprender que no queda más remedio. Asimismo, acuerdan en aportar el dinero necesario para cubrir los gastos de la intervención y del funeral. Todos han salido para negociar y organizar los preparativos funerarios del cortejo fúnebre. Tan solo se ha quedado la vecina con el recién nacido, quien intenta consolar a Sunyeong y a su madre.

La llovizna cesa y un sol radiante comienza a calentar con fuerza. Las cigarras cantan en las ramas de cerezo. Sunyeong yace abatida frente a la morgue, expuesta a aquel ardiente sol estival. Los árboles frondosos proyectan densas sombras sobre el edificio —alejado del pabellón principal—, creando una atmósfera de calma que oscurece el mediodía. Los lamentos de la madre de Sunyeong no cesan. Lamentos que se preguntan por qué operaron al niño si sabían que no iba a sobrevivir, por qué hubieron de acabar con él de una manera tan cruel.

La vecina, que espantaba las moscas mientras dormía al bebé en un rincón sombrío, se levanta y se acerca a la madre de Sunyeong para abanicar su hinchado y enrojecido rostro.

—¿Quién quiere vivir en este mundo? Y esto es lo que hay hasta que nos morimos.

La vecina escucha a la madre y asiente, dándole la razón.

—Así es. Hoy en día no te puedes fiar ni de los hospitales ni de los médicos. Hace dos años, mi hijo mayor fue atropellado por un coche y lo llevamos a un hospital benéfico. Le dieron un trato pésimo, pero tuvimos que llevarle allí porque le había atropellado un coche del ejército estadounidense. Como veía que lo perderíamos si lo dejábamos así, tuvimos que dar dinero al médico y a la enfermera. Solo entonces comenzaron a cuidarle la herida dos veces al día. Si no les hubiéramos pagado, después de operarlo, se habrían lavado las manos. Además, en verano las heridas se infectan y se llenan de larvas. El hospital es un auténtico infierno para los pobres.

De pronto, perciben un extraño sonido.

—¡Mmmm! ¡Mmmm! ¡Mm!

Sunyeong y su madre se levantan al unísono para descorrer la sábana que cubre al niño. El sonido no procede de él, pues yace ahí, rígido, sino de la respiración del bebé de la vecina, que dormía con la nariz congestionada por un resfriado. Las uñas de Myeongsu comenzaban a teñirse de morado.

Sunyeong abandona el lugar. Sujetándose de una rama, observa la calle cuesta abajo. Los tranvías atruenan bajo la colina. Sunyeong imagina un cuerpo desangrándose tras colisionar contra la alambrada. Se vuelve, y se sienta. Las sombras de los árboles danzan con delicadeza sobre el ventanal de cristal de la morgue. Las cigarras cantan entre el frondoso follaje que rodea al pequeño y apartado edificio, desde el que no se ve el pabellón principal del complejo. Su agudo y molesto estrépito enerva cada rincón de su cerebro. Las sombras de los árboles continúan meciéndose suavemente sobre la vidriera. De lejos, parecen adoptar la figura de un negro carruaje, cuyo cochero viste de negro. Sunyeong observa con detenimiento el ventanal. Podría tratarse de un carruaje que condujera a Myeongsu al cielo. La sombra de los árboles prosigue su danza. El sol se desliza, embelleciendo con dorados destellos el carruaje y las crines del caballo. Sin embargo, todo no es sino una ilusión provocada por sus deseos de que Myeongsu regrese a la vida. No existen carruaje ni cochero. No existe Myeongsu. Sunyeong se aferra a la hierba y llora. Llora y llora, pero Myeongsu no existe. El marido de una amiga pasa a su lado, y se quita el sombrero. Las cigarras cantan, pero Myeongsu, quien solía pedirle que le comprara una red, no existe. Al ponerse el sol, el coche fúnebre sale por la puerta trasera del hospital, transportando el pequeño ataúd con el cuerpo del niño envuelto en una sábana.

Concluye la primera noche transcurrida tras haberse desecho del niño. Llovizna mansamente. Al otro lado de la ventana practicada en la pared de tablas, se distingue la hermosa chimenea de la casa del pastor. La lluvia riega las plantas de su jardín. Es la única escena alegre que se alcanza a ver desde aquella oprimente y oscura habitación.

«No me quitaré la ropa de luto[53] hasta que tu dolor y el de tu madre disminuyan, al menos una centésima parte». Así reza la nota que el pariente ha dejado antes de partir sin despedirse. Sunyeong experimenta un leve malestar, consciente de que el hombre se ha marchado por los incesables reproches de su madre. Sin embargo, ese dramático tono de la nota no la conmueve en absoluto. Para ella, eran palabras vacías, como cuando hablaba con pedantería sobre las costumbres funerarias de Asia Central. En lugar de brindar una disculpa, la retórica de las palabras de la nota provoca en Sunyeong una extraña indignación. Observando sentada los verdes árboles, extiende las manos en silencio. Ya no le queda nada. Vuelve a levantar la cabeza. De pronto, descubre a Myeongsu sentado en el extremo de la rama de un árbol verde. Pero no hay un solo Myeongsu. Su figura se replica en cada rama, en las que se le ve sentado con su vieja camiseta roja. Parecen bayas escarlatas que florecen en el árbol. Las lágrimas diluyen el color de la prenda en un tono carmesí, hasta que un mar rojo y rebosante

[53] En la dinastía Joseon (1392-1897), los familiares cercanos, como hijos o cónyuges, vestían el traje de luto durante tres años. Con el tiempo, este período se fue acortando, primero a un año, luego a cien días y, en la época de la autora, probablemente a siete o cinco días. En la actualidad, se guarda luto durante unos tres días.

anega su visión. Cada lágrima derramada parece sangre resbalando por sus mejillas. El sol se pone y se hace la oscuridad.

*

Kim, un pariente lejano que vive en Seúl, ha venido de visita al enterarse de la muerte de Myeongsu. Después de hablar un rato con la madre de Sunyeong, se dirige a ella con expresión seria:

—¿A quién se le ocurre someter a alguien a una intervención cerebral así? ¿Os hicieron un diagnóstico después de tomarle una radiografía?

—¿Una radiografía? —pregunta a su vez Sunyeong con una voz que demuestra con claridad lo desfalleciente de su espíritu.

—Antes de nada, hay que hacer una radiografía para determinar si la intervención es necesaria. En el caso de que no exista esperanza de vida, no se lleva a cabo la operación.

Sunyeong se levanta de un salto de la silla.

—¿Pero qué es una radiografía? Ah, alguna le harían —confundida y extenuada, Sunyeong se sienta para, al instante, volver a levantarse de nuevo.

—¿Quién demonios somete a alguien a una intervención craneal sin primero hacerle una radiografía? Definitivamente, ha sido una estafa —añade Kim, con expresión afligida.

—¡Ay! ¡Malditos ladrones…! —grita la madre de Sunyeong, mientras golpea el suelo.

—¿Entonces realizaron una operación de vida o muerte sin un diagnóstico previo y sin tomar una radiografía?

—…

—¿Y os pidieron vuestro consentimiento antes de realizar una operación de tan alto riesgo para la vida del niño?

—No, qué va. No dijeron absolutamente nada.

Kim suspira y, sacándose el cigarrillo de la boca, añade:

—Sin ningún familiar presente, sin un consentimiento firmado, sin un testigo que vea lo que pasó en quirófano…

—…

—Si el estado era crítico, no valía de nada intervenirlo. Y, en caso de que bajo su juicio fuese necesaria una operación, al menos deberían asegurarse de que podrían salvarle la vida. Lo que no entiendo es que se metan a hacer algo así sin tomarle siquiera una radiografía y lo maten de este modo…

Kim arroja la colilla al suelo y se limpia el sudor de la cara con un pañuelo.

—Si era una lesión letal, no había necesidad de abrir y desgarrar vivo al niño. Era deber del médico haberlo dejado morir en paz. Son unos desgraciados.

Con el rostro demudado, Sunyeong permanece sentada como una estatua:

—Señor Kim, por favor, regrese a casa. No puedo soportar más esto.

A continuación, se tumba en el suelo. «¿Cómo puede ser que el hospital más prestigioso de toda la República de Corea no tenga sangre, ni medicinas, ni una máquina de rayos X?», piensa.

—¡Sí tienen para hacer radiografías!

Sunyeong se levanta súbitamente.

*

Es medianoche. Myeongsu está sentado frente a ella con el rostro cubierto de vendajes, lo que no permite ver sus ojos, su nariz, sus labios. Sunyeong intenta incorporarse, pero su cuerpo no le responde. Sus miembros están paralizados, atrapados en un frío sepulcral. Forcejea para liberarse de ese estado, y logra despertarse en medio de la oscuridad. La imagen de Myeongsu ya no está. Ha desaparecido, como una sombra. Reina una densa oscuridad. Acurrucándose en el suelo, Sunyeong hunde su rostro entre las piernas.

—Había una máquina de rayos X. Si la hubieran usado, mi hijo no habría terminado envuelto en esas asfixiantes vendas. No le habrían anestesiado, ni habrían despellejado sus brazos y piernas de manera tan cruel.

La oscuridad y el frío comienzan a abrazar su cuerpo. Una patrulla nocturna avanza, mientras golpean el suelo con bastones de madera para alertar a los ciudadanos de su presencia.

¡Toc! ¡Toc! ¡Toc!

Publicado en junio de 1958 en la revista *Hyundae Munhak*

Tiempos de incertidumbre

La noche anterior a la Segunda Batalla de Seúl[54], una explosión segó la vida del marido de Jinyeong. Antes de esto, él le había relatado la muerte de un soldado norcoreano en la carretera de Gyeongin, quien no era más que un niño. Yacía bajo la hilera de árboles de la calzada, donde hordas de moscas se cernían sobre sus expuestas entrañas como un banco de pirañas[55]. Suplicando para que le dieran un sorbo de agua, llamaba a su madre como en sueños. Pese a que un transeúnte se apiadó de él, dejándole una sandía abierta a un costado, el muchacho exhaló su último suspiro sin haber logrado saciar su sed.

Este incidente auguraba la muerte de su propio esposo, pues moriría en un bombardeo pocas horas después. Ya viuda, Jinyeong cargó a su hijo de tres años a la espalda y, justo antes de que estallara la Tercera Batalla de Seúl[56], abandonó la capital con su madre. En el ca-

---

[54] El 25 de junio de 1950, alrededor de las cuatro de la mañana, el ejército norcoreano cruzó el paralelo 38 e invadió el sur de la península coreana. En apenas tres días, las fuerzas norcoreanas ocuparon Seúl, y mantuvieron el control de la ciudad hasta el 28 de septiembre de 1950, cuando las fuerzas de la ONU, en conjunto con el ejército surcoreano, recuperaron la capital. Esta operación se llevó a cabo entre el 18 y el 28 de septiembre, tras el exitoso desembarco en Incheon el 15 de septiembre. Primero, tomaron la base aérea de Gimpo. Luego, reconquistaron el distrito Yeongdeungpo y cruzaron el río Han. Finalmente, avanzaron hacia Seúl desde tres frentes: Yeonhui-dong, Mapo y Namsan, donde se libraron intensos combates. Como resultado, el 28 de septiembre lograron recuperar la capital.

[55] En el texto original se menciona al rape negro *agwi* (아귀). No obstante, existe un homónimo menos conocido, *agwi* (아귀/餓鬼), que en el budismo hace referencia a un espíritu condenado al infierno por transgredir los preceptos budistas o sucumbir a la codicia. Según los caracteres chinos que conforman la palabra, significa literalmente «demonio hambriento». En la versión en español, se ha optado por traducirlo como «piraña» para facilitar la compresión del lector.

[56] La Segunda Batalla de Seúl supuso un punto de inflexión en el desarrollo de la guerra. Tras la recuperación de la capital, las fuerzas de la ONU, en colaboración

mino, no solo fueron alcanzados por el ejército chino antes de llegar a Anyang, sino que también fueron sorprendidos por una lluvia de bombardeos lanzados por las fuerzas de la ONU. Innumerables refugiados yacían sobre el gélido suelo. De pronto, el buey que transportaba sus bienes se despeñó junto con la carga. Al ver a un niño llorar junto a un cadáver del que aún manaba sangre, Jinyeong se tapó los ojos, alejándose del lugar.

La pesadilla de la guerra había ya llegado a su fin.

Tomando la mano de su hijo Munsu, Jinyeong regresó a la devastada Seúl. El terreno sobre el que se había levantado su casa ahora era un montón de escombros. Ni siquiera se distinguía el desnivel. Entre las tejas dispersas por los hierbajos, encontró un libro, humedecido y desgastado, escrito en japonés: *Panorama de la literatura francesa*. De pronto, la imagen del ejemplar dispuesto en la estantería cruzó la mente de Jinyeong como una vívida alucinación. A continuación, permaneció ensimismada contemplando la mirada perdida del niño.

A principios del verano, cuando Munsu había cumplido nueve años, Jinyeong soñó con el muchacho soldado que tenía las vísceras por fuera y repletas de moscas. Una vez más, el sueño presagió una muerte, pues Munsu murió al día siguiente durante una noche lluviosa.

La madre de Jinyeong, que había enviudado muy tempranamente, dependía de su única hija. «¡Debería haber muerto yo!», se lamentaba, mientras golpeaba la cabeza contra el umbral de la habitación. Jinyeong tan solo miraba al vacío.

---

con el ejército surcoreano, cruzaron el paralelo 38 e invadieron el norte, logrando tomar la capital norcoreana de Pyongyang el 19 de octubre de 1950. Posteriormente, continuaron su avance hacia el norte, hasta llegar a las regiones adyacentes al río Yalu, el cual marca frontera con China. La intervención del Ejército Popular de Voluntarios chinos no tardó en producirse, lo que desencadenó una serie de intensos contraataques. En apenas diez días, las tropas chinas recuperaron Pyongyang y, el 4 de enero de 1951, tomaron Seúl. Esta ofensiva, lanzada por el ejército chino a principios de enero, y que culminó con la caída de la capital el 4 de enero, es conocida como la Tercera Batalla de Seúl. Dos meses después, el 15 de marzo, las fuerzas de la ONU recuperaron finalmente la capital. Para las fechas, se ha hecho referencia a la página oficial de los Archivos Nacionales de Corea (국가기록원).

La muerte del niño no fue por enfermedad. Se cayó en un camino, muriendo en el hospital. Si eso hubiera sido todo, quizás podría enterrar ese recuerdo como una tragedia más de la guerra, pero había un doloroso trasfondo. Su muerte fue fruto de la negligencia del equipo médico, que mató al niño al realizarle una neurocirugía invasiva sin haber tomado previamente radiografías ni preparado las medicinas necesarias para el procedimiento. Sin haber sido siquiera anestesiado, el niño murió como un ternero en el matadero[57]. En lo más profundo de su ser, Jinyeong sabía que había abandonado a su hijo.

Afuera, resonaba el estruendo de la lluvia nocturna. Acostada, mira fijamente el techo, con la mente en blanco. Sus pupilas destellan con los relámpagos. Sus pálidas mejillas se tornan rojas a causa de la fiebre provocada por la tuberculosis.

La lluvia no cesa.

Tan solo ha pasado un mes desde la muerte de su hijo, pero cada día que transcurre le parece una eternidad. Cuando cierra los ojos, los gemidos del niño procedentes del quirófano aún resuenan en su mente como un oleaje. De pronto, se levanta para beber de la botella de licor que un amigo le había regalado para cuando no pudiese conciliar el sueño. Tumbada sobre la manta, el llanto de su hijo se desvanece como un eco distante en la montaña. Finalmente, logra quedarse dormida. En sus sueños, deambula por callejones oscuros en busca de su hijo, hasta que lo ve envuelto en tantos vendajes que no puede distinguir ni sus ojos, ni su nariz, ni su boca. Despierta poco después, conmocionada, temblando y empapada en sudor. Por un instante, el miedo la embarga.

Ha dejado de llover y el amanecer se filtra lentamente en la habitación. Mientras mira al vacío se pregunta por qué siente ese temor repentino. Tal vez sea porque su hijo la persigue como un fantasma. Si así fuera, ¿acaso podría existir una relación más triste entre dos personas? Jinyeong se odia tanto a sí misma que llega a sentir nauseas.

Escucha el sonido de las campanas de la parroquia. Le recuerda a la señora de Garwol-dong, a quien Jinyeong había pedido que

---

[57] En el original se menciona a un potro o *mangaji* (망아지), pero se ha optado por esta traducción para darle mayor naturalidad al texto. Además, en el relato previo se ha empleado la palabra ternero, *songaji* (송아지).

la llevara a misa el próximo domingo, y justo hoy era ese día. Tal y como habían acordado, la señora llega un poco antes de las ocho de la mañana. En realidad, es la esposa de un pariente lejano fallecido hace tiempo. No tiene hijos y es una devota católica, pero recientemente se ha visto involucrada en un desagradable asunto con los miembros de su círculo de inversión privado[58]. Jinyeong también formaba parte de ese grupo y había reunido todo el dinero que tenía para contribuir con su parte, con la esperanza de recibir un pago de 200.000 *hwanes*. Sin embargo, tuvo que renunciar a ello porque la señora, quien además era la administradora, necesitó urgentemente el monto.

Vestida con ropa de ramio tan delicada como las alas de una cigarra, la señora había consolado a la madre de Jinyeong cuando lloraba amargamente por la muerte de Munsu. Mientras le daba el pésame, su colmillo recubierto de oro brillaba con sutileza. Su madre agarraba la mano de cualquier conocido para lamentarse de la muerte de su nieto. Esto desagradaba a Jinyeong, pero podía comprender cuán triste se sentiría, siendo su hija lo único que le quedaba.

—No llore más, señora[59]. Piense también en los que están vivos. Imagine cómo debe de sentirse su hija en estos momentos. Por favor, seque sus lágrimas y pensemos en cómo enfrentarnos al futuro.

Al estar desempleada, la situación de Jinyeong resultaba muy incierta. De este modo, la señora reconfortaba a su madre mientras se ajustaba el lazo[60] de la blusa. Siempre adornaba su vestimenta con un lazo, incluso cuando se ponía una blusa *jeoksam*[61].

---

[58] Consultar nota 9.

[59] En el original se emplea la expresión *hyeongnim* (형님), comúnmente utilizada por un hombre para referirse a otro hombre de mayor edad, con un matiz de respeto y cercanía. Hoy en día, este término es usado entre mujeres para referirse a la mujer del hermano mayor del esposo. No obstante, en la época en que se publicó este relato, *hyeongnim* también era utilizado por mujeres, especialmente cuando había una notable diferencia de edad.

[60] En coreano *goreum* (고름), se refiere al lazo utilizado para cerrar la parte delantera del *hanbok* (한복), el vestido tradicional coreano, o *jeogori* (저고리).

[61] Aquí la señora de Garwol-dong no usa el lazo en la parte superior del *hanbok*, como es lo común, sino en un *jeoksam* (적삼), que en verano se usaba como blusa debido a su ligereza y transpirabilidad.

—Hay que salir adelante… Lo he estado pensando, e intentaré devolverle su dinero, aunque solo sea el capital invertido.

El semblante de la madre se ilumina ligeramente. Mientras tanto, y sin pronunciar palabra, Jinyeong se pone los calcetines y las tres salen a la calle. El arbolado de la avenida refresca el calor de la mañana. Aunque la madre fue criada en el budismo, aceptó ir a la iglesia sin mayores reticencias, al haber sido su hija quien había sugerido la idea. Siempre dejaba esas decisiones en sus manos.

Deslizándose bajo el parasol de Jinyeong, la señora le susurra:

—Siempre seremos felices si permanecemos en el Señor. El Señor te ama y por eso te llama hoy para darte esta oportunidad. En este mundo terrenal, Él es nuestra única luz —afirma la señora, como cualquier devoto haría en esa situación.

—No voy por mi salvación. Solo quiero creer que existe el paraíso y que Munsu es feliz ahí —responde Jinyeong mirando al suelo.

—Por supuesto. Tu hijo está en el paraíso. Era un niño tan bueno… Ahora mismo estará jugando en praderas llenas de flores.

Pese a que trataba de consolarla como una persona madura, sus palabras resultaban muy torpes.

—Por muchas flores que haya, se sentirá solo y pensará en su madre —murmura Jinyeong para sí mientras contempla el cielo, donde flotan nubes delgadas.

—Deja de hablar así y prepárate para el bautismo. ¿Sabías que Sangbae se ha bautizado? —la voz de la señora parecía provenir de un lejano horizonte.

—¿Ese ateo… bautizado…? —responde de forma automática.

—Él también ha cambiado mucho últimamente.

Se percibe un ligero olor a talco. A continuación, Jinyeong fija la vista en su boca, donde destella un diente de oro. Sangbae era un estudiante universitario que se hospedaba en la casa de aquella señora, y quien la primavera pasada le había dicho:

—¿La gente se cree eso de que Jesús caminara sobre el agua? ¡Ja, ja, ja! Seguro que puso un pie delante del otro antes de hundirse. ¡Ja, ja, ja!… —se burlaba con su acento de Busan.

Su propia broma le parecía tan ingeniosa que se le ensanchaban las fosas nasales mientras reía. Mientras Jinyeong recuerda este suceso, la señora se limpia el sudor, y añade con tono dulce:

—Pronto dejará nuestra casa, pues van a trasladar a su padre a Seúl por negocios… Deseaba tanto que se bautizara antes de su partida…

Cuando llegan frente a parroquia, la luz del sol se filtra a través de los ginkgos, fragmentando el pavimento. Gladiolos teñidos de un suave color rosa florecen en el patio, evocando el símbolo budista de las flores de loto. Contemplando el paisaje, de repente, Jinyeong divaga sobre aspectos inusuales, como la brecha cultural entre Oriente y Occidente. Pronto recupera la compostura. Está aquí para encontrarse con el Señor en nombre de Munsu, pero, por el contrario, se distrae contemplando el entorno, sin la reverencia y el respeto debidos. Esas ideas brotaban de lo que veía. ¿Significaba acaso que había aún espacio en su mente para semejantes pensamientos, a pesar de la tristeza? Lamentándose, Jinyeong se siente avergonzada ante Munsu.

Jinyeong contempla el regazo de la señora, húmedo por el sudor, y con olor a talco. Los niños se congregan bajo la sombra de un árbol. Junto a ellos, un hombre de mediana edad vende, como si se tratara de un puesto callejero, crucifijos y biblias. Jinyeong observa el entorno como un viajero en tierras desconocidas. Ajena al ambiente circundante, mantiene la cabeza fría. Jinyeong entra en la iglesia. La señora envuelve sus zapatos en una tela y dice:

—Los niños suelen venir a esta misa y a menudo hacen ruido. La próxima vez, ven a la más temprana.

Más que las palabras de la mujer, lo que llama la atención de Jinyeong es la ridícula forma en que todos envuelven sus zapatos y los llevan dentro de la iglesia. «Fui a la casa del Señor para honrar a su hijo Jesús, pero cuando cerré los ojos, me robaron los zapatos». El sarcástico estribillo de una canción resuena en su cabeza. A continuación, un extraño miedo la invade por haber insultado a Dios en su lugar de culto. Sintiéndose culpable, Jinyeong sigue a la señora.

Poco después, da comienzo la misa.

—Te suplico, Señor, por mi pobre hijo Munsu. Te suplico con todo mi corazón... Ruego por él con todas mis fuerzas para que lo liberes de su sufrimiento. Por favor, concédele la paz a su alma de niño...

Jinyeong balbucea esa plegaria con los ojos cerrados. Entonces, una molesta e insistente voz en su interior la interrumpe. «Munsu está muerto. Se ha ido para siempre». Esta perturbadora voz nubla su visión, sumiendo en la oscuridad todo a su alrededor. «Le cortaron la cabeza en dos. Lo mataron sin piedad». De pronto, una bola de fuego escarlata rueda frente a ella. A esta visión se suma la persistente voz, que además se fusiona con el ronco llanto de un niño, atrapado en un oscuro y lúgubre inframundo. Empapada en sudor, Jinyeong abre los ojos. Su madre está sentada a su lado y un evidente olor a sudor emana de su cabeza. Los blancos velos de las feligresas[62] nublan su visión y su conciencia.

Sin saber cuánto tiempo ha pasado, Jinyeong gira la cabeza hacia el coro infantil. Los niños están alineados, como artículos viejos dispuestos a la vista del público. Las disonantes voces, cantando en diferentes tonalidades, resuenan como el ruido de un órgano que no ha recibido suficiente viento. Jinyeong piensa en lo miserable que debe parecer arrodillada en medio de ese desvarío. A continuación, vuelve a cerrar los ojos, consumida por un sentimiento de culpa. Odia ver cómo es incapaz de concentrarse, arrastrada por su propia conciencia. Por una vez en la vida, desea abandonar su pragmatismo y sumergirse en ideales místicos. Al fin y al cabo, tanto Dios como la muerte de Munsu eran igualmente enigmáticos, y nadie osa criticar ni a Dios ni a la muerte. O, al menos, eso pensaba. Pese a que para ella la religión no era sino una simple presunción artificial, decidió ir a la iglesia por primera vez, convencida de que haría cualquier cosa por su hijo, incluso convertirse en payaso o en un tentetieso. No obstante, y a pesar de sus esfuerzos, no lograba sentir una verdadera devoción.

---

[62] En la iglesia católica de Corea es común que las mujeres utilicen velos blancos en la cabeza durante la misa.

La misa estaba próxima a concluir. De pronto, Jinyeong observa cómo una bolsa para las ofrendas[63], atada a un largo palo, se aproxima a ella entre los feligreses. Cuando la señora echa apresuradamente unas monedas, la bolsa, parecida a una red para mariposas, se mueve con discreción hacia la fila de atrás. Esto le recordó a los desgastados sombreros que los artistas callejeros pasan entre el público para recibir calderilla. Incómoda, Jinyeong sale de la parroquia antes de que finalice la misa.

Sentada bajo un árbol, Jinyeong observa los enrojecidos ojos de su madre cuando sale de la iglesia. Varios niños de la edad de Munsu se ponen los zapatos para salir a la calle. Bajo la luz del sol estival, la iglesia parece tambalearse ante sus ojos.

*

Desde temprano, Jinyeong permanece sentada en el solado de madera, frente al patio, sin hacer nada. Cuando su madre insiste en que salga a caminar y no se quede encerrada en casa, Jinyeong se irrita y, frunciendo el ceño, se cubre la cabeza con los brazos. Le frustra tanto pasarse el día en casa, como el hecho de tener que salir para buscar trabajo. Con la cabeza todavía entre los brazos, Jinyeong se pregunta angustiada adónde debería ir o a quién debería suplicar para conseguir un empleo. Además, está enferma de los pulmones… De repente, piensa en Munsu y se avergüenza de lo ridículas que deben parecer ella y su madre en su lucha desesperada por sobrevivir.

La implacable luz del mediodía inunda el patio. Las moscas, que antes zumbaban alrededor del árbol, han abandonado la menguante sombra para revolotear sobre el rostro de Jinyeong. Su madre está almidonando la ropa junto a las tinajas de barro[64]. Su perfil a través de

---

[63] Al contrario que en España, donde se usa una suerte de cestillo, en Corea se utiliza una bolsa de tela, en ocasiones dispuesta con mangos de madera a los costados para recolectar las ofrendas.

[64] En coreano *jangdokdae* (장독대), es un recipiente de barro utilizado para almacenar y fermentar alimentos y condimentos primordiales en la comida coreana, como la pasta de soja o *doenjang*, la salsa de soja o *ganjang*, y la pasta de chile o *gochujang*, entre otros. Se suelen colocar en patios o áreas exteriores de las casas

las anchas hojas de girasol evoca la imagen de unas medusas flotando en el mar. «Hasta esas torpes criaturas tienen instinto de supervivencia y se mantienen con vida», piensa mientras la mira fijamente. Perturbada por la crueldad de tales pensamientos, espanta las moscas y se tumba en el suelo de madera.

Las nubes flotan en el cielo azul. De pronto, el vasto cielo se transforma en un océano ante sus ojos, y las nubes se asemejan a medusas flotando con la corriente. Desconcertada, se pregunta si esa ilusión es consecuencia de estar acostada boca abajo, como si estuviera mirando al agua.

El sol se desplaza un poco hacia el oeste, alargando la sombra del árbol de dos a tres palmos. Jinyeong gira su cuerpo hacia la izquierda y fija la mirada en el patio. De repente, escucha el crujido de la puerta al abrirse y la sombra de una persona se adentra en su campo visual. Siguiendo lentamente la sombra con la mirada, advierte frente a ella a una monja budista con una bolsa cargada a la espalda. Como en una pintura surrealista, la alta mujer camina en silencio hacia ella, pisando su propia sombra. En ese momento, la monja junta las palmas y dice:

—¡Señorita!

Su voz es aguda y fuerte, lo que no casa con su apariencia. Encorvada bajo el peso del saco, aparenta unos cuarenta años. La monja se muestra incómoda y exhausta ante la oscura mirada de Jinyeong, que la observa mientras se incorpora. Al ver a la madre acercarse mientras se seca las manos con el delantal, recobra el aliento.

—¡Señora! —saluda con una voz clara y amigable.

La madre se sienta al borde del solado y suspira.

—Antes, cuando vivía mejor, yo era una ferviente seguidora de Buda y encendía velas en cada templo que encontraba, pero míreme ahora. Todo ha sido en vano. Dicen que una torre levantada con esmero nunca se derrumba, pero no son más que habladurías…

La madre comienza a lamentarse por la pérdida de su nieto. Sin saber cuándo terminará de hablar, la monja parpadea en busca de una oportunidad para intervenir. Finalmente, logra interrumpirla:

---

tradicionales para protegerlos de la humedad, preservando su calidad y sabor durante el proceso de fermentación.

—Pobrecito niño... Lo siento mucho por usted, pero no estoy aquí para pedir limosna... Solo quería preguntar si podrían comprarme un poco de arroz. Me pesa tanto que ya no puedo cargarlo...

Parecía más interesada en negociar el precio que en escuchar penurias. «Qué mundo tan mezquino, ya escasea hasta la compasión», pensó Jinyeong. Que su madre buscara compasión le provocaba más lástima que resentimiento. La madre de Jinyeong, aún con ganas de hablar, se muestra desconcertada.

—No puedo cargarlo por más tiempo. Pesa demasiado. Me gustaría aligerar un poco la carga para poder continuar —repite la monja, dejando claro su propósito, mientras deja el saco en el borde del solado.

Al percatarse de su artimaña, la madre reprime su emoción y, sacudiéndose la falda, responde al instante:

—Bueno, ya que lo está vendiendo, compraremos, pero denos una porción generosa.

A continuación, la monja acomoda el saco y comienza a medir el arroz. La anciana, descontenta, insiste en apilar el arroz ella misma en la caja medidora. Ignorando sus quejas, la monja aparta su brazo con determinación. Finalmente, llegan a un acuerdo.

Tras echar cuentas, la madre le pregunta para despedirse:

—¿Y dónde está su templo?

—¿Cómo? Ah, sí. Es el que está en la colina detrás de la escuela.

No se trataba de una caminata tan larga, aun con un saco de arroz a cuestas. Tras la partida de la monja, la madre permanece de pie, ensimismada.

—Hija —la llama en voz baja.

En lugar de responder, Jinyeong la mira a los ojos.

—Me parte el corazón dejar a Munsu así, como si nada... ¡Pongámosle una tablilla en el templo!

Jinyeong continúa mirando fijamente a su madre.

—El templo está cerca y es nuevo. No creo que sean muy estrictos... Mi pobre nieto, su alma debe de estar vagando, entre lágrimas, buscando descanso. Eso me quita el sueño.

Jinyeong gira la cabeza hacia los girasoles cercanos a las tinajas.

—Hagámoslo —responde tras un largo silencio—. Si pensabas encomendar al niño en el templo, ¿por qué la trataste como a una vendedora? —añade, sin apartar la mirada de los girasoles.

—Qué tontería. Los negocios son los negocios. Además, ¿una verdadera monja vendería por ahí el arroz que les han donado? —concluye sin mostrar interés por su comentario.

—¿Entonces por qué quieres ir a un templo con ese tipo de monjes? —la increpa Jinyeong, resentida.

—¿Quién va al templo por los monjes? La gente va al templo por Buda.

No se equivoca. Al mismo tiempo, Jinyeong recuerda cómo la señora de Garwol-dong la reprendió por no ir a misa, a pesar de haberle devuelto los primeros veinte mil *hwanes* de su inversión. Ahora que ha aceptado ir al templo budista se siente culpable, como si estuviese traicionándola. Aunque el dinero era en realidad suyo, se pregunta si esa falsa generosidad podría convertirse en una especie de deuda. Si el objetivo de la religión fuera el de velar por Munsu, un templo budista resultaría mejor que una iglesia católica. Es más, si lograra reunir dinero, incluso podría lograr que le hicieran una ceremonia en su memoria.

*

El sol se ha ocultado casi completamente tras las montañas del oeste. Incorporándose, Jinyeong sale a la calle para comprar estreptomicina en una farmacia. No tenía ganas de ir al Hospital Y, donde solía acudir, decidiendo adquirir el medicamento directamente en la farmacia. La señora de Garwol-dong le había recomendado a un doctor de ese hospital, asegurándole que era católico y se podía confiar en él. Sin embargo, tras descubrir que solo le administraba un tercio de la dosis, decidió no volver más. Con el medicamento en la mano, Jinyeong permanece en la calle durante un buen rato, antes de entrar en la Clínica S. Conoce al médico que trabaja allí porque es vecino suyo, pero esa clínica carece de licencia.

Con cierta preocupación, Jinyeong le entrega la botella a una torpe enfermera que parece nueva. Los médicos tratan con frialdad a los pacientes que, sin pasar por consulta, traen su propio medicamento para que se lo inyecten. Por eso, ella evita siquiera dirigirles la mirada. No obstante, durante la espera, no puede ocultar la sorpresa cuando se voltea un doctor que acababa de atender a un paciente. Ese hombre no era un médico de verdad, sino un granuja del barrio. En ese instante, el verdadero médico pasa apresurado con papeles en la mano, saliendo de la consulta tan rápidamente como había entrado. El farsante, con el estetoscopio puesto, se muestra nervioso ante la mirada de reproche de Jinyeong.

—¡Dos gramos de penicilina! —pide a la enfermera mientras abandona con discreción la sala.

Debía de creer que la penicilina era la cura para cualquier enfermedad, incluso de aquellas cuyo nombre desconocía. Atónita, Jinyeong mantiene la vista clavada en la puerta mientras la enfermera, con las manos sin desinfectar, manipula la estreptomicina con ineptitud. Para cuando se da cuenta, es ya demasiado tarde. El turbio líquido de la jeringa indica que ha extraído el medicamento sin haberlo disuelto previamente. Indignada, Jinyeong le arrebata la ampolla y la agita con fuerza.

—¡Pero si ni siquiera lo ha disuelto! ¿Es que quiere matarme? —grita indignada.

Una anciana con el rostro amarillento espera sentada para recibir su inyección de penicilina mientras observa con inquietud a la enfermera que sostiene tan torpemente la jeringuilla.

Cuando sale del hospital, es ya de noche.

En la oscuridad, reproduce la imagen de ella arrebatando la ampolla a la enfermera y gritándole: «¿Es que quiere matarme?». Sin embargo, ¿acaso no había deseado ella misma su propia muerte en varias ocasiones? De este modo, reflexiona sobre la dicotomía de la vida, siendo tan cruel y difícil de aguantar, pero, al mismo tiempo, tan valiosa. Desea contemplar el cielo oscuro y reírse a carcajadas, pero teme que, en el momento en que lo haga, pueda perder la razón por completo. «Quizás ya esté loca y todo lo que he visto hoy sea una simple ilusión. Quizás ni siquiera sea de noche y brille el sol con fuerza». Jinyeong se agarra la cabeza y corre de vuelta a casa. Un vendedor ambulante de té frío observa atónito, bajo su sombrero de paja, la silueta de la mujer alejarse, corriendo hasta desaparecer en la distancia. La luna se alza en el cielo, teñida con un color rojizo y envuelta en un halo etéreo. El viento, denso y cálido, sopla presagiando una lluvia inminente.

*

Tras la visita de la monja, la madre había esperado la llegada del día de Baekjung[65], un día en la tradición budista dedicado a hacer ofrendas de comida por los difuntos. La víspera, la anciana había entregado una foto de Munsu junto con dos mil *hwanes* al templo para tenerlo todo listo.

A primera hora de la mañana, Jinyeong sale con su madre cargando una cesta de frutas. Después de rodear la Escuela Primaria B y de subir una pequeña colina, pronto vislumbran el patio delantero del templo. Las mujeres del vecindario ayudan con los preparativos. El abad, un hombre corpulento, se alegra de ver a la madre.

—¡Qué devota que es usted, viniendo tan temprano!

La madre se lleva el pañuelo a los ojos.

—Venerable, rece por mi nieto para que descanse en paz. Se lo ruego. Mi pobre niño…

Se suena la nariz.

El abad, que ya había escuchado los lamentos de la anciana la noche anterior, no parecía conmovido por sus palabras. Por el contrario, la interrumpe como un hombre de negocios:

—Sin embargo… aún no ha llegado la esposa del comisario y me ha pedido que su ceremonia sea la primera. ¿Qué hacemos? —añade pensativo.

No saben a qué personas se refiere, pero, sin duda, parecen muy importantes para el templo.

---

[65] En coreano *Baekjungnal* (백중날/百中日), es una festividad tradicional celebrada el quince de julio de acuerdo con el calendario lunar. En el campo aprovechaban este día para descansar, agradecer por el esfuerzo tras las arduas labores agrícolas y desear una buena cosecha. En la tradición budista, se veneran las almas de los antepasados fallecidos.

—Venerable, si aún no ha llegado, por favor, inicie la ceremonia de mi nieto —responde la madre sonriendo con humildad.

El abad la observa detenidamente.

—Hmm... bueno, quizás podamos empezar por ustedes...

Dándose la vuelta, llama a una de las monjas que pasaba por allí.

—¡Hermana!

De pronto, una mujer con el rostro arrugado se gira. Parece mucho mayor que el abad, quien aún conserva la piel tersa. Su expresión misma resulta lúgubre.

—Estas dos mujeres nos dieron dos mil *hwanes* ayer. Como la esposa del comisario aún no ha llegado, ¿realizamos primero su ceremonia?

Su voz manifiesta respeto. En lugar de responder, la monja anciana echa un vistazo a Jinyeong y a su madre y, sin decir nada, se marcha con desdén, como si la cantidad de dinero no le pareciera suficiente.

Las dos permanecen de pie frente a la sala principal[66], dándose la espalda mutuamente. El sol se eleva sobre la cima de la montaña. A pesar de la belleza del paisaje, Jinyeong contempla aquel espléndido amanecer sin emoción, como si de un mural inerte se tratase. Avergonzada, piensa en el descarado gesto de su madre quien, pagando la tarifa más baja, ha venido de madrugada para solicitar la primera ceremonia de la mañana. En ese instante, un joven monje aparece con ofrendas.

—Disculpe, ¿hay una hermana alta en este templo? —pregunta la madre, refiriéndose a la monja que fue a su casa para venderles arroz.

—No suele estar por aquí —responde antes de entrar en la sala principal.

Poco después, da comienzo la ceremonia. La anciana monja empieza a percutir el *moktak*[67] de madera mientras recita los sutras con

---

[66] En coreano *beopdang* (법당), es el salón principal de un templo budista, en el que se realizan las ceremonias religiosas. Es también el espacio central que alberga el altar, con estatuas e imágenes de Buda y otros seres venerados en el budismo, conocidos como bodhisattvas, y donde monjes y fieles rezan, meditan y participan en rituales.

[67] Es un instrumento ritual budista utilizado en las ceremonias y rezos. A diferencia del *mogeo* (목어/木魚), con forma de pez alargado, el *moktak* es redondo y se golpea con un mazo. El sonido que produce se emplea para marcar el ritmo durante los cantos o la recitación de sutras.

voz somnolienta. Decepcionada por la ausencia del corpulento abad, quien habría recitado las escrituras con mayor autoridad, Jinyeong lamenta no haber encargado un ritual a una chamana capaz. Durante el ritual, la monja mira de reojo a Jinyeong, quien permanece de pie mientras su madre, inmersa en la ceremonia, se inclina con devoción. Su vestido violeta acentúa la delgada cintura de Jinyeong, del mismo modo en que la pálida piel de su rostro hace que destaquen sus oscuros ojos. Molesta, la monja continúa lanzándole miradas. Jinyeong reacciona, poniéndose de cuclillas aprisa e inclinándose con torpeza. Recordando el viejo dicho: «la mente de un mal monje está en las ofrendas, y no en la oración», Jinyeong percibe cómo aquella monja, en lugar de centrarse en los sutras, se distrae observando a quienes, como ella, acuden al templo sin seguir la ceremonia con los debidos rezos y reverencias. Crecientemente agotada, parece estar librando una batalla silenciosa contra la monja. Al cabo de un rato, el abad entra jadeando en la sala.

—¡Hermana, termine ya! Acaba de llegar la esposa del comisario. Apresúrese.

Tras esto, se apresura a ponerse la túnica teñida con tinta negra colgada en la esquina de la sala. Mientras tanto, la anciana monja se desplaza desde el altar con la estatua de Buda al altar de los difuntos[68]. No tenía claro que hubiera recitado los sutras correctamente, ni tan siquiera si los había terminado de leer. El joven monje, encargado de portar las ofrendas, entra con un gran plato. Al verlas, les hace gestos para invitarlas al altar. Jinyeong se arrodilla frente a la imagen de su hijo Munsu. En ese instante, rompe a llorar, incapaz de contener sus ardientes lágrimas, que caen una tras otra sobre el frío suelo, al sentir la presencia de Munsu en su corazón.

—Munsu, come. Come hasta saciarte ¡Mi pobre nieto!

Era la primera vez que Jinyeong escuchaba a su madre con una voz tan triste. A continuación, la madre prende una varilla de incienso y coloca sobre el altar veinte billetes de diez *hwanes*, tan nuevos y

---

[68] En el texto original se desplaza desde el *buljeon* (불전/佛前), que se refiere al altar dedicado a Buda dentro del *beopdang* o salón principal, al *yeongjeon* (영전/靈前), o el altar donde se ha colocado la foto y la tablilla funeraria del difunto.

lisos que parecían recién salidos del banco. Jinyeong también se levanta y enciende una varilla de incienso. Al girarse, advierte al monje estirando el cuello para contar el dinero. Los billetes nuevos daban la errónea impresión de que podrían ser de cien *hwanes* cada uno. Avergonzada, baja la cabeza al pensar en la decepción que se llevaría el monje al comprobar la suma real.

El joven monje retira el dinero del altar y añade:

—La ofrenda es demasiado pequeña. El dinero hace falta tanto en este mundo como en el más allá. ¿No creen que querrá divertirse con sus amigos antes de su partida?

Jinyeong siente cómo la sangre le sube a la cabeza mientras, en su interior, maldice la tacañería de su madre al ofrecer tal ínfima suma. El joven coloca un poco de la comida dispuesta en el altar sobre el plato: brotes de soja, pastel de arroz glutinoso, pescado y fruta. Va añadiendo un poco de cada uno hasta que su mano se detiene ante un apetitoso dulce de sésamo y miel. En ese instante, la monja que acababa de tañer el *moktak* grita alterada:

—¡Deja eso!

Tras mirar de reojo a Jinyeong, el joven sale apresuradamente para tirar la comida destinada a los espíritus malignos[69]. Indignada, Jinyeong comprende que todo no ha sido más que un negocio desde el principio. Cubriéndose el rostro con las manos, rompe a llorar, incapaz de controlar la rabia. Esa ira reprimida, que no podía descargar sobre nadie, se disuelve en sus lágrimas. En medio de su irrefrenable llanto, siente los brazos de su hijo rodeándole el cuello, como si se aferrara a ella. La soledad y el anhelo la invaden, llevándola al borde de la locura. Regresando, tras dejar la comida afuera, el joven monje reúne la fruta.

—Llévese esto. ¿Dónde tiene tela para envolverlo? —añade girándose hacia la madre.

—No importa. Quédenselo ustedes —responde Jinyeong, mirándolo fijamente con los ojos enrojecidos.

—¿Por qué no se llevan lo que trajeron? —añade la monja anciana.

---

[69] En coreano *shishikdol* (시식돌), es la piedra ubicada en los templos budistas, en la que se realiza una ofrenda de alimentos a los espíritus errantes o malignos, con el fin de apaciguarlos y evitar que generen resentimiento sobre el difunto.

Parecía haber finalizado su trabajo y estaba de vuelta en la sala. Jinyeong la ignora y ni siquiera le dirige la mirada. Por su parte, la madre responde:

—Lo que pasa es que… —se detiene al observar la expresión de su hija.

La monja traga saliva y añade:

—Como todos los demás, los monjes también tenemos que comer.

Los ojos de Jinyeong brillan con intensidad.

—Su desayuno aún no está listo. Es demasiado temprano. ¿Podrían esperar un poco? —pregunta el joven monje antes de salir de la sala.

Jinyeong se derrumba sobre una piedra de la sala principal. Las palabras del monje resuenan en su mente: «El dinero hace falta tanto en este mundo como en el más allá». Era evidente que, desde el principio, se trataba de un simple negocio. «¿Acaso el grado de la ceremonia por el alma de Munsu se mide en función del dinero?», se pregunta, consumida por la ira. Mientras tanto, observa cómo una mujer joven y bien vestida —probablemente, la esposa del comisario—, es guiada por el abad hacia la sala principal. Poco después, el estruendoso canto de los sutras retumba en el templo. La voz, clamorosa y resonante —proveniente del estómago—, es tan penetrante que podría despertar a un Buda dormido e instarlo a escuchar sus súplicas. Jinyeong se incorpora súbitamente.

—Madre, vámonos.

No han venido al templo a desayunar. La madre, incapaz de detener a su hija, quien sale decidida del lugar, se dirige a la anciana monja que merodea por el patio.

—Nos vamos, hermana.

—Pero quédense al desayuno siquiera… ¿Se van ya?

Sin insistir, las acompaña a la puerta y añade:

—Como todos los demás, los monjes también tenemos que comer.

Jinyeong se siente aún más estupefacta que furiosa. Mientras descienden la colina, arranca puñados de maleza entre lágrimas, lamentando haber dejado a Munsu solo, en una posada desconocida y sin dinero para el viaje. A continuación, se toca la frente, ardiente como una bola de fuego.

*

Jinyeong estuvo enferma todo el verano. La tuberculosis, al principio leve, empeoraba cada día por no haberla tratado. Y, como si no fuera suficiente, otras enfermedades han ido surgiendo una tras otra. Ahora, el simple acto de beber agua fría le altera el sistema digestivo. Con frecuencia padece infecciones en los ojos y se le agrietan los labios constantemente. Incluso sufre de otitis y las caries, que ha ignorado durante años, le duelen día y noche. Un terror abrumador la embarga al sentir cómo su cuerpo se desmorona, como si fuera una lombriz expuesta a la abrasadora luz del sol.

De forma irreversible, su mente también se deteriora día tras día. Cada noche, escucha los llantos de un niño y el estruendo de montañas, colinas y casas derrumbándose. Al cerrar los ojos, le atormentan visiones de fragmentos de vidrios rotos que surcan el aire e impactan en su cara. También ve al joven soldado con las vísceras expuestas, el rostro de su marido y el de su hijo, luces rosas, amarillas, azules y, finalmente, negras; luces que se superponen una tras otra hasta que un espacio infinito la envuelve como una densa niebla.

El oído, el tacto y la vista de Jinyeong, en ese orden, estaban siendo afectados. Incapaz de soportarlo más, se obliga a sí misma a recibir tratamiento en el Hospital H, en un vano intento por atender su descuidada salud, pero en menos de una semana deja de ir. No es solo por los escasos recursos que tiene para sobrevivir, sino, sobre todo, porque descubrió cómo vendían frascos de inyección vacíos para ser reutilizados. De este modo, el Hospital Y manipulaba las dosis de los medicamentos, la Clínica S era clandestina y en el Hospital H se vendían viales vacíos.

Cuando vio a una enfermera contar frascos vacíos en el hospital, sospechó que los venderían a traficantes de medicamentos falsos. Sin embargo, el Hospital H no es el único centro donde se practica este tipo de fraude. Tampoco se puede afirmar que fuesen a ser utilizados exclusivamente para traficar con ellos. En ciertos casos, también se reutilizan como envases de tinta o acuarelas, o incluso como recipientes para pimienta. Pero es cierto que últimamente el mercado negro está repleto de medicinas falsas, y los vendedores pregonan las bondades de meras imitaciones como si del producto más genuino se tratase. Jinyeong ha perdido cualquier confianza en los médicos que, en lugar de ejercer su autoridad con integridad, se comportan con la misma mezquindad que esos vendedores. Aunque los viales vacíos son propiedad del médico, teniendo la libertad y la potestad de usarlos a su antojo, al verlos, no puede evitar pensar en la proliferación de un mercado negro que se esparce como una plaga.

Los girasoles mostraban ya sus semillas. Unos días atrás, cumpliendo con su promesa, la señora de Garwol-dong trajo los últimos diez mil *hwanes* del capital que Jinyeong había invertido. De este modo, había recuperado sus cien mil *hwanes*. Sin embargo, ya no le quedaba absolutamente nada del dinero que había estado recibiendo en pequeñas cantidades. Cuando la señora se levantó para irse, expresó su descontento por haber colocado la tablilla mortuoria de Munsu en un templo budista, reprendiéndola por adorar ídolos. «Ambas religiones adoran ídolos», deseó responder Jinyeong, pero se contuvo y la miró en silencio, sin saber cómo explicar todas aquellas contradicciones.

*

Es la festividad otoñal de Chuseok[70]. Jinyeong no impide que su madre vaya al templo. Por el contrario, prepara una canasta de frutas que había elegido con cariño. En su interior coloca cuidadosamente peras, manzanas, uvas, castañas, dátiles y un surtido de deliciosos dulces. Cuando, desde la puerta, observa salir a su madre con la canasta, le asaltan las palabras de la monja: «Como todos los demás, los monjes también tenemos que comer». Y pensar que los monjes comerían la

---

[70] Chuseok, o la festividad de la cosecha, es una de las dos fiestas más importantes en Corea del Sur, junto con el Año Nuevo lunar o Seollal. Se celebra el 15 de agosto según el calendario lunar con el fin de agradecer por la abundancia de la cosecha y honrar a los antepasados. En la actualidad, las familias se reúnen para realizar ceremonias ancestrales, conocidas como *jesa* (제사), o para visitar las tumbas de los familiares fallecidos. Esta festividad coincide con la luna llena más grande del año. En las zonas rurales era común vestirse con el traje coreano o *hanbok* y participar en diversos juegos tradicionales, así como danzar de la mano creando un gran círculo para dar gracias por la cosecha.

comida destinada al alma de su hijo... «Qué desperdicio. Qué repugnante». Su rostro se enrojece de vergüenza al dar luz a tales pensamientos. A continuación, cierra la puerta y sube la colina que se alza detrás de la casa. Ya sea llorando o gritando, necesita desahogarse.

En la montaña se extienden pequeñas viviendas de lona, formando un suburbio marginal, en el que no se ve un solo árbol ni flores. La gente lo sigue llamando montaña. A su alrededor, Jinyeong distingue a una niña que, con brazos raquíticos como patas de araña, extrae agua de un exiguo manantial, mientras rostros amarillentos se asoman desde las casuchas. Ella, que había venido a llorar y a gritar para desahogarse, se percata de que, en aquel lugar, parece una mujer pudiente. Continúa su ascenso hasta llegar a una roca grande, donde aprovecha para sentarse.

Desde la cima, la imagen de la ciudad resulta caótica. En cada colina, las casas se apiñan unas junto a otras, como pulgones en una planta. Entre ellas se alzan templos y capillas, acompañados de una intrincada mezcla de elementos occidentales y orientales, como si la ciudad estuviera en un perpetuo estado de transición, un revoltijo que desafiara toda armonía. «Si esta ciudad pudiera formular un deseo, ¿serían hileras de árboles junto a las avenidas o nubes que se deslizaran sobre las distantes montañas de violetas tonalidades?», se pregunta, mientras apoya su fina barbilla.

El bullicio de la ciudad se asemeja al zumbido de un enjambre de abejas. Un lujoso automóvil se desliza por la carretera, avanzando hacia un chalé en la montaña. Desde su ubicación, no parece más que un insignificante escarabajo. Un escarabajo que se arrastra lentamente... Mira a su alrededor de nuevo. «Todas esas ideas son absurdas ¿Qué más dará?», se reprende a sí misma sin razón alguna. «¿Qué más dará que parezcan escarabajos o pulgones? ¿Qué más darán las hileras de árboles o las nubes...?». Jinyeong se echa el pelo hacia atrás. Todo el sufrimiento reside en mí. Todas las contradicciones anidan en mi ser. Los dioses, Munsu, sus caricias, habitan en mí, pero nada de todo eso es real. Como una prostituta, he rendido culto a dos dioses, dando ofrendas y dinero sin convicción alguna. Quizás es la comisión para que intercedan por Munsu y por mí, y ahora, parte de esos honorarios han ido a parar en las comidas de los monjes. En realidad, solo he intentado engañarme a mí misma. Estoy segura de que mi hijo no ha estado en ninguno de esos lugares».

Jinyeong vuelve a retirarse el pelo de la frente. Su pálida mano parece estar a punto de tornarse transparente. «Lo divino, los presagios o los sueños no son más que meras casualidades. La muerte de Munsu, sin duda alguna, fue causada por un error humano. ¿Y eso de que todos moriremos algún día? Por supuesto, de viejos… E incluso si el niño estaba destinado a morir en aquel momento, nunca debió haber sido de ese modo… como un ternero sacrificado en el matadero… Es a las personas, sí, a las personas a quienes debo aborrecer. ¿De qué sirve pensar en dioses cuya existencia es incierta? ¿No acabo de decir que no existen? No, no lo sé con certeza. Por eso, dirigiré mi odio hacia la gente. Me rebelaré contra ellos y maldeciré a todos esos asesinos sin escrúpulos».

Jinyeong murmura incoherencias, indiferente al paso del tiempo, como si estuviera ebria. De pronto, una sombra cubre su pálido rostro y una nube cruza el vasto cielo otoñal. Abajo, en la ciudad, la gente luce sus coloridos trajes para la festividad de Chuseok, como si hubiesen tirado confeti. Tras contemplarlos con ojos febriles, se levanta. No le queda nada, ni siquiera tiene espíritu para rebelarse. Tan solo la acompaña un laberinto de pensamientos vacíos que se extienden sin fin en el horizonte. Apartando su pelo hacia atrás, como de costumbre, desciende la montaña. Los rostros amarillentos que la observan desde las casuchas le recuerdan con pesar que, en ese lugar, incluso ella es una privilegiada.

*

Un frío día, poco antes del Año Nuevo lunar[71], la señora de Garwoldong vino a visitar a Jinyeong. Envuelta en una bufanda, parecía más desaliñada que de costumbre.

—Hay algo que me gustaría consultarte… Sigo sin asimilar lo sucedido…

---

[71] En coreano Seol (설) o Seollal (설날), hace referencia al primer día del calendario lunar.

Jinyeong la observa extrañada sin pronunciar palabra, mientras la señora se sienta, visiblemente incómoda por lo que va a decir.

—Verás… Lo que pasa es que… ha muerto la persona a la que le presté dinero y no sé qué hacer.

Jinyeong la mira con sospecha.

—Le presté el dinero en mayo y desde entonces no he recibido absolutamente nada de los intereses. Y encima…

Al percatarse de su cambio de expresión, la señora guarda silencio. Jinyeong debería de haber recibido en mayo los 200.000 *hwanes* que habían acordado. Era el mes en que originalmente finalizaba el acuerdo del círculo de inversión privado. Es más, meses antes de esa fecha, ya había personas en el grupo ansiosas por recibir su parte.

—¿Cuánto dinero le ha prestado? —pregunta Jinyeong, rompiendo su silencio.

—500.000 *hwanes*.

Jinyeong oculta su sorpresa. Pensaba que la señora se había endeudado para devolverle su parte, pero, en realidad, había jugado con la considerable suma del círculo de inversión a espaldas de todos. Jinyeong la observa con frialdad.

—Eran todos mis ahorros. No tengo ni marido ni hijos… Piensa en todo el dinero que he perdido. Si logro salir de esta, al menos conseguiré pagar mis deudas, pero si pierdo ese dinero, acabaré en la mismísima ruina —añade con lágrimas en los ojos.

Jinyeong desea recriminarle por meterse en esos negocios.

Tras un breve intervalo, la señora se seca las lágrimas y comienza a explicar la situación. El difunto, director de la empresa que utilizó el dinero, recibió de ella en mayo 500.000 *hwanes*. Sin embargo, nunca le devolvió ni la menor cantidad en concepto de intereses durante todo ese tiempo. Preocupada, exigió la devolución de su dinero. Al no recibir respuesta, consultó desesperada a una mujer de la parroquia, y el marido de esta, un tal señor Kim, se ofreció a intervenir en el asunto. Este señor, muy astutamente, consiguió un pagaré a nombre del dueño de la empresa. Sin embargo, y para su sorpresa, el director falleció días después en un accidente de tráfico. Contar con el pagaré a nombre del dueño la aliviaba, pero, por alguna razón, este tal Kim se resistía a entregárselo, ocultando sus intenciones. Además, con la muerte del director, no había forma de confirmar su versión de los hechos. Por lo que no tendría pruebas para enfrentarse a él. «¿Cómo podría yo, siendo mujer, reclamarle algo al dueño de la empresa?», sostuvo, golpeándose el pecho con desesperación.

—¿Por qué se arriesgó a prestarle una suma tan grande a ese director? —pregunta Jinyeong tras haber escuchado toda la historia.

—Bueno… Conoces a ese joven, Sangbae, ¿verdad? Pues, es su padre.

—¿Cómo? ¿El chico que supuestamente se bautizó?

La señora se ruboriza. Atónita, Jinyeong recuerda cuando le comentó que el padre del chico se mudaría a Seúl por cuestiones laborales.

—Está claro que usó la religión como un medio para estafarla.

La señora baja la cabeza, cohibida ante la cegadora mirada de Jinyeong.

—Ahora que lo pienso, parece que lo habían planeado todo desde el principio. Hasta lo del bautismo…

—¿Acaso hay algo más sólido que la religión como garantía de crédito?

La señora se muestra desalentada ante el sarcasmo de Jinyeong, quien, igualmente molesta, aparta la mirada. «Hay que ser ingenuo para prestar dinero a alguien por haberse bautizado o confiar algo tan importante por el simple hecho de ser creyente», piensa. Al mirarla de nuevo, sus deseos de ahondar en la debilidad de la señora se desvanecieron.

—¿Y qué va a hacer ahora?

—Pues no sé. Me gustaría poder hablar de eso contigo.

—En mi opinión, creo que el señor Kim puede ocuparse del asunto, pero es usted quien debe guardar ese pagaré.

—¿Y si deja de ayudarme si se lo pido?

—En tal caso, estaremos seguras de que está tramando algo.

—Entonces, si el señor Kim se desentiende, ¿podrías ayudarme a hablar con él? Siendo mujer, y estando sola, temo que pueda aprovecharse de mí fácilmente —suplica la señora.

—Pues…

Jinyeong detestaba involucrarse en ese tipo de asuntos. Sin embargo, le parecía cruel rechazar aquella petición después de que la señora se hubiera sincerado con ella y se mostrara tan vulnerable.

—La acompañaré —añade con indiferencia.

En ese momento, llega la madre de Jinyeong, ajena a la conversación, trayendo el almuerzo. Mientras comen, la señora comienza de nuevo a hablar, ahora más aliviada.

—No sé por qué, pero hasta tener dinero trae problemas. Siento tal temor que ya no pienso prestarle nada a nadie.

Jinyeong traga el bocado indiferente.

—Deje ya el tema y, cuando consiga el dinero, abra un negocio. Ponga su orgullo a un lado… Yo haré lo mismo cuando reúna el capital —añade.

—Bueno, en tu caso puedes optar a un trabajo.

—¿Y cree que es tan fácil? Si no lo consigo, estoy dispuesta hasta a vender pan por la calle, si hace falta.

—Con todo lo que has estudiado, si te lo propones, no tendrás problemas para conseguir trabajo. Yo sí que no tengo más remedio que abrir un negocio. Sin duda, la forma más sencilla de ganar dinero es a través de un círculo de inversión privado. No hay que hacer ningún esfuerzo…

La señora deja la cuchara sobre la mesa y se hurga los dientes con una cerilla. «Sí, claro, qué valor el suyo…». Jinyeong se traga sus palabras y mira a la señora. Su mirada es limpia y pura, sin rastro alguno de malicia.

—En definitiva, tengo que ganar dinero. El dinero es lo más importante. Así es el mundo…

En sus palabras se percibe una mezcla de irritación y lamento por el incidente que ella misma ha provocado.

—Claro, ya lo dice el refrán: “Criar hijos da hambre, llevar dinero en el bolsillo, fortaleza” —añade la madre, dándole la razón.

Jinyeong siente un ligero mareo. Vuelve la cabeza de inmediato, como si quisiera borrarlas de su vista.

—¿Cree que acabaremos en el cielo hablando de dinero, dinero y más dinero? Ja, ja —comenta la señora riéndose, mientras se levanta y se pone los guantes.

Aquellas carcajadas provocan en Jinyeong una mezcla de ansiedad y rechazo hacia la señora. «Qué infeliz y qué sola está esta mujer...», piensa.

Tras la partida de la señora, Jinyeong se desploma en el suelo. Su cuerpo se hace liviano, como el algodón. «El gas de la estufa de carbón debe de estar filtrándose en la habitación. Como se llene de gas, moriré». Sin darse cuenta, sus ojos se cierran y se adentra en un tumultuoso sueño, en el que aparece el joven soldado con las entrañas al descubierto. En un angustioso intento por despertar, oye, al otro lado de su consciencia, la voz de su madre:

—Pasado mañana es Año Nuevo lunar. Debería enviar al templo unos mil *hwanes*...

Al fin, Jinyeong logra incorporarse y abrir los ojos.

—Los espíritus no se diferencian de las personas... No podemos permitir que el resto coma su porción y Munsu se quede esperando a su madre, mordisqueándose el dedo.

Completamente despierta, Jinyeong se levanta de un salto. Se dirige al solado de madera, apretando el abrigo contra su pecho, y comienza a enrollarse la bufanda alrededor del cuello. Coge de la cocina una caja de cerillas y, metiéndola en el bolsillo del abrigo, sale de la casa.

Hoy, por fin, hará aquello que tanto tiempo había planeado. Mientras asciende por la pendiente, la compacta nieve cruje bajo sus pies. La bufanda y el borde del abrigo ondean con el viento, erizándose el vello de su cuerpo. De pronto, la nieve posada sobre las ramas de un árbol cae sobre el cuello de su abrigo.

Decidida, Jinyeong avanza hacia el templo. Al entrar en el patio, ve salir de la residencia[72] a la anciana monja que le había recriminado que los monjes también tenían que comer. El lugar está desierto, no hay rastro de nadie más. Con el rostro contraído por la tensión, Jinyeong se aproxima a la monja.

---

[72] En coreano *seungbang* (승방), es al área dentro de un templo budista en el que residen los monjes, o los espacios comunitarios donde se reúnen para realizar sus actividades cotidianas.

—Disculpe. Vamos a mudarnos al campo y nos gustaría llevarnos la foto y la tablilla funeraria de mi hijo —dice en voz baja y con la cabeza gacha.

Tras observarla con la mirada perdida, finalmente, logra reconocerla.

—¿Se van a mudar? Eso no importa. Déjenlo aquí. Pueden enviarle dinero por correo en las festividades.

Jinyeong levanta la cabeza con firmeza y, girándose, la confronta.

—Mire, eso no es asunto suyo. ¡Deme la foto, aunque sea, y punto!

Desconcertada, la monja se dirige a la sala principal del templo murmurando palabras ininteligibles. Poco después, regresa con la foto y la tablilla de madera. Jinyeong se las arrebata de las manos, abandonando el templo sin despedirse. En realidad, no estaba enojada con ella. Más bien, estaba ansiosa por recoger la fotografía y marcharse de allí lo antes posible. Mirando cuidadosamente a su alrededor, asciende la pendiente y se adentra en la montaña.

Al llegar a un claro sin nieve, al abrigo de una voluminosa roca, se desploma sobre el pasto seco. A continuación, dispone la foto y la tablilla funeraria de Munsu y las observa fijamente. Tras contemplarlas durante un buen rato, saca una cerilla del bolsillo y prende la fotografía. La tablilla arde de inmediato. Por el contrario, la foto, lejos de consumirse en un instante, lo hace lentamente. Jinyeong saca un papel del bolsillo y lo rompe en pedazos sobre la fotografía. Al instante, las llamas resurgen y el fuego se aviva. Finalmente, la fotografía queda reducida a cenizas y el humo amarillento se atenúa hasta disiparse en el viento. Jinyeong observa cómo desaparece el humo.

—Solo conservo recuerdos amargos. Recuerdos de una muerte tan cruel…

Dos hilos de lágrimas surcan su sereno rostro, casi hierático. El despejado cielo invernal, se despliega implacable. El viento despoja la nieve de una rama cercana, y los copos caen sobre su abrigo.

—Eso es. Aún me queda vida por delante. Vida para luchar.

Apoyándose en una rama, emprende el descenso de la nevada montaña.

Publicado en agosto de 1957 en la revista *Hyundae Munhak*.

Refugio

La nieve caía sobre la ciudad nocturna.

Hyein, propietaria de la sastrería Mimosa —ubicada en la entrada de Myeong-dong— estaba trabajando. La imagen de su perfil, cortando la lana azul extendida sobre la mesa, desprendía cierta tristeza.

Afuera continuaba nevando.

No había nadie en la tienda. Solo se observaba la sombra redondeada de sus hombros, ligeramente inclinados hacia delante, proyectada en la pared. Detrás, se apreciaba un solitario maniquí. Hyein trabajaba hasta tarde debido a un encargo urgente que había de entregar al día siguiente a última hora de la tarde. Podría haber delegado el encargo a otro sastre, pero no tenía ninguna prisa por regresar a casa. Tras una extensa labor, interrumpió el trabajo y, reposando las tijeras, mira al exterior.

Una vaga luz acarició su delgado y solitario rostro.

Mientras contemplaba la calle desde la ventana, elevó despacio el brazo para consultar la hora y reprimió un bostezo. Eran las diez y cinco. Permaneció pensativa con la mano sobre el reloj. Poco después, recogió las telas que se extendían sobre la mesa, guardándolas en la caja fuerte. Ya con el abrigo puesto, y lista para regresar a casa, un sonido agudo le perforó el corazón. De inmediato, levantó la mano con la que se ajustaba el cuello y se cubrió la cabeza. Una fría ráfaga de viento azotó su mejilla. Aquel sonido agudo provenía del cristal de la puerta de entrada de la sastrería, que ahora estaba hecho añicos. Al fijar la mirada en la puerta, el suelo brillaba por los fragmentos de vidrio roto. Detrás de los cristales, distinguió una figura humana retorciéndose mientras luchaba por levantarse lentamente del suelo. Con el ceño fruncido, Hyein presionó el timbre que conectaba con el primer piso, donde residía el sastre.

La figura caída resultó ser un borracho, una escena habitual en la zona. Antes de que el empleado llegara, el hombre logró incorporarse y, tambaleante, empujó la puerta para entrar en la tienda. Era alto. Los copos de nieve se desprendían de su abrigo a cada paso que daba, cayendo al suelo, donde se derretían al instante. Quitándose el sombrero, se inclinó para hacer una ligera reverencia.

—Le ofrezco mis más sinceras disculpas. Le compensaré por el cristal roto…

Hyein lo observó en silencio. Aunque percibió un fuerte olor a licor, hablaba con una sorprendente cortesía para estar ebrio. Al no recibir respuesta alguna de la mujer, el hombre apartó la mirada y, resignado, chasqueó la lengua.

—Mire, reconozco que he bebido un poco, pero la calle está en mal estado —añadió girándose para señalar la calle de enfrente.

Iluminado su rostro con la luz de la tienda, sus gafas destellaron. Al escuchar estas palabras, Hyein recordó las obras que habían tenido lugar hace unos días. Quizás para mejorar el alcantarillado, o por alguna otra razón, habían excavado el suelo para luego rellenar la calle, provocando un desnivel. No obstante, permaneció petrificada al descubrir algo aún más asombroso. Mirando fijamente al hombre bajo la luz, humedeció sus secos labios, y articuló con dificultad:

—¿No es usted el señor Kim Byeonggu? —preguntó en voz baja.

Expectante, apretó el puño en silencio.

—¿Nos conocemos? Sí, soy Kim Byeonggu —respondió sorprendido.

Percibió el olor a alcohol de su boca.

—Soy yo, Kang Hyein, la hermana pequeña de Kang Sugin. ¿No me reconoce? —añadió con una extraña mueca, como si mascase algo.

—¡Kang Sugin! —exclamó, como si, de repente, se le hubiera pasado la embriaguez.

Hyein desvió la mirada del rostro sorprendido de Byeonggu y relajó la mano para coger las llaves de la caja fuerte, situadas sobre la mesa, en un intento por aparentar serenidad. En ese instante, un joven de unos veinte años descendió del piso superior. Hyein se volvió hacia él. Jugando con la llave entre los dedos, le indicó con firmeza:

—Se ha roto el cristal. Esta noche duerme con las contraventanas cerradas y mañana, a primera hora, encárgate de repararlo.

El joven, todavía medio dormido, contemplaba con desconcierto los cristales rotos y a Byeonggu, quien permanecía inmóvil.

—Me voy. Cierra la puerta y limpia todo esto —concluyó, guardando las llaves en el bolso—. ¿Nos vamos? —añadió, dirigiéndose al hombre.

Hyein se cubrió la cabeza con un chal y salió de la tienda. Byeonggu la siguió en silencio. El desconcertado joven, inclinando la cabeza, se agachó y comenzó a recoger los fragmentos de vidrio.

—Si no fuese tan tarde, podríamos ir a tomar un té, pero... —comentó Hyein, arreglándose el chal.

Al llegar a un árbol al final de la calle, Byeonggu detuvo un taxi y observó a Hyein en silencio. Con el cuello del abrigo levantado, sus ojos parecían tensos tras las lentes. Ella sacudió la nieve de su abrigo antes de subir al coche, y él la siguió. Dentro del vehículo, Byeonggu sacó un cigarro y añadió, mientras buscaba el encendedor:

—Le acompaño a casa. ¿Todavía vive en Hyehwa-dong?

En lugar de responder, Hyein se dirigió al conductor:

—Vaya a Palpan-dong.

Permanecieron en silencio. Ninguno parecía en disposición de hablar. Por un instante, ella intuyó que pronto cruzarían el pabellón de la campana en Jongno. Sin embargo, para su sorpresa, vio cómo los árboles y las farolas de la puerta de Gwanghwamun desfilaban tras la ventana. Bajo aquella tenue luz, su rostro temblaba ligeramente. A su lado, Byeonggu fumaba.

Una vez pasado el edificio de Jungangcheong[73], Hyein bajó del coche en el callejón que conducía a su casa. Entre tanto, había dejado de nevar y, en la penumbra, los majestuosos sauces se alzaban a lo largo del muro trasero del Jungangcheong.

---

73 Jungangcheong (중앙청) fue la sede central del Gobierno General de Corea durante la ocupación japonesa (1910-1945). Tras la instauración de la República, se usó como un edificio gubernamental en el que se establecieron la oficina presidencial y otras importantes agencias del gobierno. Tras la guerra de Corea, se utilizó como sede del gobierno militar. Fue entonces cuando adquirió el nombre de Jungangcheong o Edificio Central. El edificio fue demolido en 1995, durante el gobierno de Kim Youngsam, con el objetivo de eliminar los vestigios de la ocupación japonesa y restablecer el espíritu nacional.

—Dé recuerdos a su padre.

La voz de Byeonggu conservaba la misma gravedad de antaño.

—Ni mi padre ni nadie de mi familia están ya aquí.

Sujetando el bolso contra su cuerpo, Hyein mantenía una expresión indiferente, como si nada de aquello tuviera que ver con ella. Byeonggu arrojó el cigarro por la ventana, evitando mirarla a la cara.

—Ah, entiendo.

Su voz era serena, sin dar muestras de interés por conocer la razón.

—Diríjase a Cheongpa-dong —indicó al conductor.

Cuando arrancó el coche, Byeonggu inclinó la cabeza para despedirse, sin dirigirle la mirada. El taxi giró, desapareciendo en la senda iluminada por la nieve. Hyein permaneció durante un buen rato abrazando su bolso, petrificada como un muñeco de nieve.

*

Fue un año antes de que estallara la guerra cuando Hyein conoció a Byeonggu. En ese entonces, él era el novio de Sugin, su hermana mayor. En realidad, eran hermanastras[74], o, para ser precisos, Hyein era una hija ilegítima[75]. Durante sus años de estudiante en Japón, Kang Sangho, el padre de Sugin —casado y, por aquel entonces, padre de una niña—, tuvo una relación con Yeongsuk, una joven coreana que estudiaba en una escuela técnica. Hyein fue el fruto de esa aventura. No obstante, ante la falta de apoyo del hombre tras el nacimiento de la niña, la mujer acabó quitándose la vida. La madre de Sugin, de apellido Yun, era sagaz e inteligente. Sin embargo, cuando notaba cómo su esposo buscaba un vestigio de la mujer fallecida en los ojos de Hyein,

---

[74] En coreano *ibok jame* (이복자매), hace referencia a dos hermanastras que comparten un mismo padre.

[75] En coreano *seochul* (서출), se refiere a un hijo ilegítimo fuera del matrimonio legal. Tradicionalmente se trataba, fundamentalmente, de hijos nacidos de una concubina o de una esposa secundaria *cheop* (첩). Con la independencia de Corea, en 1945, y la posterior promulgación del nuevo Código Penal, en 1953, se introdujeron el delito de adulterio con pena para ambas partes. En 1960, la poligamia fue reconocida como motivo de divorcio, marcando un paso definitivo hasta la prohibición de esta práctica. No obstante, en la realidad, seguía representando un problema social.

se interponía entre los dos y rompía a llorar. En el fondo, sentía que la mujer seguía viva en el corazón de su marido, y se manifestaba, de algún modo, a través de su hija. Hyein creció, pues, en un entorno fuera de lo común. Sugin, dos años mayor que ella, ingresó en la Facultad de Medicina mientras que Hyein, ávida lectora, terminó en el departamento de Estudios del Hogar[76] en la Universidad S, conforme a los deseos de la señora Yun. Si la personalidad de Hyein se inclinaba hacia la literatura, Sugin manifestaba un innato carácter racional.

Hyein conoció a Byeonggu en la primavera de su cuarto año en la universidad. Para Sugin, que había completado dos años de estudios preparatorios antes de ingresar en la Facultad de Medicina, era también su último año. Cuando su hermana le presentó a Kim Byeonggu, un joven profesor de Ciencias Políticas, Hyein percibió una aspereza sutil en su semblante de intelectual, un rasgo que compartía con su hermana. Sin embargo, al verlo sonreír, por motivos que no alcanzaba a recordar, sintió un cosquilleo en el estómago. Era una sonrisa bondadosa, casi ingenua, como la de un niño. Cada vez que esa sonrisa iluminaba su rostro, le embargaba una profunda nostalgia por la humanidad, aunque, en el fondo, lo que sentía era amor. De pie junto a la ventana, se estremecía al pensar cómo ella y Sugin habían heredado la desdicha de sus madres, ligadas ambas a un mismo hombre. Hyein nunca había compartido sus sentimientos con nadie, como si reprimir sus emociones formara parte de su inevitable destino. Pasado un año, Hyein se graduó y comenzó a trabajar como docente en una escuela femenina. Sugin también finalizó sus estudios, pero permaneció en el hospital universitario haciendo prácticas.

Fue por entonces cuando estalló la guerra. Con el inicio del conflicto, se descubrió que Sugin era una ferviente comunista. Aunque el hallazgo sorprendió a muchos, no resultaba del todo inesperado dado su carácter. Entre los episodios que evidenciaron su fervor radical, Hyein no podía olvidar el incidente ocurrido con Yeonghwa, la hija de una tía paterna. Era de su misma edad y vivía justo al lado. Especiali-

---

[76] Esta carrera universitaria, que fue inaugurada en la Universidad de Mujeres Ewha, ha evolucionado con el tiempo. Actualmente se denomina Ciencia de los Alimentos y Nutrición.

zada en pintura occidental, se había casado con un hombre con quien había establecido una relación sentimental poco antes de la guerra. Su esposo, que tendría que estar cumpliendo sus deberes militares, decidió permanecer con su mujer cuando estalló el conflicto, y acabó siendo ejecutado por las tropas comunistas. Cuando Yeonghwa llegó desconsolada a la casa de ellas, se desplomó y rompió a llorar. Sugin, sin embargo, la contempló con una fría desaprobación.

—¿Y qué esperabas que fuera a suceder?

Esas fueron las cortantes palabras que dirigió a su prima menor. Abrazándola para levantarla del suelo, Hyein dirigió a su hermana una mirada furiosa.

Desde que se había convertido en una activista comunista, un tal Pak, que afirmaba venir del norte, comenzó a seguirla como una sombra. Por otra parte, con el estallido de la guerra, había perdido el contacto con Byeonggu, quien había viajado unos días antes a Daegu por motivos personales.

Con la recuperación de Seúl, el 28 de septiembre, Sugin huyó al norte. Justo antes de partir, Sugin se sentó junto a Hyein, que escuchaba el estruendo de las explosiones en el solado de madera, frente al patio. Mirando las nubes, apoyó la mano en el hombro de su hermana y murmuró:

—Dile que solo era aprecio. Aunque jamás podré negar que lo que sentí fue real.

Hyein sabía bien a quién se refería.

—Camarada Kang Sugin, debemos irnos ya.

El hombre de apellido Pak entró nervioso. Portaba una pistola y sus ojos estaban rojos. Sugin se levantó en silencio.

—¡Sugin! ¿Adónde vas? —gritó Hyein.

Claramente sobresaltada, se levantó de golpe.

—¿Por qué te pones así? ¿No ves que tengo cosas que hacer?

Tras avanzar unos pasos, se dio la vuelta y miró a Hyein. Acercándose a ella, añadió:

—Dile que solo era aprecio. Díselo así —insistió, clavándole la mirada.

Sus ojos, fijos en Hyein, se agitaban como el oleaje. A continuación, se giró y agarró el brazo del hombre. El eco de sus feroces pasos resonaba en la calle silenciosa, teñida por la rojiza luz del sol poniente.

Siempre que Hyein pensaba en Sugin —quien, a pesar de amar a Byeonggu, se unió con el norteño Pak y huyó con él— recordaba los personajes de la novela *El amor de tres generaciones*, de la escritora soviética Alexandra Kollontai. La historia narra cómo tres mujeres —madre, hija y nieta—, establecen vínculos románticos en el contexto de la Revolución Rusa, y muestra cómo los cambios sociales moldean sus respectivas concepciones sobre el amor.

Para Hyein, la situación de Sugin se parecía a la de la hija de esa novela, quien siente amor hacia dos hombres. Por uno, siente un amor puro, y, por el otro, un amor de camaradería nacido de una ideología compartida. Así, se plantea un dilema, pues ama a ambos con la misma intensidad.

Hyein fue testigo de la radicalidad ideológica de Sugin con la guerra. Su amor hacia Byeonggu, un liberal con valores opuestos a los suyos, así como la manera en que traspasó el límite de la camaradería con Pak, le evocaba la situación de la hija en *El amor de tres generaciones*. En el fondo, Hyein percibía, tanto en Sugin como en la hija de la historia, una clara sensibilidad romántica. En la novela, sin embargo, este romanticismo desaparecía en la generación de la nieta, en la que el amor se había reducido a un mero acto fisiológico, carente de sentimientos y emoción. De este modo, Hyein se preguntaba si su hermana optaría por un amor mecánico e insensible, o si, por el contrario, se adentraría en el mundo de la añoranza y la sensibilidad. Por alguna razón, prefería pensar que elegiría lo segundo.

Con la retirada del ejército comunista, el estruendo de los cañones resonaba en la lejanía. Byeonggu, de regreso a una devastada Seúl, esperaba en el patio, con las manos en los bolsillos, inmóvil y pensativo. El viento despeinaba su flequillo.

Desde ese día, Byeonggu jamás regresó a la casa de Hyein.

A causa de la guerra, no solo perdieron a Sugin, sino también a su hermanastro, Yeongin, y a la señora Yun, quien tanto se había esforzado por ser generosa con ella. Ambos murieron en los bombardeos la noche anterior a la entrada del ejército surcoreano en la capital. Más tarde, su padre, Kang Sangho, con quien había huido a Busan, moriría a causa de una hemorragia cerebral. Con cada pérdida, Hyein iba convenciéndose de que la resignación y la soledad formaban parte de su destino, como si el suicidio de su madre biológica hubiera dictado esa sentencia. En Busan, donde se había refugiado, escuchó que Byeonggu pasaba las noches bebiendo. Al enterarse del rumor, sus ojos se iluminaron, pero nunca lo buscó. Durante todo este tiempo, Hyein reprimió cualquier manifestación de amor, por insignificante que fuese.

*

El invierno llegó a su fin, dando paso a la primavera.

Sin haber recibido noticias de Byeonggu durante todo ese tiempo, Hyein se sentía profundamente decepcionada. Siempre había confiado en que vendría a visitarla, aunque fuera solo una vez. Sin embargo, al no saber nada de él, intuyó que aún no habría olvidado a Sugin, lo cual le causaba incluso más dolor. Un día, lo encontró por casualidad, en la esquina de una estrecha y bulliciosa calle de Myeong-dong, en plena hora punta. Con el rostro tan hierático como una máscara, se abría paso entre la multitud. Al verlo, Hyein se giró de súbito, adentrándose en una tienda para evitar coincidir con él. Cuando ella salió, llevando consigo una lata con té, Byeonggu había desaparecido sin dejar ni rastro. Por un lado, se sentía devastada por haber desaprovechado aquella anhelada oportunidad, pero, por otro, sabía que continuaría llevando la contraria a sus propios sentimientos.

*

Era un día soleado. Hyein miraba con indiferencia un globo publicitario perdido en el vasto cielo azul. A su lado, Myeongja, otra modista, charlaba animadamente con los clientes. Myeongja era la compañera ideal para Hyein, quien, siendo más reservada, medía siempre sus palabras.

—En primavera hay que usar tonos claros y sencillos. Mire qué bien combinan…

Ignorando la alegre voz de Myeongja, Hyein sacó un sobre del bolso y lo abrió. Era una carta de Yeonghwa, que había ido a París para estudiar pintura. En uno de los pasajes decía lo siguiente:

> En las afueras de París se encuentra el conocido Bosque de Boulogne. Dicen que los domingos, cientos, e incluso, miles de parejas acuden en masa para pasear por el parque. Yo también fui hace poco, pero al estar sola, me resultó aburrido y, naturalmente, me acordé de ti. Por un momento pensé que, para las rezagadas en el amor como nosotras, solo nos quedaba entregarnos al trabajo. Pero no es así. No te quedes estancada ahí y ven a París. No te conformes con ser diseñadora tan solo porque tengas talento para ello.

Al final de la carta, mencionaba cómo su corazón se encogía al pensar en su madre. Hyein dobló la carta con tristeza. Su piel pálida resplandecía a la luz de su delicado vestido lila con finas rayas blancas.

Hyein comprendía por qué Yeonghwa se consideraba a sí misma una persona rezagada en el amor. Sin embargo, le resultaba difícil descifrar la intención detrás de ese "nosotras". Hyein ya había recibido varias insinuaciones similares de su parte, aunque nunca le había confesado sus sentimientos hacia Byeonggu, pues no era algo que pudiera siquiera expresar con palabras. Por su parte, tampoco negó esas indirectas, ni le pidió explicaciones porque, en cierto modo, presentía que Yeonghwa era la única conocedora de todo. Hubo un día en que le mencionó en tono irónico, pero con la mirada seria:

—Hyein, con ese orgullo que tienes, no te vas a comer un rosco.

—Bueno, yo más bien diría que es por mi complejo de inferioridad —respondió sin darle importancia.

—Hyein, ¿no odias a tu rival? ¿O es que odiarla sería como admitir tu derrota?

Hyein sintió un escalofrío. Sabía que con "rival" se refería, indudablemente, a su hermana Sugin.

*

Bajo el aún celeste cielo, no quedaba rastro del globo publicitario, que habría sido arrastrado por el viento. Myeongja seguía charlando con los clientes. Hyein tomó su bolso, se levantó y se dirigió a la casa de la madre de Yeonghwa, a quien consideraba como una tía, en el distrito de Hyehwa-dong. Cuando regresó, todo estaba sumido en la oscuridad.

Al doblar la esquina, advirtió la tenue luz de una carnicería. Detrás del cristal, había colgados cerdos y diversas piezas de carne fresca. De pronto, un miedo indescriptible sacudió su espalda. Sin duda, aquel lugar era un depósito de cadáveres.

Hyein avanzó hasta la rotonda de Hyehwa. Al llegar a un árbol, se detuvo para apoyarse en él. Imágenes de personas fallecidas desfilaron ante sus ojos, entrelazadas con la multitud de coches y autobuses. «Qué horror. Es terrible pensar en cómo se justifican las matanzas por meras costumbres sociales que obedecen a deseos fisiológicos. ¿En qué se diferencia esto de los caníbales que consumen carne humana? Son las costumbres. Como la sociedad llegue a normalizarlo, hasta el amor se deshumanizará», pensó. Dolida, sintió que se estaba traicionando a sí misma. Al pensar una vez más en Byeonggu, Sugin y en ella misma, sus problemas parecían interminables. Absorta en cavilaciones, no se dio cuenta de cuándo ni de cómo había logrado tomar un taxi de vuelta. Justo al entrar en el callejón que llevaba a su casa, una suave voz la llamó desde atrás:

—Señora Kang.

Hyein se detuvo, confusa. Era la voz de Byeonggu.

—¿Le vendría mal que habláramos un momento?

—No.

Hyein, aturdida, consiguió darse la vuelta.

—Pasaba por la zona y he aprovechado para visitarla.

Se notaba cierto estado de embriaguez en su voz.

—Ah, ¿sí? Pase, por favor.

En la pequeña casa de estilo occidental, una anciana y su hija —con quienes convivía desde hacía mucho tiempo— aguardaban el regreso de Hyein. Al reconocer a Byeonggu, la anciana lo miró con desaprobación. Él entró en la habitación, apretando un cigarro entre los labios.

—Este lugar es tan tranquilo que parece un convento.

Molesta, Hyein deslizó un plato para que sirviera de cenicero.

—¿Qué ha sido de la casa en Hyehwa-dong?

—La tengo alquilada. Es demasiado grande y, con todos los seres queridos que he perdido ahí, me desagrada.

Byeonggu intentó cambiar de tema. Allí había perdido él también a Sugin.

—He venido a verla, pero no tengo nada especial que decir. ¿Qué podría tener yo que contar? Ja, ja, ja…

Fue un comentario inoportuno que interrumpió el curso de la conversación. Sonrojada, Hyein se sintió oprimida por las blancas paredes de la vacía habitación. La risa de Byeonggu, extraña e incómoda, resonaba en el aire.

—Ese es nuestro destino —logró articular, como si tuviera una espina atascada en la garganta.

Percatándose del sentimentalismo y la nostalgia de sus propias palabras, Hyein se ruborizó.

—Tengo esposa. Me casé. También tengo un hijo. Lo siento mucho por mi mujer.

—Creo que el alcohol habla por usted —dice Hyein, que detestaba escuchar ese tipo de cosas.

—Qué sombría es esta habitación —mencionó, golpeando el cigarrillo sobre el plato.

La voz de Byeonggu resonaba aún en el aire. Sus palabras resultaban vagas y vacías, como si su mente estuviera en otro lugar.

—Tal vez sea como las personas. Tome una taza de té —respondió, ofreciéndole el té que la abuela había traído, mientras forzaba una sonrisa.

Byeonggu sostenía el cigarrillo, incluso mientras sorbía el té. Un denso silencio fluyó entre ambos. Apagando su cigarrillo, Byeonggu se levantó.

—Me tengo que ir ya.

Al levantarse simultáneamente, sus miradas se cruzaron. Invadida por el miedo, todas sus emociones se concentraron en sus palpitantes pupilas. Byeonggu se dio la vuelta y abrió la puerta. Hyein estaba exhausta, como si una intensa llama se hubiera consumido por completo en su interior. Permaneció de pie, aturdida. Al abrir la puerta de la entrada, y en silencio, inclinó la cabeza en señal de respeto, sin levantar la mirada. A lo lejos, se escuchaba el ladrido de un perro. Entrelazando sus manos tras la nuca, Hyein inclinó la cabeza hacia atrás, y cerró los ojos.

*

Pasaron dos semanas desde la visita de Byeonggu. Había anochecido, y Hyein continuaba trabajando en la sastrería. Mientras deslizaba las tijeras por la tela, tuvo la corazonada de que Byeonggu vendría a visitarla. Y, efectivamente, justo cuando levantó la cabeza, emocionada, él entró por la puerta. A partir de entonces, Byeonggu comenzó a visitarla por las noches, cuando disminuía la clientela. En cada ocasión, la intuición nunca le fallaba. Cuando Byeonggu llegaba, Hyein dejaba de lado su trabajo y lo seguía hasta una cafetería[77]. Allí, compartían conversaciones triviales, a veces, incluso, incoherentes.

Una tarde de sábado a comienzos del verano, Hyein trabajaba con una tela roja tan deslumbrante como los rayos de sol. Justo cuando elevó la vista para mirar hacia afuera, Byeonggu abrió la puerta de la tienda, mientras sacaba un paquete de tabaco del bolsillo. Al levantarse Hyein, él le dirigió una sonrisa ingenua. Su presencia la conmovía, pero el temor seguía vigente en su mirada.

—¿Le apetecería cenar conmigo esta noche?

Hyein, meditabunda, se sentó en la silla en lugar de responder. En realidad, aquella mueca infantil era la misma que Byeonggu solía dedicar a su hermana Sugin. Aturdida, todo a su alrededor se oscureció sin motivo aparente. Poco después, dejando su trabajo sin terminar en el taller del segundo piso, abandonó la tienda.

Tras una cena ligera en un restaurante cercano, Hyein salió a la calle, siguiendo los pasos de Byeonggu. Al llegar a un paso de cebra, donde se había producido un accidente de tráfico, Byeonggu la tomó del brazo. En cuanto cruzaron, Hyein se desasió, sintiendo un punzante hormigueo justo detrás de los lóbulos de las orejas, como si le hubieran rociado sal en esa zona.

—Entremos un rato aquí —añadió Byeonggu, deteniéndose frente al centro comercial Y.

---

[77] En coreano *dabang* (다방/茶房), se refiere a una cafetería tradicional en la que se vendían diferentes tipos de té, café o bebidas. Aunque ahora el termino *dabang* ha desparecido casi por completo, eran famosas por tratarse de lugares donde los hombres de clase media o alta se reunían y socializaban con las camareras.

Hyein asintió en silencio.

Tras bajar al sótano del centro comercial, Byeonggu comenzó a subir unas escaleras. Distraída, le siguió. De pronto, se detuvo, extrañada. Supuso que irían a una cafetería, pero parecía dirigirse a un sitio diferente. «¿Adónde irá? ¿A la azotea? Ya es de noche...», pensó. Enseguida apaciguó su infundada preocupación y reanudó la marcha. Poco después, el ambiente se tornó más ruidoso. Allí, comprendió que la estaba llevando a una sala de baile, un tipo de lugar totalmente nuevo para ella. Hyein se sintió confundida. Entonces, un camarero los recibió con una reverencia y extendió el brazo para recoger su bolso.

—¡No quiero! —exclamó sin pensar.

En realidad, su verdadera intención era decirle a Byeonggu que no sabía bailar. Sin inmutarse por la incomodidad de Hyein, Byeonggu miró alrededor y añadió:

—No pasa nada. Nos limitaremos a mirar.

Bajo la tenue luz del salón, distintas parejas bailaban al ritmo de la música. Aturdida, la escena le resultaba repugnante. Poco después, llegaron a un rincón, donde Byeonggu la invitó a sentarse y llamó a un camarero para pedir algo de beber. Mientras esperaban, Hyein comentó exaltada:

—¿Qué tiene de divertido pavonearse así? La verdad, a mí me dan lástima. Encima esos vestidos parecen harapos —afirmó con malicia, y visiblemente enfadada.

—Que usted no sepa disfrutarlo es su problema, señora Kang. No sea aguafiestas.

Ese comentario le cayó como un jarro de agua fría. Sin embargo, sabía que Byeonggu tenía razón. Hyein reflexionó sobre la causa de su enojo. ¿Sería porque Byeonggu la había traído sin previo aviso? Sin duda, eso alimentaba su malestar. No obstante, también estaba molesta consigo misma, pues, en el fondo, no podía reprimir el placer furtivo de estar en ese ilícito lugar. Al verla sentada en silencio, Byeonggu se dirigió a ella con un tono amable y jocoso, para aliviar la dureza de sus anteriores palabras.

—Con lo sofisticado que es su trabajo como creadora de moda, y que no sepa usted bailar...

Hyein se sintió insultada, como aquella vez que comparó su hogar con un convento.

—Se puede tener un trabajo sofisticado y ser la persona más aburrida del mundo. Una cosa no quita a la otra.

—Señora Kang, ¿por qué no disfruta del lugar?

Byeonggu la miró fijamente a través de las gafas.

—Lo mismo digo, señor Kim.

Girando la cabeza con discreción hacia la pista de baile, Byeonggu respondió:

—Antes bailaba de vez en cuando, pero ahora solo vengo para observar a la gente. Me ayuda a evadirme de…

Byeonggu se detuvo para ofrecerle una Coca-Cola, y dio un sorbo a su wiski. A continuación, reanudó la conversación con una voz suave y pausada. A medida que hablaba, los hilos dispersos de sus anteriores diálogos comenzaron a entrelazarse, recuperando su coherencia.

Hyein observaba a las personas abrazadas bajo las brillantes luces, bailando al ritmo de la estridente música *jitterbug*. Se sentía atrapada en una burbuja, como si todo proviniese de un lugar remoto, perdido en la distancia. Tan solo la suave voz de Byeonggu resonaba en su corazón como un trueno. A medida que hablaba de su hermana Sugin, aumentaba su ingesta de alcohol. De pronto, y sin saber cuánto tiempo había transcurrido, escuchó el bullicio de la gente que, tras deleitarse en placeres mundanos, se alistaba para irse. La música había dejado de sonar.

—Le he aburrido con recuerdos innecesarios.

Hyein se limitó a sonreír.

Mientras bajaban las escaleras, no lograba sacarse de la cabeza unas palabras de Byeonggu: «si los hubiera visto en ese momento, los habría matado a los dos». Las luces se fragmentan ante sus ojos, perdiendo el equilibrio. Al tambalearse hacia la izquierda, un movimiento ágil de Byeonggu logró sujetarla del brazo. Cuando alzó la vista para agradecérselo, en lugar de su rostro, vio la tela roja con la que había estado trabajando por la tarde. A continuación, sintió el aire fresco en sus mejillas. Parecían haber salido ya a la calle. Una vez en el coche, la mente de Hyein logró, finalmente, despejarse.

Frente al callejón que llevaba a la casa, Byeonggu fue el primero en bajar del coche. Cuando Hyein también salió del vehículo, pidió al conductor que lo esperara mientras la acompañaba hasta la puerta de su casa. Tras dar unos pasos en silencio, súbitamente, Byeonggu preguntó:

—¿Alguna vez ha pensado que no sabe quién es?

Incapaz de procesar aquellas palabras, ambos permanecieron en silencio. Cuando llegaron a casa, todo estaba oscuro. Al girarse para despedirse, Byeonggu la abrazó de repente. El olor a alcohol envolvió su rostro, y sus labios se encontraron con los de ella. Hyein dejó caer los brazos, sin oponer resistencia. Cuando él la soltó, y mientras se echaba el cabello hacia atrás, los blancos dientes de Hyein resplandecieron en la oscuridad. Estaba sonriendo. Las lágrimas que humedecían el puente de su nariz no resultaban visibles.

—Así que soy la sustituta de Kang Sugin —añadió en voz baja.

Tras esto, se dio la vuelta con indiferencia y presionó el timbre. Una vez la abuela abrió la puerta, inclinó educadamente la cabeza hacia Byeonggu, cruzó el umbral y cerró la puerta con frialdad. Despachando a la anciana, se dirigió hacia su habitación. Dentro, las blancas paredes parecían estrecharse hasta aplastarla. Hyein se desplomó en el suelo y se hizo un ovillo. Su cuerpo temblaba bajo un desgarrador llanto, abatida por una soledad y una desesperación incontrolables.

—No aguanto más. No puedo seguir viviendo aquí —murmuró, llorando, antes de enterrar el rostro entre sus brazos.

Ese pensamiento, inicialmente difuso y vago, se transformó en una idea concreta. Tenía que marcharse de allí. En cierto modo, las persistentes cartas de Yeonghwa desde París avivaban ese impulso. Por suerte, era propietaria tanto de la casa de su padre como de la sastrería. Si las vendiese, podría permitirse ir a un lugar como París sin preocuparse por el dinero, al menos hasta establecerse. En cualquier caso, deseaba escapar a un lugar en el que Byeonggu no estuviese.

Byeonggu no regresó después de aquella noche. Hyein trataba de convencerse a sí misma de su decisión de alejarse de él, pero en el fondo, anhelaba su regreso cada noche. Para evitar pensar en él, trabajaba hasta altas horas de la noche y pensaba en sus planes de partida. Casi un mes después, recibió una carta de Byeonggu:

> Le pido disculpas por mi comportamiento. Durante este mes, he intentado poner mi mente en orden, pero, para ser honesto, ni siquiera yo logro entenderme. Deseo decirle que la amo a usted. Pero en mi situación actual, donde la confusión y la desconfianza me han llevado a renunciar a casi todo, me resulta muy difícil sacar fuerzas para amar. El mundo al que una vez pertenecí se desmoronó por la guerra, y aún no he encontrado el modo de recuperarme. La huida de Sugin al norte forma parte de esa inmensa pérdida. Deseo decirle que la amo a usted. Pero mis pies siguen sin encontrar un sólido apoyo. En esta incierta realidad, soy consciente de lo agotador que resulta pensar en el amor. Aun en medio de esta incertidumbre, deseo hablarle de mi afecto hacia usted y pedirle disculpas. La estaré esperando hasta las seis en la cafetería.

Así rezaba la carta.

Al llegar a la cafetería D, Byeonggu la miró con inquietud. Hyein se sentó frente a él, observándolo. Con las manos entrecruzadas sobre la mesa, Hyein manifestó:

—No tengo la intención de escuchar acerca de ese incierto afecto hacia mí. Tan solo he venido para perdonarle.

Byeonggu miró a Hyein durante un momento, como si estuviera tomando aliento.

—Vaya, ¿debería entonces darle las gracias? —respondió esbozando una amarga sonrisa—. ¿No me permitirá hablarle de mi afecto hacia usted, por incierto que sea?

Byeonggu sonrió amargamente.

—Ni siquiera usted logra comprenderse. Yo, por el contrario, me conozco muy bien.

—¿Me está usted rechazando?

Sin responder a la pregunta, Hyein añadió:

—Usted ni siquiera piensa en posibles alternativas dentro de su situación actual, por lo que prefiero que no me hable de sus temores e inseguridades.

—¿A qué se refiere con alternativas? —pregunta Byeonggu, mientras sacude el cigarrillo con nerviosismo.

—Me refiero a buscar maneras de salir, aunque sea en parte, de esa actual situación. Negar o admitir los sentimientos del uno por el otro no es tan difícil como enfrentarse a los problemas.

Byeonggu bebió té, como si fuera incapaz de decir nada más. Tras un largo silencio añadió:

—Esos problemas reales incluyen a Sugin. Le hablé de ella aquella noche, y eso ha aumentado mis sentimientos hacia usted. Por fin he logrado aceptar que Sugin haya huido con otro hombre. Últimamente, he estado pensando sobre la naturaleza egoísta del amor.

Hyein oculta su desacuerdo. «De ninguna manera. Sugin no siguió a Pak por mero egoísmo», piensa.

—Yo también —respondió.

Con la mirada fija en sus dedos entrelazados, comprendió que sus palabras carecían de sentido. No era agradable escuchar a Byeonggu renegar de sus sentimientos hacia Sugin. Su hermana ya había quedado al margen de cualquier consideración amorosa o de rivalidad. Por ello, lejos de enorgullecerse, Hyeon sentía aquello como un acto de cobardía.

A partir del día siguiente, Hyein se ocupó de los preparativos para marchar a Francia. En poco tiempo, vendió la casa de Hyehwadong a sus inquilinos, resolvió diversos asuntos económicos, y completó los trámites necesarios para partir. Entrado el otoño, ya tenía todo listo. La noche que recibió el visado, Hyein escribió una carta dirigida a Yeonghwa que rezaba así:

> Me estoy despojando de todo lo que me rodea, incluso del cielo y las estrellas de este lugar. Del mismo modo, deseo también desprenderme del aroma impregnado en mi cuerpo. París será mi nuevo refugio. Tal vez, con el tiempo, encuentre asimismo un refugio en mi corazón.

A la mañana siguiente, Hyein esperaba en una calle tranquila, frente al Jungangcheong. Las hojas doradas de los ginkgos alfombraban el suelo. Era un frío y despejado día otoñal, en el que las hileras ordenadas de adoquines resplandecían bajo la luz del sol. Hyein levantaba la mano hacia los vehículos que pasaban, pero todos llevaban pasajeros en su interior. «Si el próximo coche está ocupado, perderé a

Byeonggu para siempre. Por el contrario, si está vacío y logro subir, se quedará a mi lado», se dijo a sí misma, tratando de adivinar su destino.

—No, lo retiro. ¡Qué tontería! —gritó con rechazo.

Temerosa, ni siquiera se atrevía a mirar los coches. Un taxi se detuvo frente a ella. No había nadie en su interior. Se subió sonrojada y cerró los ojos, avergonzada por la ridícula emoción que acababa de sentir. Sus ojos se llenaron de lágrimas. «La decisión de partir ya está tomada y el visado está en mi bolso. ¿No será, acaso esta, la última vez que me vea con Byeonggu?», pensó. Iba a viajar miles y miles de kilómetros para alejarse de él. En realidad, todo este tiempo había estado actuando en contra de su corazón. Como dos rieles paralelos, sus sentimientos no coincidían con sus acciones, al menos en lo que concernía a Byeonggu.

Las hojas amarillas danzaban en el aire, tras la ventana del vehículo.

Byeonggu, nervioso, saludó a Hyein. Antes de que la camarera trajese el té, Hyein dijo mecánicamente:

—Ya tengo el visado.

Hyein observó cómo cambiaba la expresión de Byeonggu. Sin embargo, no tardó en recuperar su habitual calma:

—¿Cuánto tiempo estará fuera?

«Para siempre», susurra en su interior.

—Bueno, no estoy segura…

Tras permanecer en silencio durante unos instantes, él añadió:

—En qué extraña situación me encuentro. Yo, que ni me entiendo a mí mismo, la comprendo muy bien, señora Hyein.

Byeonggu reprimió con su voz toda emoción, intentando calmar su ansiedad.

—Ese es nuestro destino —respondió de manera intencionada.

«El destino nos unió, pero todo lo demás, lo he decidido yo», añadió para sí misma.

La camarera trajo el té.

—¿Entonces, estará diseñando como aprendiz? —preguntó, exhalando un anillo de humo que observó flotar en el aire.

—No, lo que quiero es ir a una escuela.

Byeonggu la mira con extrañeza. Hyein le devuelve la mirada en silencio, reprimiendo la nostalgia que la embargaba.

—Voy a estudiar. Expresar lo que albergo en mi interior… Estudiar, eso es.

El visado abría las puertas a ese nuevo refugio.

Una apacible melodía flotaba en la cafetería.

Publicado en marzo de 1958 en la revista *Hyundae Munhak*.

Tiempos de fantasía

Primera parte: La carta

Por alguna extraña razón, es imposible recordar las emociones que experimentas en ciertos momentos de la vida, como cuando tiemblas de miedo y desesperación, pensando que ha llegado el final y la muerte es inminente, o esos recuerdos en los que la felicidad te embriaga, la tristeza te hunde, o la furia te consume y te hierve la sangre. Cuán triste es, no solo olvidar la razón de esa dicha, pena, temor o enojo, sino también ver cómo se tornan inasibles las emociones de entonces, desvaneciéndose como la niebla. Por ese motivo, Mini retenía con claridad incluso los sucesos más triviales. No únicamente lo hacía con nitidez, sino que era tal la cantidad de historias y escenas que recordaba, que se sumergía en un estado de confusión y aturdimiento.

Ante ciertos entornos o situaciones abrumadoras que se desarrollaban ante sus ojos, o incluso sin que los colores o sonidos a su alrededor la incitaran, Mini viajaba en su imaginación a lugares perdidos en el tiempo, como en un sueño. Allí todo era más nítido y claro que en la realidad, pero, al mismo tiempo, resultaba desconcertante. En ese lugar, a veces retrocedía al pasado y, en otras, regresaba al presente. Corriendo de atrás para adelante, solía, también, ir en busca de su yo futuro, brillante y lejano.

Debido a estas fantasías y recuerdos, su profesor de matemáticas, quien gesticulaba con tanto afán que se le empañaban las gafas, más de una vez le había lanzado trozos de tiza para captar su atención en clase. Del mismo modo, cuando caminaba, solía pasarse del sitio al que se dirigía, teniendo que dar la vuelta.

Ahora no estaba en el aula, sentada en al asiento contiguo a la ventana, donde la voz del profesor resonaba a lo lejos. Tampoco vagaba por una calle amplia y vacía. En realidad, se encontraba en su habitación, iluminada por la tenue luz de la luna que se filtraba a través de la puerta corrediza de papel, mientras miraba fijamente el techo, adornado con un incierto patrón de flores. Poco después, desvió su mirada, concentrando todos sus sentidos en la vieja y deteriorada ventana, hacia el mundo reflejado en el cristal, como si se tratara de un dibujo.

Tan estridente como la voz de su profesor de matemáticas cuando presumía de tener una cabeza con forma de un diamante simétrico —aunque, al enseñar se asemejaba más a un pulpo hervido, con el rostro enrojecido y las gafas agitándose con cada gesto—, en la habitación 9 de la residencia 1 resonaba el sonido de gente roncando, hablando en sueños, rechinando los dientes y retorciéndose… A pesar del barullo, el sonido que llegaba a Mini parecía provenir de un lugar remoto, muy lejano, como esas partículas de polvo que se mueven frenéticamente en el aire cuando un rayo de luz se filtra en una habitación oscura, y da la sensación de que uno pudiera escuchar su agitación, aunque, en realidad, tan solo pueden verse. Sin embargo, de vez en cuando lograba distinguir el sonido del papel de la puerta corrediza temblando suavemente con el viento, o el ruido del viento al chocar contra los árboles. Como era finales de primavera, o, mejor dicho, principios de verano, el viento afuera se desataba con furia.

*

Al subir la marea, pudo observar la fuerza con la que se aproximaba el agua. En un abrir y cerrar de ojos, le cubría los tobillos y, sin darse cuenta, llegó a sus pantorrillas. El mar, que reposaba en calma, ahora levantaba espuma al chocar contra el rompeolas y, con cada embate, el agua avanzaba a gran velocidad hacia la oscura línea delimitada por la última envestida. A lo largo de la costa, cubierta de espuma, una mujer de falda azul caminaba bajo un parasol blanco. Para Mini, quien la observaba desde el rompeolas, la sombrilla se parecía a una mariposa o a un ave marina.

*

El cabello de la madre de Mini, bañado en aceite de camelia, brillaba radiante. Relucía, incluso, su moño, sujeto con un pasador dorado y otro metalizado. En palabras de la madre, resplandecía como el trigo en flor.

—¿Eres tú quien se lleva tan bien con mi pequeña Mini? —preguntó la madre, mientras sacaba un cuchillito[78] de una bolsa con borlas para pelar una manzana—. Te lo agradezco. Mini no tiene hermanos y la pobre siempre está sola. Considérala como tu hermanita y llevaos bien.

Ok Sunja, apretando sus delgados labios y sin sonreír, guardó silencio. Su nariz era afilada como la hoja de un cuchillo y sus ojos, alargados y vivaces. Su largo rostro se acentuaba con una barbilla puntiaguda y unos pómulos prominentes, pero su frente era estrecha. Sus dedos eran largos y finos, como su cuerpo. Su cabello era claro y escaso. Aparentando ser una niña tranquila, levantó ligeramente la barbilla, manteniendo la mirada baja para tomar una galleta de la mesa.

Ok Sunja era la hija del subdirector de la escuela primaria de Mini. Había pocas niñas en cada clase de esa escuela rural, que contaba con seis grados y, además del director, tenía seis maestros. Ok Sunja cursaba quinto año, Mini estaba en cuarto.

La escuela contaba con dos lujosas reliquias que contrastaban con la pobreza de su estado. Una de ellas era un informal y pequeño santuario sintoísta[79], situado justo a la salida de la sala de profesores. Era un misterio si el director, un hombre japonés, había sido en otro tiempo sacerdote sintoísta, pero siempre mostraba una actitud solemne ante el santuario, extendiendo los brazos antes de juntar las manos frente al pecho y emitir unos sonidos peculiares. Aunque no vestía el atuendo propio de un sacerdote, su devoción era tal, que irradia-

---

[78] El *jangdo* (장도/粧刀) es un pequeño cuchillo que se llevaba con la ropa cotidiana, cumpliendo tanto una función de defensa personal como decorativa. Las mujeres lo guardaban en el bolsillo o lo llevaban junto con un adorno, *norigae* (노리개). en la parte delantera de la vestimenta.

[79] Durante los treinta y cinco años de ocupación japonesa de la península la coreana (1910-1945), el gobierno nipón implementó diversas políticas de asimilación. Entre ellas, a partir de la década de 1910, se obligó a los estudiantes a rendir culto en los santuarios sintoístas, primero en las escuelas públicas y estatales, y más tarde, desde los primeros años de la década de 1920, asimismo en las privadas.

ba una espiritualidad mayor a la del verdadero sacerdote del centro del pueblo.

La otra reliquia era una estatua de bronce, ubicada frente a la puerta principal, que representaba a un niño cargando leña a la espalda mientras leía un libro. Era la figura del agricultor y erudito Ninomiya Kinjirō[80] en su juventud, a quien el director siempre mencionaba cuando impartía sus enseñanzas frente al alumnado. Como muchos de los estudiantes eran hijos de campesinos muy humildes, el director parecía tener como objetivo docente ensalzar la figura de este personaje histórico, que había llegado lejos a pesar de la pobreza de sus orígenes. Siempre que cruzaban la puerta de la escuela, ya fuera por la mañana o por la tarde, los alumnos se quitaban el sombrero y hacían una reverencia ante la estatua.

El director residía en una casa techada con tejas, cercada por unos enebros bien recortados. Sus dos hijos acudían a la escuela japonesa que se hallaba en el centro del pueblo. Los estudiantes veían en ocasiones a su bella esposa llevar algunas guarniciones al tutor de la clase de Mini, un japonés soltero que vivía solo en la sala del vigilante. En un lugar más escarpado, en dirección opuesta a la residencia del director, y cruzando un camino de piedras sobre un arroyo, se alzaba la humilde casa de barro con techo de paja del subdirector Ok. Sin cerca que la rodeara, dos gallinas correteaban entre un disperso conjunto de moreras. Alrededor de la escuela no se encontraban más que estas dos casas. Había que recorrer un largo tramo, siguiendo un sendero cuesta abajo, bordeado por cerezos cuyas ramas formaban un túnel, hasta llegar a una pequeña tienda —en la que se vendían aceite para lám-

---

[80] Ninomiya Kinjirō (二宮金次郎, 1787-1856), fue un pensador y reformador agrícola japonés que desempeñó un papel clave en la revitalización de las comunidades rurales durante el periodo Edo (1603-1868). Proveniente de una familia campesina humilde, tras la muerte de sus padres, se educó de manera autodidacta. Más tarde, entró al servicio de clanes samuráis y aplicó sus conocimientos en gestión agrícola y financiera para mejorar las condiciones económicas de cientos de aldeas. Con el tiempo, se convirtió en una figura emblemática en Japón. Durante la era Meiji (1868-1912) y el período de la ocupación japonesa en Corea, su imagen se empleó para inculcar valores de diligencia y esfuerzo en la educación, siendo representado en estatuas como un niño cargando leña mientras lee un libro.

paras, dulces y una discreta variedad de útiles escolares—, junto con algunas granjas dispersas, donde resonaba el crujido de los animales comiendo pienso.

Al igual que su hija Sunja, el subdirector Ok era un hombre de complexión débil. Su rostro, oculto tras unas gafas plateadas, mantenía un tono pálido incluso en pleno verano y siempre caminaba encorvado. Compartía con su hija esa forma de andar, pero la del señor Ok, además, se asemejaba a la de las mujeres japonesas que calzan *geta*[81], y cruzaba el patio de la escuela torpemente, con los pies apuntando hacia dentro. Siempre llevaba el traje manchado debido al delicado estado de salud de su esposa. Sin embargo, pese a su delgada y angulosa figura, era un hombre tranquilo y apacible. Con su mujer enferma, Sunja, la hija mayor, asumía las labores domésticas y cuidaba de sus hermanos. Mini solía apoyarse en el umbral de la cocina para observar el perfil de Sunja, que, agachada, preparaba la cena y removía el fuego con un hurgón. Mientras se cocía el arroz, Sunja salía con un cuenco a recoger moras negras para Mini, a quien le encantaban. Algunas veces, Sunja reunía un manojo de hilo francés del tamaño de una coleta y, seleccionando los hilos más bellos, los entretejía con cuidado como la trenza de una muñeca de hierba[82] para regalársela a Mini. Aunque era indiscutible el cariño que sentía por ella, en realidad, no era una niña amable. Como no se quejaba por cuidar de su madre enferma y de sus hermanos, resultaba difícil de creer lo conflictiva que era en la escuela. De hecho, no pasaba un día sin que se metiera en una pelea. Atormentaba a sus oponentes agitando sus largos y delgados dedos en sus caras antes de lanzarse sobre ellos, profiriendo toda clase de insultos. En ese momento, sus finos labios se movían con la rapidez de una hélice, sin dar a su enemigo tiempo para responder. Cada grosería

---

[81] Los *geta* (下駄) son un tipo de calzado tradicional japonés que se asemeja a una sandalia de madera, compuesto por una base elevada sobre dos soportes. Se sujetan al pie con una tira en forma de V, conocida como *hanao* (鼻緒), bastante similar en forma a las chancletas actuales. Aunque se ha popularizado su transcripción, que no reconoce la RAE, como «geta», en español se pronuncia «gueta».

[82] En coreano *pulgaksi* (풀각시/草人形), se refiere a una muñeca hecha con hierba que tenía la forma de una novia recién casada.

venía acompañada de salpicaduras de saliva, hasta que las víctimas se rendían en un mar de lágrimas. Entre sollozos, lograban decir:

—¿Te crees la jefa porque tu padre es pro-profesor? ¡Mi padre trabaja para el gobierno[83]! ¿Piensas que ser profesor es mejor?

—¡Y qué! ¡Y qué! ¡Y qué! ¡Un funcionario! ¡Un funcionario! ¡Un funcionario! Ese funcionario no le llega a mi padre ni a la suela de los zapatos. ¡Ni a la suela! ¡Ni a la suela! ¡Ni a la suela!

—¿Que no le llega ni a la suela de los zapatos? Po-por mucho que te-te rías, tú vives en una choza de paja. No-nosotros tenemos un tejado de te-tejas. ¡Lo sé todo! ¡Lo sé!

—¿Qué sabrás tú? ¿Qué sabrás tú? Venga, di, ¿qué sabes? ¿Tú alucinas o qué?

—¿De dónde has sacado el dinero para comprar ese hilo? Se lo has robado a tu madre, ¿verdad?

—¿Qué? ¿Qué? ¿Qué? ¿Cuándo me has visto a mí robar? ¡Venga, dime! ¡Dilo, vamos!

Sunja se abalanzaba furiosa sobre su oponente, echando espuma por la boca, para tirarle del pelo. Sunja nunca conoció la derrota en una pelea, pero, a su vez, la excluían y siempre peleaba en solitario, sin apoyo alguno. La líder innata de la escuela era, sin duda, una niña de sexto año llamada Woni. Aunque era algo mayor, y era tan manipuladora que incluso ejercía influencia sobre su tutor, jamás se atrevió a desafiar a Ok Sunja.

Había otra niña en sexto grado además de Woni, pero su familia era tan pobre que eran más los días que se ausentaba que los que asistía a clase. En la clase de Mini, solo había seis alumnas en total. La mayor de ellas, Namsu, era la hija menor de un hombre altísimo que regía una frutería en el mercado del centro del pueblo. La niña había salido al padre y, cuando estaban de pie, Mini le llegaba a la altura de la axila. Y no solo era alta, sino que, al ser tres mayor que Mini, su voz se parecía

---

[83] En coreano *myeonseogi* (면서기). Este término se utilizaba para referirse a los funcionarios de bajo rango que trabajaban en las oficinas de distrito durante la ocupación japonesa, generalmente situadas en regiones o áreas fuera de la capital. El vocablo tiene una connotación despectiva al asociarse con empleados públicos de nivel inferior.

a la de una mujer adulta. Era la única niña capaz de igualar a Sunja en las peleas verbales. Mientras Sunja lanzaba chillidos nerviosos y agudos, ella respondía sonriente, con una voz áspera y contundente, como el ruido seco de una olla de barro al romperse contra el suelo. Sus enfrentamientos parecían, así, una suerte de música coral. Aunque Namsu era peor estudiante que Mini, destacaba en todo lo demás. Con sus largas y planas manos, nadie la igualaba recogiendo los diminutos sacos de alubias del suelo cuando jugaban al *ojami*[84].

—¡*Ohitotsu, ohitotsu, osara*! ¡*Ofutatsu, ofutatsu, osara*! (¡Uno, uno, *osara*! ¡Dos, dos, *osara*!) —cantaban en japonés para comenzar el juego.

—*¡Chīsana hashi watare! ¡Ōkina hashi watare!* (¡Cruza un puente pequeño! ¡Cruza un puente grande!).

Tras esto, Namsu recogía, sin el menor esfuerzo, las bolsitas de judías esparcidas por doquier, sin dejar ni una.

Namsu, la hija del frutero, que alternaba una blusa *jeogori*[85] negra con otra naranja sobre una falda de muselina violeta; Sanghui, cuya familia poseía varias casas enormes con techos de teja cercadas por un alto muro de piedra; y Mini eran inseparables. Como las tres

---

[84] El juego de *ojami* (오자미놀이), consiste en lanzar y atrapar pequeñas bolsas de tela con forma esférica, rellenas de judías rojas, frijoles o arena. El término original es *otedama* (お手玉), que en japonés significa «bola o pelota de mano», mientras que *ojami* (おじゃみ) proviene del dialecto de la prefectura de Hyōgo, en el centro-oeste del archipiélago. Se cree que este juego fue introducido en Corea durante la ocupación japonesa, coincidiendo con la implementación de eventos deportivos escolares. Este juego presenta diversas versiones, cada una acompañada de una canción diferente. Una de las variantes que se juega en el relato es *osara* (おさら), en la que inicialmente se colocan tres bolsitas en el suelo. A continuación, y siguiendo la letra de la canción, se toma una bolsa, se lanza al aire y, mientras esta permanece suspendida, se recoge otra inmediatamente. A medida que avanza la canción, la dificultad aumenta, al tener que recoger dos bolsas, y, por último, las tres. Dependiendo de la región, la pronunciación de *osara* varía, como también sucede en el relato y aparece escrito en *hangeul* como *oissyara* (오잇샤라), pero se ha romanizado como *osara* para facilitar la comprensión.

[85] En coreano *jeogori* (저고리), es la prenda superior del *hanbok*, o traje tradicional coreano, que cubre el torso y se cierra al frente con un lazo o cinta llamada *goreum* (고름). Era utilizada tanto por hombres como por mujeres.

vivían en el centro del pueblo, siempre se esperaban para caminar juntas hasta la escuela. Mini nunca pensó que Sanghui, que vivía en una casa enorme, proviniese de una familia adinerada. Quizás porque, a menudo, Mini la esperaba sentaba en el solado de madera de su casa, mientras ella terminaba su humilde desayuno de arroz de cebada mezclado con agua fría y dos trozos de kimchi de rábano salado, sin mayor condimento, que comía junto con una docena de sobrinos pequeños. Sin mencionar cómo Sanghui pasaba el invierno con una blusa *jeogori* negra de algodón acolchado, tan vieja como las tejas de su casa, y cuyo cuello, originalmente blanco, se había ensuciado tanto por su grasiento cabello, que ya no se distinguía del resto de la blusa negra. Por su oscura piel, daba la impresión de que acabara de salir de una chimenea, y sus largos párpados la hacían parecer como si estuviera a punto de quedarse dormida en cualquier momento.

Todos los días, excepto los domingos, Namsu, Sanghui y Mini caminaban despacio y sin entusiasmo hacia la escuela por una amplia carretera bordeada de árboles, atravesando un túnel que cruzaba la bahía, con el eco de sus pasos resonando en el aire. Por las mañanas, la carretera se llenaba de estudiantes de camino a la escuela. Por un lado, estaban los alumnos de los dos prestigiosos colegios del centro del pueblo. Y por otro, los niños japoneses de la escuela ubicada en el periférico barrio japonés, y los estudiantes de la escuela de pesca que parecían hombres adultos. Así, el camino matutino se llenaba de estudiantes que lucían con orgullo el uniforme con el emblema de su respectiva institución. En particular, destacaba el emblema de la Escuela Primaria Jaeil, con su cinta roja ondeando al viento. Cuando las estudiantes de Jaeil se encontraban con las tres niñas de aspecto desaliñado y veían los libros envueltos que abrazaban contra el pecho, mostraban una mezcla de alegría, debido a su sentimiento de superioridad y de satisfacción por menospreciarlas.

Mini detestaba ese camino matutino.

Hasta hacía poco, Mini había estudiado en una escuela en la ciudad, mucho más prestigiosa que la Escuela Primaria Jaeil. Contaba con un amplio patio, un edificio grande, un piano y, lo más importante, muchas maestras hermosas. Su tutora era una bella mujer de cabello rizado que vivía en una bonita casa de estilo occidental, color chocolate, y con amplios ventanales. Además, era una excepcional profesora de música. Mini la adoraba. En una ocasión, durante una ceremonia, la maestra subió al podio para dirigir la orquesta. Su rostro, levemente sonrojado, era de una belleza tan sobrenatural como la de una diosa, lo que hizo que el corazón de Mini se ensanchara de orgullo hasta el punto de dolerle el pecho. ¿Pero ahora? Ahora los seis profesores eran hombres, y solo una vez a la semana una mujer venía a enseñar costura a las niñas de cuarto grado en adelante. A diferencia de sus anteriores maestras, su rostro estaba cubierto de manchas propias de la edad, su protuberante barriga se asemejaba a una sandía y, al respirar, movía patéticamente los hombros de arriba abajo. El tutor de Mini era un hombre mayor y soltero que vestía un ajustado uniforme escolar, negro y de cuello alto[86], que parecía a punto de rasgarse debido a su sobrepeso. Cuando necesitaba girar la cabeza, se veía obligado a girar todo el cuerpo, no solo por el grosor y la rigidez de su cuello, sino también debido a las fortuitas erupciones que tenía en la nuca. Vivía solo en la sala del vigilante y Yeonok, la hija del tabernero del pueblo de abajo, solía mirarlo con desaprobación durante las horas de estudio, porque se decía que aquel solitario maestro iba por las noches al bar de su familia a visitar a las camareras. Eran simples rumores, pero lo cierto es que el hombre parecía sentir una simpatía especial por una de las alumnas, Jeongae, quien siempre vestía impecable gracias a las manos expertas de su madre, viuda y muy hábil costurera. Cuando le tocaba leer o sus hermosos ojos se encontraban con los del profesor, su grueso cuello se enrojecía hasta adquirir un tono púrpura, sus cejas —ya de por sí caídas— se hundían aún más, y se estrechaban sus finos ojos mientras esbozaba una sonrisa con los *paletos* sobresaliendo sobre sus delgados labios de apariencia porcina. Aun así, enseñaba a los niños con dedicación, y rara vez los golpeaba o reprendía. Todas las

---

[86] En japonés *tsumeeri* (詰め襟). El término hace referencia a la parte superior de un traje o chaqueta que presenta un cuello alto de unos cuatro centímetros de altura, el cual se ajusta firmemente alrededor del cuello. Se utilizó como uniforme para hombres militares, funcionarios, policías, maestros o escolares. Durante la segunda mitad de la ocupación japonesa en Corea, el empleo de este tipo de traje fue impuesto a los hombres que ejercían como funcionarios públicos o maestros en escuelas.

chicas de la clase de Mini eran dos o tres años mayores que ella, y en su mayoría parecían muy maduras para su edad. Solo Seo Duri, un año mayor que Mini, destacaba por su baja estatura y su comportamiento infantil. Su rostro poco agraciado combinaba con un cabello rebelde que sobresalía sobre su estrecha frente, semejante a las cerdas de una escoba. No se cepillaba los dientes y, en su lugar, siempre mascaba chicle. En varias ocasiones, el director la sorprendió y le pegó el chicle entre la nuca y el cabello, un castigo que, sin embargo, nunca logró acabar con su hábito. Su padre era un adinerado agricultor y vivían en un pueblo situado al otro lado de la bahía.

Para Mini, el angustioso trayecto hacia el colegio no era su único tormento. Desde el momento en que se trasladó a esa escuela, se convirtió en el blanco de las burlas de los niños, simplemente por llevar un traje occidental y zapatos de vestir. Incluso cuando, sin tener más remedio, sustituyó los zapatos por unas sencillas deportivas blancas, la situación no mejoró. Es más, lo que había comenzado como una inocente broma, pasó a convertirse en una agresión directa. Un día, cuando se disponía a regresar a casa, sus zapatos habían desaparecido del zapatero[87]. Desconsolada, rompió a llorar en el oscuro pasillo. Sunja, al enterarse, los buscó por todas partes, hasta que los encontró enterrados en un jardín de flores. Estaban cubiertos de barro, pero los limpió antes de devolvérselos. Además, el nombre de Mini aparecía a menudo escrito en la pared del baño, junto al nombre de un niño que vivía en un templo budista. A excepción de este niño budista, que lucía un uniforme pulcro y tenía un rostro tan delicado como el de una niña, los demás eran niños traviesos que se remangaban los pantalones de sus *hanbok*[88] y se limpiaban la nariz con la manga, ya manchada de mocos. Entre ellos, algunos eran tan pueblerinos que usaban zapatos viejos de goma o, incluso, sandalias de paja.

---

[87] En las escuelas de la época era común que los estudiantes se quitasen los zapatos al ingresar en el edificio. Para ello, había un espacio designado en la entrada, con muebles o estantes, para dejar los zapatos de exterior y cambiarse por zapatillas o zapatos de interior. Esta práctica sigue vigente en las escuelas primarias y secundarias, pero, en lugar de estar ubicados en la entrada del edificio, los muebles se suelen encontrar dentro del aula.

[88] *Hanbok* (한복/韓服) hace referencia a la vestimenta tradicional coreana.

—¡Eh, eh, eh, guapetona! ¡Eh, eh, eh, guapetona! —gritaban aquellos palurdos mientras la rodeaban, sin dejar de burlarse de ella.

En esos momentos, quien la defendía, confrontándolos, era Ok Sunja.

El traslado de Mini a esta escuela rural fue una imprudencia de su madre. Fue ella quien, al principio, decidió mudarse al campo, donde vivía su hermano menor, con la intención de vivir cerca de su familia para no sentirse sola. Así pues, transfirió a Mini a una escuela rural, y buscó una casa en el campo donde establecerse. Sin embargo, y finalmente, por recomendación del padre de Mini y su abuela, terminaron mudándose al centro del pueblo.

*

—Te llamas Sunja, ¿verdad? —preguntó tras terminar de pelar la manzana.

—Sííííííí —respondió prolongando el final de la palabra.

—Pues comed e id a jugar.

—Sííííííí —añadió frunciendo el caballete de la nariz, mientras pellizcaba un trozo de manzana con sus finos dedos.

La madre salió. En ese instante, sin entender bien por qué, Mini sintió una repentina repulsa hacia Sunja. Su afilada nariz parecía torcida y la luz del sol poniente que se filtraba por la ventana hacía que su escaso y claro cabello se asemejara a la barba del maíz y, al mismo tiempo, al despeinado cabello de una bruja. Además, la larga y plana forma de su cuello, expuesto por su alto recogido, le recordó a un largo pastel de arroz que le había causado una dolorosa indigestión, algo que la puso aún de peor humor. Tan pronto como la madre salió, Sunja comenzó a hablar sin reparos:

—Esa chica, Woni, dicen que está saliendo con un maestro. Lo vi con mis propios ojos anteayer. Cuando regresaba de vender arroz por la noche, los vi acercarse en mi dirección, ¿sabes? Te digo que venían de caminar juntos por la playa.

Mini permaneció en silencio. Sunja aprovechó para tomar más comida de la mesa y, llevándosela a la boca, continuó charlando:

—¿Cree que lo va a solucionar todo fingiendo ser una niña bien educada? Su padre no es más que un pescadero. Un simple pescadero. ¿Te imaginas qué pasaría si se lo encuentra con él en la calle cargando una cesta de pescado? Él la llamaría «¡Woni, Woni!», y ella, en cambio, saldría corriendo sonrojada, fingiendo no conocerlo de nada.

Mini solo pensaba en la nariz torcida de su amiga, así como en la semejanza de su nuca con el pastel de arroz que le había causado una indigestión. De repente, una oleada de nauseas la invadió, acompañada de una punzada en el pecho. Al ver el fruncido rostro de su amiga, Sunja comentó:

—Si vienes mañana al cole, te traeré una calabaza bonita.

Al no recibir respuesta alguna, añadió:

—Tengo un anillo con una perla. Te lo regalo.

Nerviosa ante la indiferencia de Mini, le prometió también darle un monedero rojo que su tío le había comprado.

Al día siguiente, cuando Mini vio a Sunja corriendo hacia ella en el patio de la escuela, echó a correr. Mientras pensaba dónde esconderse, corrió hacia su aula, en ese momento vacía. Desde allí, podía oír a los niños hablar, llamándose a voces. Agachada bajo su pupitre, sentía los latidos de su acelerado corazón. Al otro lado de la ventana, los sauces se mecían y danzaban al ritmo del viento.

Después de clase, Mini se dirigió con Seo Duri al edificio anexo situado junto al mar, al otro lado de la colina. Al cruzar la plantación de la escuela, donde las batatas crecían lozanas, Seo Duri le preguntó:

—¿Por qué me sigues hoy?

—Pues... —titubeó, sin encontrar una respuesta convincente.

—¿No vas a la casa de Ok Sunja hoy?

—¡No lo sé!

Sin motivo alguno, Mini movió la cabeza en señal de rechazo.

—¿Os habéis peleado?

—No.

Pasaron por un terreno vacío, rodeado por un denso bosque que bloqueaba los rayos del sol, y ascendieron una colina cubierta de pinos. Mientras subían por el angosto sendero, examinaban con cuidado los troncos de los árboles y el suelo. Duri recogía a veces algo del suelo y se lo llevaba a la boca. Cada vez que lo hacía, Mini la miraba de reojo con envidia, sin saber qué era lo que se metía en la boca. A medida que vagaban, escudriñando el suelo entre los retazos de luz que se filtraban por los árboles, la distancia entre las dos niñas fue aumentando.

—¡Ri Mini![89] —la llamó Duri, después de un buen rato.

—¡Eh, estoy aquí! —la voz de Mini resonó desde abajo.

—¡Sigamos adelante!

—¡Vale!

Mini alcanzó a Duri, quien, mascando chicle, le preguntó:

—¿Has encontrado algo?

—No.

Mini extendió las palmas de las manos, manchadas de resina. Guardaba unos cuantos trozos de resina solidificada, de un color amarillento.

—¡Eso no sirve! Tíralo.

Mini conocía el desagradable olor que desprendían esos trozos amarillos al romperse en la boca, pero le daba pena dejarlos ahí. Cuando Mini se deshizo de ellos, Duri abrió las manos, mostrando una decena de bolitas del tamaño de guisantes, tan blancas como perlas o azúcar cande. Lo que Duri masticaba no era chicle, sino resina. Lo repartió con Mini para que la probara. Desatando el pañuelo que envolvía sus libros, Duri sacó una cera roja de su estuche y le dio un trozo del tamaño de la cabeza de una cerilla, y arrancó otro del mismo tamaño para ella. Las dos niñas lo masticaron junto con la resina. El chicle adquirió un bello tono rosado, ablandándose en sus bocas.

El edificio anexo de la escuela era una solitaria construcción de madera, levantada al pie de la colina, junto al sendero de la costa. Se utilizaba como aula para los alumnos de sexto grado.

—Miremos un poquito. Solo un poquito.

---

[89] Aunque en la actualidad el apellido coreano '이/ 李', es romanizado comúnmente como Lee, debido a la influencia anglosajona, durante la época de la colonización se solía alfabetizar como 'Ri' (entre otras formas, como 'Yi', o incluso 'Rhee'), de ahí su parecido con 'Rinoie', el apellido de la protagonista, que en japonés significa 'la casa de los Ri'. Esto justifica la opción en este caso por su transcripción como Ri. Asimismo, se sigue el orden ortodoxo coreano, donde se indica primero el apellido, Ri, y después el nombre: Mini.

Se acercaron sigilosamente a la ventana y, de cuclillas, estiraron el cuello como unas tortugas. La mayoría de los chicos eran tan corpulentos como hombres adultos. Woni estaba sentada junto a un pupitre vacío, probablemente por la ausencia de su compañera, y miraba un libro con atención. El bello color de su blusa *jeogori* verde destacaba en aquella clase llena de niños. La clase de sexto grado aún no había finalizado.

—¿Quién está ahí? —gritó enojado el maestro, interrumpiendo su avance entre los pupitres mientras leía con una pretenciosa dicción.

Mini y Duri huyeron a la playa, corriendo hacia el rompeolas.

—Busquemos almejas. ¡Mira! ¿Ves hasta dónde se ha retirado el agua?

Duri dejó sus libros al borde del rompeolas y descendió por las rocas, cubiertas de algas, hasta la playa de arena. Mini desenrolló el pañuelo que envolvía su almuerzo y siguió a Duri con su fiambrera vacía.

Poco después, más niñas bajaron corriendo la colina con sus libros. Los de quinto grado parecían haber terminado la clase. Por supuesto, no había ni rastro de Ok Sunja. Incluso Namsu y Jeongae bajaron después de limpiar el aula, pero Sunja debía de haberse ido a casa para preparar la cena. O quizás estaría lavando el trapo en el arroyo, con la mirada fija en el patio de la escuela, preguntándose dónde podría estar Mini.

—Voy a comer ostras —dijo Duri, dirigiéndose a las rocas sumergidas en el mar, mientras Mini continuaba excavando la arena en busca de conchas de almejas vacías, sin inmutarse.

Las otras niñas saltaban a la cuerda sobre el rompeolas, jugaban al *ojami* o excavaban la tierra. Al poco rato, la clase de sexto grado finalizó, limpiaron el aula y, como si la playa fuera una zona exclusiva para niñas, los alumnos y el maestro se dirigieron hacia la colina, regresando al edificio principal. El camino quedó, pues, desolado, sin un solo transeúnte, y el edificio anexo parecía abandonado, con la luz del sol entrando débilmente por la ventana del aula vacía. Al otro lado de la estrecha bahía, una casa de techo de paja y un muro de piedra cubierto de enredaderas de calabaza se erguían al pie de una montaña. Se podían ver a algunas personas que iban y venían.

Mini, que portaba su fiambrera de aluminio, buscaba de un lado para otro, removiendo la arena con entusiasmo, pero tan solo logró reunir unas escasas conchas del tamaño de un grano de arroz y una pequeña caracola. De repente, encontró algo grande y sintió cómo su corazón se aceleraba. Sin embargo, descubrió que solo se trataba de una concha vacía, cuyo habitante había muerto hacía mucho tiempo. Decepcionada, se acuclilló y miró hacia el mar. La espuma blanca se arremolinaba a los pies del faro. Aunque las olas golpeaban la estructura con fuerza, desde la distancia parecía la suave espuma de una cerveza. Al pasar una pequeña embarcación, el oleaje alrededor del faro se calmó.

—¡Mini!

Cuando se volvió, vio a Woni acercándose sonriente. Su piel clara, salpicada de pecas, le recordaba el rostro de una mujer de edad avanzada.

—He encontrado esto.

En la palma de la mano sostenía dos almejas del tamaño de una goma de borrar. El estampado de las conchas era de una belleza singular.

—Quédatelas.

Entusiasmada, Mini extendió su fiambrera.

—¿Y esto? —preguntó mientras se reía, dejando al descubierto una fila de hermosos dientes blancos y bien alineados—. ¿Cómo encuentras conchas pequeñas y no ves las grandes?

—No había ninguna —respondió Mini mientras miraba con asombro las dos grandes almejas en su fiambrera.

—Es porque no sabes identificar los agujeros donde se esconden.

—Pero si he cavado esos agujeros también y no había nada.

—Eso es porque algunos están vacíos. Mira, si haces esto, el agua sube, ¿lo ves?

Woni golpeó la entrada del agujero con una concha de abulón que había encontrado por ahí. Al impacto, el agua se agitó como si los seres del fondo se hubieran sobresaltado. Con cuidado, Woni extrajo tres o cuatro almejas grandes y se alejó. Mini hizo exactamente lo mismo, pero no logró encontrar ninguna grande.

«¿Qué estaré haciendo mal? Qué mala suerte tengo».

A excepción de Mini, todas las demás niñas lograron recoger almejas sin ensuciarse la ropa ni cortarse con los bordes. Les bastaba con concentrarse en la tarea, para lograr reunir una cantidad suficiente como para preparar un estofado de pasta de soja. Pese a que se esforzaba más que ninguna, Mini siempre terminaba mojada, con la ropa sucia y los pies cortados por las conchas. En una ocasión, en casa de su tía, fue con sus primos a la montaña a coger castañas y se pinchó los pies con espinas. Estos se le infectaron, provocándole un intenso dolor. A pesar de todo, a Mini le encantaba ir a la montaña para recoger frutos, o al mar para buscar almejas. Su madre la reprendía por ensuciarse la ropa y lastimarse los pies para no traer más que restos apenas comestibles. Sin embargo, Mini no podía resistir la tentación de recoger almejas, hierbas o cualquier otra cosa que la naturaleza le ofreciese según la estación, y llevarlas a su casa en la fiambrera.

Excepto por la escuela, sin duda, prefería el campo a la ciudad, pero le entristecía ver cómo sus primos y compañeros la trataban con frialdad. Los envidiaba porque eran buenos en todo. Eran hábiles en juegos con cuerda elástica[90], jugando a la pelota, saltando a la comba, practicando *ojami* o atrapando piedrecitas[91]. Especialmente cuando los veía jugar con la cuerda elástica, dos de ellos de pie sosteniéndola en alto mientras los demás corrían gritando «¡Ey!», y la enroscaban en sus tobillos para pisarla contra el suelo, Mini se quedaba de pie, maravillada, con la boca abierta. Sin embargo, si la invitaban a unirse,

---

[90] El *gomujul ttwigi* (고무줄뛰기) al que se refiere el texto es un juego infantil que utiliza una cuerda elástica. A diferencia del salto a la comba grupal, en este juego la goma no se hace girar, sino que se sujeta a diferentes alturas (tobillos, rodillas, cintura, o torso) y los jugadores deben realizar una serie de movimientos específicos, que incluyen pisar, cruzar, enganchar o mover la goma con los pies, siguiendo ciertas reglas.

[91] En coreano *gonggi* (공기). Se trata de un juego infantil que consiste en lanzar y atrapar con las manos pequeñas piedras redondas, generalmente cinco. El nombre y las reglas del juego varían según la región, pero la norma principal es que, al intentar atrapar las piedras, no se deben tocar las cercanas. Además, si no se logra atrapar una piedra que ha sido lanzada al aire, se pierde el turno y se pasa al siguiente jugador. Hoy en día, en lugar de piedras, se utilizan pequeñas piezas redondas fabricadas con plástico y de diversos colores.

retrocedía asustada, con temor en la mirada. Aunque no participaba en el juego, Mini recogía las cuerdas y las atesoraba, admirando su excepcional talento. Ya fuera durante el día de las competiciones deportivas[92], viendo al corredor de maratón atravesar la cinta amarilla y ganar la carrera —convirtiéndose en un brillante héroe, impulsado por la estruendosa música del patio, con las banderas ondeando y los ensordecedores vítores del público que llenaban el cielo otoñal—, o en el festival de la escuela, al contemplar a una talentosa niña convertirse en una delicada princesa, Mini sentía un increíble y ardiente deseo de ser como ellos. Ante todas estas cualidades innatas, ella sabía que no podía igualarse a ellos, algo que quizás alimentaba su profunda sensación de soledad. De cualquier modo, experimentaba una mezcla de asombro, admiración, anhelo y tristeza. Mini deseaba ser su amiga, pero, al mismo tiempo, se mantenía distante, sin entender por qué ocultaba sus sentimientos.

—¡Mini! —la llamó Woni.

«¿Cuándo habrá llegado?», se preguntó. Woni la volvió a llamar. En lo alto del rompeolas, las niñas cantaban juntas. Sin saber cuándo había subido, Duri ya se había unido al grupo.

—¿Te has peleado con Sunja?

Era la misma pregunta que le había hecho Duri. Mini negó con la cabeza sin decir nada.

—Esa niña se lo tiene muy creído porque su padre es profesor, ¿no crees?

Mini permaneció en silencio.

—Mini, si sigues siendo su amiga, terminarás siendo una abusona como ella.

Mini continuó callada.

—Deja de jugar con ella. Ahora eres de nuestro grupo.

---

92 La realización de competiciones deportivas en las escuelas era una práctica común, abarcando diversas actividades como juegos, carreras, saltos de longitud o pruebas en equipo. La primera de estas competiciones se remonta a 1896, antes de la colonización del país, en la escuela Yeongeo Hakgyeo (영어학교), ubicada en Pyongyang. En la actualidad, se sigue realizando una vez al año, normalmente en otoño.

Woni extendió la mano y abrió la palma, tal y como había hecho antes. En lugar de resina, sostenía un verdadero chicle de color rosa, que sobresalía de su envoltorio pegajoso y medio abierto.

—No lo quiero.

—Venga, tómalo.

Woni agarró la mano de Mini, oculta tras su espalda, y colocó el chicle en su palma. Luego apretó sus dedos, cerrándole el puño para asegurarse de que lo sujetara bien.

—¡No lo quiero! —gritó, sin abrir el puño.

Al subir la marea, pudo observar la fuerza con la que se aproximaba el agua. En un abrir y cerrar de ojos, le cubría los tobillos y, sin darse cuenta, llegó a sus pantorrillas. El mar, que reposaba en calma, ahora levantaba espuma al chocar contra el rompeolas y, con cada embate, el agua avanzaba a gran velocidad hacia la oscura línea delimitada por la última envestida. A lo largo de la costa, cubierta de espuma, una mujer de falda azul caminaba bajo un parasol blanco. Para Mini, quien la observaba desde el rompeolas, la sombrilla se parecía a una mariposa o a un ave marina. Mini tiró al agua la resina que estaba mascando, despegó con cuidado el envoltorio encerado del chicle y se lo metió en la boca. Antes de entrar en casa, lo envolvería de nuevo en el papel y lo escondería dentro del estuche para que su madre no lo descubriera, pues consideraba que mascar chicle era inapropiado… Así, Mini había traicionado a Ok Sunja.

*

Por un momento, Mini dejó de divagar al escuchar a alguien caminar por el pasillo arrastrando las zapatillas. Tal vez se tratara de la inspectora de la residencia, una vieja solterona, que se había despertado y estaba haciendo su ronda, por si alguna estudiante había encendido la lámpara y estaba leyendo a escondidas bajo la manta. Aunque los pasos se fueron alejando, voces susurrantes rompía el silencio de la noche y el murmullo sordo de alguien respondiendo «sí, sí, sí», rebotaba en las paredes. ¿Acaso no había dormido y había estado al acecho todo este tiempo? Sin duda, eran las voces de la inspectora y del conserje, pues aquellos sonidos provenían de algún lugar cercano a la conserjería.

El corazón de Mini latía con fuerza. Estaba segura de que algo iba a pasar o, probablemente, ya estuviera sucediendo. Embargada por la vergüenza, se preguntaba adónde podría huir cuando amaneciera y la luz del sol lo inundara todo. De pronto, las voces se apagaron y el dormitorio volvió a quedarse en silencio.

*

—¡Tamayama! ¿Qué haces?

—Sííííííí, profesor.

El profesor de química sacudió su rapada cabeza con enojo ante la prolongada respuesta de Tamayama.

—¡Levántate!

— Sííííííí, profesor.

Tamayama Junko[93] se puso de pie, pero le costaba mantener el cuerpo erguido y se tambaleaba de un lado a otro. Su claro y escaso cabello se pegaba en la parte superior de la nuca, dándole un aspecto desaliñado. Llevaba el cabello suelto hacia un lado para darle forma, aunque sin mucho éxito. Levantó el mentón, pero mantuvo la mirada baja.

—¡Qué estabas haciendo!

—Estaba mirando el libro de texto.

—¡Deja de mentir, bruja[94]!

---

[93] Se sigue el orden ortodoxo japonés, indicándose primero el apellido (Tamayama) y después el nombre (Junko). En el texto, la autora incluye los caracteres chinos o *hanja* del nombre: 玉山順子. Esto ofrece una importante pista para el lector ya que coincide con los caracteres chinos o *hanja* del nombre coreano Ok Sunja (玉順子). De este modo, Tamayama Junko es el nombre japonés de Ok Sunja y se refiere específicamente a este personaje. Se ha brindado más información al respecto en el estudio preliminar.

[94] En el texto original se utiliza la palabra *dokkaebi* (도깨비), que hace referencia a una criatura de la mitología popular. Se les describe como espíritus juguetones y enigmáticos, que pueden traer tanto fortuna como desgracia, dependiendo de la astucia de quienes los encuentren. Su traducción resulta compleja. A veces se los equipara

—Es cierto.

—¡Cállate! ¡Trae lo que tienes debajo del libro!

Tamayama Junko sacó la novela que escondía bajo el libro de texto, y avanzó tambaleándose hacia el estrado del profesor. Su esquelético cuerpo y el uniforme parecían moverse de manera independiente el uno del otro.

—¡Mira que eres tonta!

El profesor de química agarró la novela y le asestó tres golpes en la cabeza con el libro.

—¡Vuelve a tu sitio, bruja!

Sin un atisbo de vergüenza y mordiéndose la lengua, Tamayama Junko regresó tambaleándose a su asiento. Para ella, era un incidente sin importancia que experimentaba con frecuencia, salvo aquella ocasión en la que recibió una violenta reprimenda por parte del profesor de historia. Casi tan delgado como ella, su pequeño rostro contrastaba con sus ojos, grandes como pelotas de ping-pong. Era un ferviente defensor del imperialismo japonés, probablemente el más fanático de toda la escuela. Su lealtad resultaba conmovedora y, aquel día, mientras hablaba sobre la situación del imperio japonés, se dejó llevar por la emoción hasta acabar sollozando «¡Tennōsama! ¡Tennōsama! (¡Majestad! ¡Majestad!) ¡Oh! ¡Oh![95]» en medio de la clase. Ante eso,

---

con los monstruos del folclore europeo, con duendes o, debido a su tosca apariencia, con troles, ogros o demonios. No obstante, a diferencia de estos últimos, los *dokkaebi* no poseen una naturaleza malvada como para asesinar a las personas. De hecho, con frecuencia son ellos quienes terminan siendo engañados por los seres humanos, que logran aprovecharse de sus poderes sobrenaturales. A diferencia de los fantasmas, que representan las almas de personas fallecidas, los *dokkaebi* suelen originarse a partir de entes de la naturaleza, tales como árboles, piedras o incluso de utensilios utilizados por los seres humanos. Su naturaleza sombría hace que se manifiesten preferentemente de noche o en días nublados o lluviosos. Debido a su carácter travieso, el uso de este término por parte del profesor enfatiza el comportamiento problemático de la alumna. Además, muchos *dokkaebi* con forma física se describen con el cabello desgreñado, otra característica de la estudiante en cuestión. Por esa razón, se ha optado traducirlo como bruja, dado que en España esta palabra se asocia con una mujer astuta o manipuladora, desagradable y conflictiva.

[95] Se han conservado las partes en japonés del original con la traducción entre paréntesis para reflejar que el japonés era la lengua predominante en la escuela.

Tamayama Junko cometió el error de dejar escapar una risita. En ese preciso instante, el profesor se levantó de golpe, dejó caer el pañuelo con el que se había secado las lágrimas y corrió hacia Tamayama. Tras arrastrarla hacia un lado de la tarima, estampó su cabeza con furia contra la pared de madera, la pateó y, aún sin calmar su cólera, la agarró del pelo como si estuviera endemoniado.

—¡Desleal! ¡Traidora! —gritó.

Todos presenciaron aquel terrible acto de violencia, los niños japoneses con la misma ira en los ojos que el profesor, y los coreanos con otro tipo de cólera. Era la primera vez que ese profesor golpeaba a una alumna y, aunque Tamayama era conocida por su comportamiento rebelde, aquella debía de ser la primera vez que recibía semejante paliza. Con el rostro lleno de moretones, faltó a clase los siguientes tres días. Curiosamente, nadie mencionó siquiera la posibilidad de que fuera expulsada, temporal o definitivamente.

*

Cuando el subdirector Ok fue transferido a otra escuela, ubicada en una isla, no se volvió a ver a Ok Sunja involucrada en una pelea.

Un día, en quinto grado, Mini se cortó con una hoz mientras segaba los brotes de batata de la plantación de la escuela, donde los estudiantes practicaban labores agrarias. Al regresar a casa con el dedo ensangrentado envuelto en una hoja de batata, su madre la recibió, estupefacta.

—¿Qué te ha pasado en la mano? ¡Estás sangrando!

—Me he cortado.

—¡Cómo!

—Con una hoz.

—¿Con una hoz?

—Sí, estábamos en la plantación de la escuela en la hora de prácticas y me tocó la enredadera de batatas y…

—Hmm…

La madre le aplicó un ungüento y le vendó el dedo. Luego, le dijo que iría a la casa del abuelo, que vivía en un valle de castaños, y se fue, regresando a altas horas de la tarde.

—Hemos decidido mandarte a la escuela primaria de aquí.

—¡Mamá! —gritó Mini.

—Lo he hablado con tu tío y dijo que sería suficiente con pagar una cuota de contribución. Va a reunirse con la tutora de quinto grado.

Para una persona tan sensible con el dinero como su madre, no debía de haber sido una decisión sencilla. Ella había presionado al padre de Mini para que se encargara del traslado de la niña. Su padre, tan joven que podría haber sido el hermano mayor de Mini o el hermano menor de su madre, ya no vivía con ellas. Se había casado con otra mujer y había formado una nueva familia con dos hijas.

Al día siguiente por la tarde, Mini fue con su madre a la casa del abuelo, quien, cuando llegaron, estaba sentado en el patio con una pipa de tabaco en la boca, que asomaba por debajo de su larga barba. La abuela de Mini, hermosa a pesar de los años, parecía haber estado dando una cabezada desde primera hora de la tarde. Su tío, primo segundo de su madre, parecía haber acabado de llegar a casa, pues aún llevaba un pantalón blanco de vestir con pliegues bien marcados y la parte superior del uniforme escolar negro de sarga. Su mirada sonreía tras sus gruesas gafas. Parecía que todo había salido según lo planeado.

—¿Acabas de llegar?

El tío pasó del cuarto de invitados al solado de madera.

—Bueno, tenía que llevar algo y es la primera vez que le hago un regalo a una mujer, así que tardé en decidirme. Al final le compré unas sandalias japonesas de alta gama[96]. Le han gustado.

—¿Entonces la pareció bien?

—Tendrás que pagar una pequeña cuota como contribución. Exceptuando eso, no ha puesto ninguna objeción.

Vaciando su pipa sobre un escalón, el abuelo les reclamó por la lentitud con la que habían tramitado todo, perjudicando a la niña. Por el contrario, la abuela, aún medio dormida, se alegró por la noticia.

[96] Del japonés *zōri*(草履), es un calzado tradicional que tiene forma de sandalia y una base plana, a diferencia de los geta, que presentan una base elevada sobre dos soportes. Los *zōri* se utilizan comúnmente con ropa tradicional, como el kimono o el yukata. Al igual que los *geta*, los *zōri* cuentan con una tira en forma de V, pero debido a su base plana, resultan más cómodos para caminar.

—Has estado ignorando las necesidades de tu hija. Está más que capacitada para entrar en una escuela de educación secundaria y la has encerrado en un colegio rural. ¿No está ya en quinto grado? —reprochó su tío.

—Bueno, la niña también tiene padre. Yo…

Sin terminar la oración, la madre rompió a llorar. El abuelo se metió a su habitación.

—Deberían matar a ese desgraciado. ¿Cómo puede tratar así a su propia familia? —ya espabilada, la abuela comenzó a maldecir al padre de Mini para intentar consolar a su hija.

Tan pronto como la madre de Mini dejó de llorar, el tío comenzó a pavonearse sobre la señorita japonesa con quien se había visto con motivo de aquel cambio de escuela. En realidad, su tío había suspendido tres veces el examen de acceso a la universidad. A pesar de haberse graduado de la escuela secundaria con honores, según la abuela, tuvo una "mala racha académica". Mientras se preparaba para el examen, para el que estudiaba con una toalla enrollada en la cabeza, impartía clases por las noches en la Escuela Privada de Hyeopseong. Su único defecto era su baja estatura, pues contaba con un atractivo rostro y vestía con elegancia, como el abuelo de Mini. Aunque su manera de gesticular, excesivamente cortés, y su caminar generaban cierta controversia, era popular entre las chicas.

—En cuanto termine el colegio, envíala a la Escuela de Farmacia. Ser farmacéutica es la mejor profesión para una mujer —decía su tío, sin saber, o quizás ignorando, que Mini tenía unas de las peores notas de la clase.

Finalmente, Mini logró su tan anhelado traslado. Poco después, Seo Duri, quizás motivada por su amiga, pagó una cuota de contribución y también se cambió a la Escuela Primaria Jaeil. Las dos, vestidas con el uniforme que tanto tiempo habían contemplado con envidia, iban ahora a la escuela al otro lado de la bahía, desde donde podían observar el antiguo edificio anexo de su anterior escuela, alzándose solitario junto a la costa. La casa de Duri y todas las tierras de su familia también estaban en ese lado. Siguiendo a la hermana de Duri, quien solía preparar el almuerzo, subieron la montaña hasta las terrazas de la ladera. Desde allí se veía el resplandeciente mar azul, con un velero flotando en la superficie como un cisne dormido bajo la luz dorada del sol. ¡Qué anticuado y lamentable se veía el edificio anexo en comparación con aquel hermoso paisaje, y cuán pueblerinos se veían los niños que jugaban con la cuerda elástica en el rompeolas! Tan solo unos días antes, Mini y Duri habían formado parte de aquel grupo, pero ahora eso no era más que un recuerdo lejano. Como un navegante que llega a puerto, el sentido de todo aquello se desvaneció tan rápido como llegó su olvido.

Cuando el crepúsculo teñía el mar de un color rojizo y las bandadas de aves perseguían los bancos de peces que traía la marea, Mini y Duri bajaron la colina siguiendo la brisa que atravesaba los campos de trigo. Lo hacían mientras comían alquequenjes que habían recogido de las orillas alrededor de los campos y cantaban canciones que aprendieron en su nueva escuela. El edificio anexo, al otro lado de la bahía, parecía aún más mísero y desamparado. Anteriormente, desde ese lado, Mini había visto una falda azul y un parasol blanco, pero ahora, en el lugar donde estaba, solo observaba el desolado edificio en la costa, vacío tras la partida de los niños. Mientras Duri hablaba de sus nuevos amigos, por un momento, Mini se sintió desalentada. Como si de pronto rostros desconocidos la rodearan, entendió que ya no tenía adónde huir, ni para recoger almejas ni para arrancar hierbas silvestres. Cientos de rostros desconocidos, junto con el doble de ojos, aparecían y desparecían ante ella, sin tener dónde refugiarse. O, quizás, se sentía feliz de, por fin, haber llegado a ese lugar.

*

La maestra de quinto grado del grupo Sakura[97] de su nueva escuela, era una bella mujer japonesa de ojos grandes y profundos, con cejas finas y oscuras, como si estuvieran dibujadas. A pesar de su impaciencia y su competitividad, la señorita Haraki era la más hermosa y competente entre las maestras. Tenaz y decidida, tenía un fuerte carácter con

---

97 En las escuelas de la época, influidas por el sistema educativo japonés, se asignaba un nombre al grupo o clase. En este caso, en el relato se menciona el grupo Sakura, en coreano *Aengjo* (앵조, 櫻組) y el grupo Halcón o *Maejo* (매조).

el que guiaba a la clase para que fuera la mejor y no se conformara con nada menor que el primer puesto. Era tan rigurosa en el manejo del lenguaje apropiado como inflexible a la hora de dejar el aula impecable, promovía la costumbre de no usar calcetines, incluso en invierno, y se le ocurrían las más brillantes ideas tanto para el festival de la escuela como para los eventos deportivos.

Cuando Mini se unió por primera vez a la clase de la señorita Haraki —Duri fue transferida al grupo mixto Halcón—, la señorita le preguntó varias veces por su tío. No estaba claro si era porque tenía interés en él, como él parecía sugerir, o si, por el contrario, era porque Mini le parecía adorable. Con frecuencia, la profesora Haraki le encargaba, aun siendo una recién llegada, que preparara el té, una tarea que normalmente era asignada a los alumnos ejemplares. En lugar de alegría, Mini sentía miedo al ser puesta en una posición superior a los demás, tal vez por las miradas de envidia dirigidas hacia ella o porque consideraba inadecuada la elección de la señorita Haraki. Deseaba con fervor destacar en los estudios, y que ocurriera algún tipo de milagro, mas sus notas permanecían por debajo de la media de su clase. A pesar de sus incansables esfuerzos por hablar como una persona culta y activa, siempre terminaba murmurando, tartamudeando, o, simplemente, balbuceando incoherencias que no coincidían en absoluto con lo que quería expresar. Asimismo, por mucho que intentara regalar una sonrisa radiante a sus maestros y compañeros, su rostro se sonrojaba y acababa con una expresión lastimera. Sus dos únicas distinciones fueron haber sido seleccionada para recibir una orientación especial en artes junto con otra alumna de clase y la de haber recibido una mención especial por una redacción. Sin embargo, a Mini le resultaba pesada y agobiante la atención que le brindaba la señorita Haraki. Además, temía que en algún momento empezara a odiarla. Y su miedo no era infundado pues, poco después, la maestra dejó de interesarse por ella. Un día, cuando sonó el timbre y la maestra entraba en el aula, Mini descubrió un dulce caído justo al lado de su escritorio. Por supuesto, el dulce no era suyo, pero por temor a que la maestra la regañara, lo arrojó por la ventana abierta. La señorita Haraki, que casualmente estaba de mal humor ese día, se acercó a ella enfadada.

—¡Mini! ¿Qué era eso? —gritó.

—U, u, una galleta.

Sin decir palabra, la maestra, enrojecida de ira, la abofeteó en la mejilla. Mini tardó mucho en olvidar aquella humillación, como si hubiera quedado marcada en su corazón con un hierro incandescente.

El largo viaje de Mini se detuvo súbitamente. La noche era profunda y hasta el viento parecía dormir, pero Mini permanecía despierta, sin poder conciliar el sueño. Era como si la sangre fluyera por la quemadura que el candente hierro había dejado.

«¿Y si amanece?».

El único anhelo de Mini era que la noche nunca terminara. Un deseo nacido de la convicción de que su única opción era morir. No había esperanza, ni dudas, ni nada que desear más allá del afán de que la noche se prolongara, y no se filtrara ningún rayo de sol en la presente oscuridad.

*

Era la segunda hora de estudio libre en la residencia. En el patio interior, rodeado por edificios, las gotas de lluvia centellaban sobre las orquídeas. En los tréboles, tímidamente esparcidos por el jardín, resplandecían otras gotas tras el fuerte aguacero caído antes de la cena. Ahora la luna brillaba en el cielo. De pronto, se escuchó el sonido de unos pasos cautelosos.

—Rinoie-san[98], el profesor Majima te está buscando —dijo el conserje, entrando en su habitación.

El semblante de Mini cambió.

—¿Cómo?

—Date prisa, que el profesor Majima está buscándote.

—¿Dónde? ¿Voy a la oficina del inspector?

—No, te está esperando en la entrada.

---

[98] Rinoie (李家) es el apellido japonés de la protagonista Mini. Se ha brindado información al respecto en el estudio preliminar. Por otro lado, el sufijo honorífico «*-san*» (さん) se emplea con carácter formal después de un nombre como señal de respeto.

Mini se levantó con las piernas temblorosas. Además de ser su tutor, el profesor Majima también era el responsable de la disciplina, por lo que, si buscaba a alguien, había un noventa por ciento de probabilidades de que no fuese por algo bueno. La encargada de cuarto y el resto de las compañeras de habitación miraron a Mini con desconcierto, como preguntándose qué habría ocurrido. Azuzada por sus miradas, Mini salió de la habitación.

El profesor Majima la esperaba de pie en la entrada del edificio. Al otro lado de la ventana, Mini lo vio de perfil con el sombrero hundido. Mini sacó sus zapatos del zapatero, se los puso y salió. Como las farolas más cercanas se encontraban frente a la puerta principal de entrada, la luna, filtrada entre las solitarias hojas de los álamos, era lo único que iluminaba su redondeado rostro. Con sus pequeños ojos casi inapreciables bajo la sombra proyectada por el ala del sombrero, esperaba con los labios apretados.

—Rinoie.

Su grave y profunda voz resonó en el ambiente.

—Sí.

—¿Le diste hoy en el mediodía una carta a Ogawa Naoko de la clase 3 de segundo de secundaria?

Mini permaneció en silencio.

—¡Di! ¿Has sido tú?

—Sí.

El profesor Majima guardó un breve silencio. Mirándose a los pies, el ala de su sombrero se inclinó hacia delante.

—¿La escribiste porque alguien te lo pidió?

—No.

—Hmm… —añadió bajando aún más la cabeza—. ¿Lo has hecho sabiendo que estabas infringiendo las normas del centro?

Mini no respondió.

—¿Lo has hecho a sabiendas, o no?

—Sí, lo sabía.

—¡Vuelve adentro!

El profesor Majima se dio la vuelta. Las sombras de los árboles danzaban en el suelo mientras las pisaba dando largas zancadas. A

Mini le parecía que aquellas robustas piernas bajo el uniforme se elevaban y descendían en el aire.

El timbre que anunciaba el fin de la hora de estudio libre resonó con fuerza. Mini sentía como si su cabeza fuera a estallar con el ruido de las niñas saliendo de las habitaciones, y el bullicio de sus conversaciones. Como si intentara huir, corrió al cuarto de la cocinera, y se desplomó sobre el solado de madera.

SEGUNDA PARTE: EL CASTIGO

Agotada, tras haber permanecido despierta toda la noche, finalmente, Mini se quedó dormida justo antes del amanecer. Sumida en un ligero sueño, se despertó con el estridente sonido del timbre matutino, como si le hubiera golpeado en la cabeza. Recordando aquella ocasión en la que tembló de miedo cuando el timbre sonó en medio de la noche por un incendio, el sonido resonó en su pecho, como un ensordecedor vendaval.

¿Cómo pudo haber soñado tantas cosas en un intervalo tan corto como el titileo de una estrella sobre un bosque frondoso? No obstante, no lograba recordar ninguno de esos sueños, menos aún alguno que le advirtiera sobre ese día. Tan solo sentía la cabeza tan pesada que apenas podía mantener su frágil cuello erguido. Sus enrojecidos ojos estaban hundidos y, extrañamente, brillaban con fuerza.

El dormitorio estaba tan agitado como una estación de tren a primera hora de la mañana, repleta de bullicio y movimiento. Unas gritaban a lo lejos, otras caminaban al baño, el inspector contaba cabezas, el amable intercambio de saludos matutinos, risas animadas, y las habituales discusiones entre la cocinera y el personal de cocina resonaban en el comedor. La cacofonía del lugar se elevaba como un grito de guerra y descendía como un susurro, como la marea que avanza y retrocede. Así, el día dio comienzo y, poco después, la temible luz del sol se filtró por la ventana.

Tras doblar con dificultad las mantas, Mini permaneció arrodillada en el suelo. No sabía desde cuándo había comenzado a sentirse excluida de esas vibrantes mañanas. Tampoco comprendía por qué estaba allí, sola y arrodillada con la mente en blanco, rodeada de sonido y movimiento. El timbre se había apagado hacía un rato, pero continuaba resonando en su cabeza.

Aoki Shukuko, la encargada de la habitación, que se disponía a salir con una toalla colgando del brazo, se dio la vuelta.

—Rinoie-san —la llamó.

Antes de dejar la escuela, Mini había sido compañera de Shukuko, pero cuando regresó un año después, Shukuko ya estaba en cuarto de secundaria[99] y la habían designado como la encargada de habitación. Shukuko observaba a Mini desde arriba, con su rostro ancho y redondo. Al alzar la vista, los ojos de Mini recibieron la luz de la lámpara, mostrándose aún más centelleantes y rojizos.

—¿Estás enferma? —preguntó.

No obstante, Mini lo interpretó como una insinuación acerca de lo que el profesor Majima le había dicho la noche anterior.

—¿Qué te parece si les digo que te encuentras mal, y te tomas el día libre? —añadió.

Su tono era amigable, pero Mini se sintió presionada, como si le estuviera diciendo «¡Confiesa, confiesa!», con la intención de saber sobre ese vergonzoso y perturbador suceso. Por supuesto, la encargada de habitación no era la única con esa curiosidad. Sus compañeras de cuarto también pensaban que, sin duda, algo malo habría sucedido, pues habían visto a Mini regresar con el rostro pálido antes de apagarse las luces. Las chicas abrían el armario, sacaban las escobas y hacían ruido con los recogedores, como expectantes de la respuesta de Mini.

«¿Y si empaco mis cosas y me largo a casa? ¿Qué demonios ha pasado con mi carta? ¡Mi carta, ay, mi carta!», pensaba para sí.

—¿Qué vas a hacer? Estás muy pálida…

—Voy a ir a clase.

---

[99] En el texto original aparece como 4 *hangnyeon sanggeupsaeng* (4학년 상급생). Aunque en la actualidad la escuela secundaria *junghakgyo* (중학교) tiene una duración de tres años, durante el periodo en que se sitúa el relato, abarcaba un total de cuatro. El sistema educativo durante la colonización fue muy fluctuante y variaba según la nacionalidad de los estudiantes, ya fueran japoneses o coreanos. A partir de lo que se puede inferir de este relato autobiográfico, que refleja la realidad vivida por la autora, se entiende que, en el momento en que ella cursaba sus estudios, la educación primaria constaba de seis años y la educación secundaria de cuatro.

—¿En serio? —respondió Shukuko, en cierto modo decepcionada—. ¡Venga, a limpiar la habitación! ¡Rápido! —añadió volviéndose hacia las chicas. A continuación, salió del cuarto.

Las demás comenzaron a ordenar el cuarto, mirando con disimulo la expresión de Mini. Con dificultad, Mini arrastró su cuerpo desde donde estaba arrodillada hasta la ventana. La bruma matutina de color turquesa se dispersaba lentamente en todas direcciones. Más allá del jardín de tréboles humedecidos por el rocío, las luces de las habitaciones abiertas iluminaban el pasillo, por donde las estudiantes iban y venían descalzas. Poco a poco, las luces iban perdiendo su intensidad.

—Si te encuentras mal, descansa. Tienes los ojos muy rojos.

Ahuyentada por esas palabras, Mini agarró su toalla y se marchó. La señorita Miura, la inspectora de la residencia, caminaba de un lado a otro frente a su oficina. Tal y como sugería su apodo "doña Papada", no había distinción entre la línea de su mandíbula y su cuello. En realidad, era una solterona corpulenta y de mal genio. Tras decirle algo al conserje, entró en su despacho y cerró la puerta. Mini se apresuró al pasar junto a la puerta. Justo cuando estaba a punto de entrar al baño, ahora con menos estudiantes, escuchó su nombre.

—Rinoie-san —la llamó Shukuko mientras se secaba la cara—. Hablemos un momento.

La llevó al trastero que está junto a los baños. Ese lugar, que originalmente había sido una sala de juegos, se había asignado a la enfermera que vivía en la residencia. Contenía un órgano, una máquina de coser y varias pilas de trastos. El interior era oscuro y olía a moho.

—¿Qué pasó anoche? —preguntó en voz baja, secándose la humedad del rostro con una toalla—. No te lo guardes, suéltalo.

—Se han enterado de que escribí una carta a alguien —se desahogó Mini, tragándose la antipatía que sentía por su interlocutora.

—¿Una carta? —como si hubiera imaginado algo peor, el interés desapareció de su redondo y aplanado rostro—. ¿A quién se la diste?

—A Ogawa Naoko.

—¿Qué? ¿La chica japonesa de segundo de secundaria? —preguntó estupefacta.

—¿Qué pasa? ¿No puedo escribirle una carta a una japonesa? —soltó Mini con hostilidad.

—¡Y para colmo, a una japonesa! No hay ni una sola coreana en nuestra escuela que haya estado[100] con una japonesa. ¿Y qué te dijo el profesor Majima?

—Me preguntó si la había escrito yo, porque no había puesto mi nombre en la carta.

—Claro, tu letra es fácil de reconocer. ¿Cómo no iba a darse cuenta ese perro viejo? ¿Pero cómo pudo enterarse? ¿Crees que esa estúpida se la dio?

Mini, que había respondido con actitud hostil, mostraba ahora una expresión de amargura en el rostro.

—No lo sé —añadió, apartando la mirada.

«Mi carta... Mi carta...».

Los ojos de Mini se llenaron de lágrimas. A continuación, pensó en su cuaderno azul con el rostro de una hermosa joven, en el que había escrito la carta. Se preguntó si era correcto que aquel cuaderno, con todos sus sueños y sentimientos, fuera objeto de tal desprecio, y si su carta merecía ser profanada por manos tan impuras.

Cuando la llamada Gran Guerra del Este de Asia[101] llegaba a su fin, esta tranquila ciudad —situada entre tierras fértiles, centro de distribución de productos agrícolas, sede de instituciones educativas, con un fuerte consumo y una hermosa naturaleza—, hubo de enfrentarse a una severa escasez de suministros. A medida que las tiendas comen-

---

[100] El original dice: «No hay ni una sola coreana en nuestra escuela que haya estado en una relación S con una chica japonesa». El concepto de «relación *S*», denominado en japonés como «*S-kankei*», proviene de una subcultura japonesa surgida en la década de 1920 entre las estudiantes de escuelas secundarias femeninas, denominada «*Shōjo bunka*» o «cultura de chicas». Asimismo, la inicial «S» también hace referencia a la palabra «*sister/sisterhood*» en inglés. En realidad, era un término utilizado para describir las relaciones románticas entre alumnas de una misma escuela o internado, caracterizadas por un fuerte vínculo emocional-afectivo. Este concepto nacido en Japón y acuñado en Corea bajo el nombre «*S munhwa*» o «cultura S», pasó a la Corea colonial durante los años de ocupación nipona. Se ha brindado más información al respecto en el estudio preliminar.

[101] Japón utilizó la denominación Gran Guerra del Este de Asia (Daitōa Sensō, 大東亜戦争) para referirse al conflicto bélico en el que se enfrentó a países como China, Estados Unidos, Reino Unido, Francia y los Países Bajos. Sin embargo, tras su derrota en 1945, pasaron a denominarla guerra del Pacífico.

zaban a quedar desabastecidas, hasta los peores cuadernos, donde la tinta se corre, se hicieron difíciles de conseguir, y una simple pastilla de jabón se convertía en un artículo de lujo. La mayoría de las estudiantes que vivían en la residencia provenían de familias acomodadas del campo. Las enviaban a la escuela con la esperanza de que se convirtieran en candidatas para un conveniente matrimonio. Según avanzaban en los cursos superiores, en tercer y cuarto año de secundaria, las jóvenes exigían más dinero a sus padres para adquirir artículos que necesitarían en el futuro. Esta costumbre se intensificó con la guerra y la escasez de suministros, al punto de que las tiendas, a pesar de apenas disponer de artículos, se llenaban de estas estudiantes los domingos. No solo compraban cosméticos, también acudían en tropel a las tiendas de kimonos, un lugar ajeno a la gente de Joseon[102], y arrasaban con cualquier cosa que no tuviera demasiados defectos, desde telas sintéticas de kimono de baja calidad que, según decían, podían usarse como mantas, hasta platos y tazas de té. Las más obstinadas llegaban a agarrar pantuflas tejidas con paja de cebada, e incluso bombillas. Aunque Mini gastaba casi tanto dinero como las demás, no añadió ni un solo objeto a su baúl durante aquella moda. Por el contrario, guardaba con cuidado en su escritorio algunos cuadernos universitarios, imposibles de conseguir en ese entonces. De vez en cuando, Mini disfrutaba escribiendo poesía en secreto y llevaba un diario personal, diferente al que entregaba en la escuela. De entre todas sus posesiones, ninguna superaba a sus cuadernos. Y, por encima de todos, el que más atesoraba era aquel pequeño cuaderno azul con la imagen de una joven en la portada. De hecho, en varias ocasiones pensó en organizar ahí sus poemas, pero, al ser el único cuaderno de esas características, no había terminado de decidirse, y empleó la primera página para escribir una carta a Ogawa Naoko, quien ahora parecía habérsela entregado al profesor Majima. Mini se mordió el labio inferior.

—¿Y se la diste directamente? —Mini escuchó la voz de Shukuko en la distancia.

—No.

---

102 Es decir, los coreanos. Antes de la liberación de la península en 1945, aún se denominaba Joseon.

—¿Entonces?

—Se la di a Tamayama-san.

—¿Cómo? ¿Se la diste a la "Fantasma hermosa"? —añadió con una mueca despectiva—. Madre mía, debes de estar loca. Estaba claro que ocurriría algo así si se la dabas a ella.

Mini no respondió.

—Si no ha sido Ogawa, alguien debió de dársela al profesor.

—Insinúas que ella me delató, ¿verdad?

Mini salió del trastero, se dirigió al lavabo y se lavó la cara durante un buen rato, tratando de ocultar sus lágrimas.

Sin desayunar para evitar ir al comedor, Mini fue directo a la escuela. Al entrar por la puerta, vio a Tamayama Junko parada como una sombra frente al enebro de la esquina del auditorio. Ella le hizo un gesto con la mano, frunciendo su estrecha frente. Al verla, Mini se sintió presa de una profunda humillación. Sonrojada, Mini la ignoró, apresurándose hacia la clase.

En el aula se encontraba una pandilla de estudiantes japonesas que vivían al otro lado del río. La hija del director, Mori Kazuko, de prominentes labios y párpados hundidos; Sakamoto Akiko, apodada entre sus amigas con el nombre del samurái "Sakamoto Ryōma"[103], debido a su nariz, boca y extremidades desproporcionadamente grandes, así como a su voz tan profunda, que muchos se preguntaban si no habría nacido por error en el cuerpo de un hombre; y Suzuki Teru, cuya familia regentaba una pensión. A pesar de su hermosa tez blanca y de sus bellos labios rojos, la trataban como a una simple sirvienta por ser demasiado complaciente. Otras estudiantes se habían, asimismo, sentado en grupo, murmurando entre sí. Aunque sacaran buenas notas, también eran muy traviesas. Como la hija del director formaba parte del grupo, los profesores eran permisivos con ellas y las trataban con prudencia. No obstante, eran demasiado listas para su edad, en-

---

[103] Sakamoto Ryōma (坂本龍馬, 1836-1867) fue un influyente samurái y lealista imperial, fundamental para la disolución del shogunato Tokugawa y la transformación de Japón en una nación moderna. Promotor de la apertura del país y la reforma de sus estructuras políticas, desempeñó un papel decisivo en la creación de la coalición Satsuma-Chōshū, que ayudó a propiciar la Restauración Meiji en 1868.

greídas y se sentían superiores a las demás. Para bien o para mal, todas las niñas procedentes del pueblo japonés situado al otro lado del río —donde vivían funcionarios de alto rango y educadores— parecían estar bajo su influencia. Ogawa Naoko también vivía allí, por lo que quizás mantuviera una relación S con alguien del grupo. Tal vez, justo en ese momento estuvieran cuchicheando sobre la carta de Ogawa Naoko. No obstante, como ninguna de ellas demostró interés cuando Mini entró en el aula, probablemente aún desconocían que Mini fuera la protagonista de la carta.

Tras dejar su mochila, Mini sintió que sus pies no le obedecían, como si se hubieran hundido en el fango, y salió del aula. Rodeando el jardín trasero de los maestros, se dirigió hacia el cobertizo en el que se guardaban las botas de trabajo. Era un lugar sombrío y húmedo. Allí, una vieja higuera extendía sus ramas hacia el sol, sobrepasando la cerca escolar. Apoyada en el árbol, Mini alzó la vista hacia el cielo azul.

—Ojalá caiga un chaparrón…

Si empezase a llover, se cancelaría la asamblea matinal en el patio. De este modo, Mini no tendría que ver a Ogawa Naoko. No obstante, el cielo de finales de primavera centelleaba como un vibrante espejo bajo la intensa luz del sol. Cada destello la hería, como si de una burla se tratase, como aquella humillación que golpeó su pecho y sacudió su cuerpo cuando sonó el timbre en la mañana. Exaltada, se vio envuelta en un torbellino de ira que la empujaba al borde de la locura. Las risitas entre dientes de la pandilla de japonesas del otro lado del río se fundían con estruendosas carcajadas procedentes de un lugar cercano. Mini apretó el puño y golpeó la vieja higuera. La desesperación, implacable como la robusta corteza del árbol, invadió su corazón.

—¡Rinoie-san! —parecía la voz del mismísimo demonio—. ¡Rinoie-san!

Tamayama Junko corría hacia ella, atravesando el pasillo de tablas de madera que conectaba la conserjería con el edificio principal. Su fino cabello ondeaba al viento, como una hoja arrastrada por la brisa.

—¿Sabes cuánto tiempo he estado buscándote? —preguntó con tono pausado, sin jadear, como si fuera tan ligera que el viento no ofreciera resistencia.

—¡Y por qué! —respondió, fulminándola con la mirada.

—¿Cómo que por qué? Estaba preocupada por si te había pasado algo malo —añadió dejando sus labios entreabiertos.

—¡Pues deja de preocuparte, que no es tu problema!

—Oye, tranquilízate.

—Si no se soluciona, dejo la escuela y listo.

—¿Vas a dejar la escuela otra vez? —se rio entre dientes, como burlándose de su ingenuidad—. Lo tuyo fue una tontería. Otras hacen cosas peores y siguen viniendo a la escuela como si nada.

—Para ti es muy fácil decirlo, ¿verdad?

—¡Tss! ¿Así que anoche te llamó ese perro viejo?

—¿Quién te lo ha contado?

—Una de las chicas de tu cuarto.

—¡Y a ti qué te importa!

—Pues porque yo tengo parte de responsabilidad, ¿no? Por las prisas, cometí un error.

Mini guardó silencio.

—¿Sabes de quién ha sido la culpa? De la carbonera larguirucha.

Mini permaneció callada.

—Estuve esperando y esperando, pero Ogawa no venía. Y, como ya no podía esperar más, le pedí a la carbonera larguirucha que se la entregara a Ogawa. Como era un cuaderno y no una carta, pensé que no pasaría nada. Me equivoqué.

Mini no dejaba de fulminar a Tamayama Junko con la mirada.

—Pensé que mi tarea había terminado y regresé tranquila a la residencia. Entonces, mi vecina vino a mi habitación. Me daría a mí misma un puñetazo por no haber pensado en eso antes —añadió simulando golpearse en el pecho—. Si le hubiera dado la carta a ella, nada de esto habría pasado. Estábamos hablando de esto y aquello hasta que, de repente, dice que la carbonera larguirucha le entregó tu cuaderno a la señorita Ueda. Nada más escucharlo sentí un nudo en el pecho. Según ella, no es alguien común y corriente. Es famosa por su mal genio y es la peor entre las japonesas de la clase. Las propias japonesas la odian, pero no pueden hacer nada. Es feísima, y se dice que tiene algo en contra de Ogawa. Así que tu cuaderno fue directo a la boca del lobo.

—¿Pero quién esa "carbonera larguirucha"? —preguntó Mini, ya más tranquila.

—Es una japonesa feísima que tiene los ojos grandes como los de un búho y la piel oscura. Se llama Hori.

—¿Entonces Ogawa-san no ha recibido mi carta?

—Pues no. Hori se la entregó a su tutora al finalizar las clases, en la asamblea[104], que comenzó justo después de que yo le diera la carta.

La expresión airada de Mini desapareció por completo. La relación entre Mini y Tamayama era en verdad peculiar.

*

Hace tres años Mini volvió a encontrarse con Ok Sunja después de que su padre, el subdirector Ok, fuera transferido a un colegio en una isla. Aquel día, el patio estaba abarrotado de aspirantes dispuestos a examinarse para ingresar en la escuela[105]. Los estudiantes, procedentes de diversas regiones, inhalaban el gélido aire invernal mientras esperaban ansiosos con sus acompañantes. Mini y sus compañeras caminaban con aires de superioridad entre ellos, al sentirse mayores que el resto —pronto estarían en segundo de secundaria—. En ese momento, Mini regresaba al dormitorio 1, tras haber estado jugando en el dormitorio 2. Cuando estaba casi llegando a la entrada de la escuela, Mini vio a Ok Sunja entre los aspirantes, con un identificador en el pecho. Llevaba una falda y una blusa *jeogori* negras. Aunque parecía haber venido sin ninguna amiga, esperaba sin un ápice de incomodidad,

---

[104] En coreano, *jonghoe* (종회) se refiere a una reunión o asamblea que se realiza al final de la jornada escolar, en la que se congregan todos los miembros de la clase. Por su parte, durante el *johoe* (조회) o asamblea matutina, todos los estudiantes se reúnen antes de comenzar las clases.

[105] Durante el período de ocupación japonesa, se implementó la política educativa colonial que obligaba a los estudiantes a pasar por un proceso de selección para ingresar en la escuela. No fue sino hasta 1969 cuando se abolió el examen de ingreso en la escuela secundaria.

acompañada por el subdirector Ok, quien, como siempre, permanecía de pie, encorvado. Él, incapaz de calmar sus nervios, sacaba un pañuelo blanco y se limpiaba la nariz. Mini trató de evitarlos, pero una de sus compañeras, ajena a la situación, la agarró del brazo y la arrastró hacia Sunja. Al fin y al cabo, estaban cerca de la entrada de la escuela.

—Pero bueno, mira a quién tenemos aquí.

Finalmente, Sunja descubrió a Mini entre la multitud.

—Pero si eres Ri Mini, ¿no? —añadió con voz refinada, mientras le agarraba por el dobladillo.

Sintiéndose cada vez más incómoda, Mini se inclinó ante el subdirector Ok, pero este la miró desconcertado, sin reconocerla.

—Es Ri Mini. Estaba en cuarto año en la escuela del distrito XX. También solía venir bastante a casa.

El subdirector Ok asintió, pero su expresión delataba que no la recordaba. Parecía haber envejecido mucho y se veía preocupado por el examen de su hija, quien continuó explicando cómo se había visto obligada a quedarse en casa durante un año, debido a la enfermedad de su madre, y que solicitó ingresar en la Escuela Secundaria Femenina S en Seúl, pero no aprobó el examen. A diferencia de antaño, hablaba ahora con cortesía y miraba a Mini con cautela. Controlando su confusión y su sorpresa, Mini se sintió de pronto invadida por una fuerte sensación de desconcierto y extrañeza. Si Sunja pasaba el examen de ingreso y se matriculaba en la escuela, alguien que originalmente había estado en un curso superior a ella, ahora iría a un curso inferior, algo difícil de comprender, y mucho menos de aceptar. ¿Cuántos años habían pasado? Bajo el hechizo del tiempo, se encontró en un estado de confusión, en el que los sueños y la realidad se entrelazaban. El tiempo se fragmentaba en pedazos, rodando de manera incierta, incapaz de distinguir lo que tenía delante. Unas veces se alejaba, y otras, se acercaba y daba vueltas para, a continuación, detenerse, hiriendo a Mini con una punzada amarga de dolor.

El tono pausado y sosegado de Ok Sunja profundizó el desconcierto y la confusión de Mini. ¿Era la misma Ok Sunja de antes, cuyos finos labios se movían tan rápido como la hélice de un avión? ¿Qué relación había entre las formas, los colores y las imágenes que permanecían en algún rincón de su memoria, y el rostro que tenía frente a ella? No podía unirlos, pero tampoco separarlos. Cuando pensó que debía ignorar esos extraños recuerdos, un sentimiento de culpa se apoderó de ella. Era esa misma culpa que sintió en el rompeolas, cuando la marea ascendía y tiró el chicle de resina para reemplazarlo, en secreto, por un chicle de verdad. Sin embargo, tanto ahora como entonces, un rechazo instintivo se asentaba con mayor firmeza entre la culpa, haciendo que esta última profundizara aún más. Quizás la culpa y el instinto estuvieran condenados a coexistir, inmersos para siempre en una carrera interminable.

Mientras respondía, desganada, al cadencioso soliloquio de Ok Sunja, Mini miraba al subdirector Ok, quien sacaba su pañuelo blanco para limpiarse debajo de la nariz con fuerza, hasta dejarla enrojecida. Aunque no se acordaba de ella, fue él quien le permitió enlazar con claridad las imágenes del pasado con el presente, cobrando confianza sobre las imágenes de su propia mente.

Al final, Ok Sunja aprobó el examen de ingreso y su singular apariencia no pasó desapercibida en el centro. Aunque no se inclinaba ante Mini cuando se encontraban por la calle, era innegable que Ok Sunja ahora pertenecía a un curso inferior. Por esa razón, a las dos les incomodaba cruzarse en el camino.

Tras finalizar el primer semestre de segundo de secundaria, Mini pasó el verano en casa. Desde el primer trimestre, se había venido produciendo una serie de incidentes, tanto a nivel familiar como escolar y, aunque eran diferentes, acabaron estallando simultáneamente al comienzo del segundo trimestre. Aunque los detalles se revelarán en el próximo capítulo, Mini, una adolescente torpe, miedosa, testaruda y temperamental, terminó abandonando la escuela por voluntad propia. A pesar del peso de estos incidentes en su decisión, fue su propio carácter el que le impidió adaptarse a la vida escolar, sintiendo en repetidas ocasiones el deseo de dejar la escuela, cuyas reglas aborrecía. No obstante, su año en casa tampoco le resultaría un tiempo apacible. Para entonces, y tras una mala racha académica, su tío finalmente se graduó de la misma universidad donde había intentado ingresar en múltiples ocasiones. Al principio, le prometió a Mini que, si le asignaban un puesto en el colegio para niñas de la ciudad K, la llevaría consigo. Sin embargo, tras su graduación, fue contratado por una empresa farmacéutica. Y rompió, así, su promesa.

—¿Qué opinas? Lo mejor es que vuelvas a tu escuela. Así, el procedimiento será mucho más sencillo —tranquilizó a Mini.

Tras regresar a la escuela, Mini descubrió cómo sus amigas, antes amables con ella, ahora la miraban por encima del hombro por estar en un curso superior. Asimismo, también sintió la extraña mirada de sus nuevas compañeras que, siendo menores que ella, ahora compartían la misma clase. Sin embargo, Ok Sunja era diferente. Ambas habían experimentado estar en un curso inferior y superior con respecto a la otra para, al final, acabar en el mismo curso. Esto acortó la distancia entre ellas, aunque no tuvieron contacto durante el segundo y tercer trimestre[106] del segundo año, ya que estaban en clases diferentes. Cuando pasaron al tercer año, les asignaron la misma clase y, con Ok Sunja sentándose justo detrás de Mini, se encontraban con más frecuencia, les gustara o no.

Desde su ingreso, Ok Sunja estaba en la lista de las estudiantes problemáticas. Aunque nunca había transgredido la norma principal, que prohibía salir con chicos —un fenómeno infrecuente en una escuela femenina, pero no del todo inexistente—, los superiores de la escuela la mantenían bajo vigilancia, como si fuera capaz de cometer infracciones aún más graves. Mini no lograba entender por qué. Los maestros la trataban con indiferencia, considerándola la alumna más conflictiva, y se referían a ella, con desprecio, mediante el apodo de "la Bruja". Las estudiantes, por su parte, se burlaban de su delgadez, llamándola "Sauce hermoso" a la cara, y "Fantasma hermosa" a sus espaldas. En realidad, eran cautelosas e intentaban alejarse de ella. Circulaban rumores sobre ella que alimentaban esa desconfianza. Si bien nunca cruzó la peligrosa línea de tener una relación con un chico, se la consideraba una suerte de celestina de los denominados "romances despreciables". No solo facilitaba los amoríos entre chicos y

---

[106] Durante el período colonial, el año académico se dividía en tres trimestres: el primero, desde abril hasta mediados de julio; el segundo, desde mediados de agosto hasta finales de diciembre; y el tercero, desde mediados de enero hasta mediados de marzo. Actualmente, el año académico se organiza en dos semestres.

chicas, sino que también se encargaba de la mayoría de los encuentros de las conocidas, pero encubiertas, relaciones S. Además, se decía que vendía clandestinamente comida a las alumnas hambrientas de la residencia, así como que llevaba invitadas a su pensión. Aunque la mayoría de las estudiantes preferían distanciarse de ella, algunas de las más jóvenes acudían a ella en busca de consejo cuando se sentían atraídas por una chica. Asimismo, los domingos la visitaban para saciar su apetito con la comida que vendía en secreto. Una vez, Mini también fue allí con sus compañeras, pero no volvió nunca más. Aun así, se preguntaba por qué la gente la evitaba, a pesar de que siempre estuviera dispuesta a ayudar a los demás. En la escuela, solía estar sola. Aparte de dar consejos sobre relaciones amorosas, no mantenía conversaciones amistosas con nadie. Ya no se metía en peleas, ni hablaba mal de nadie. Además, guardaba los secretos con lealtad. Por el contrario, faltaba con frecuencia a clase, y siempre la castigaban, tanto en el aula como en el patio, obligándola a arrodillarse en el suelo. Sus movimientos eran extremadamente lentos y perezosos, como los de un payaso, lo que provocaba sonrisas de compasión o desprecio entre quienes la observaban. Nunca presentaba el diario escolar, ni los trabajos de costura y bordado, así como tampoco traía hechos los deberes. Sin embargo, todas las niñas le pedían prestadas sus novelas, y algunas, incluso, la consultaban sobre los problemas de matemáticas. A pesar de todo, y para sorpresa de todos, lograba mantener un promedio de notas aceptable.

*

La carta fue ideada dos días antes del incidente, en una tarde de sábado. ¿Podría definirse lo que motivó el plan… como una mera coincidencia? Tras el almuerzo, las estudiantes salieron al patio, salvo tres o cuatro que se quedaron charlando en el aula. Apoyada en la ventana, Mini contemplaba el exterior a través de un verde velo de lirios que se mecían con la brisa. Al asomar la cabeza, sintió el roce de las flores que danzaban al compás del viento, acariciándole el rostro. La mayoría de las estudiantes de cursos superiores estaban reunidas en un rincón del patio para conversar, mientras que las más jóvenes ocupaban el centro y saltaban a la cuerda, jugaban al voleibol o al escondite. La luz del sol teñía el recinto con una luz blanca, mientras la sombra del salón de actos y de algunos enebros colindantes trazaba una suerte de línea fronteriza.

Los ojos de Mini se detuvieron, como si algo hubiera captado su atención. Su mirada se posó en unos pantalones bombachos caqui con lunares blancos de una estudiante, combinados con una camiseta deportiva blanca, probablemente porque en breve tendría clase de educación física. La joven mostraba una amplia sonrisa en el rostro. Quizás por el calor, se había recogido el flequillo, dejando al descubierto su redondeada frente. Justo en ese momento, los lirios ocultaron su sonriente rostro. Cuando Mini apartó las flores, reapareció aquella encantadora chica. Era Ogawa Naoko, de la clase 3 de segundo de secundaria, cuya aula era contigua a la suya. La joven le recordaba a un ramo de violetas, como aquellas de las que solía escribir en sus poemas. De complexión menuda y cabeza pequeña, su reluciente cabello se agitaba con fuerza cuando corría.

Mini siguió a Naoko con la mirada. Parecía estar jugando al escondite, girándose y echando a correr. Al llegar junto al enebro, se detuvo y se dio la vuelta con una sonrisa de oreja a oreja. Su frente, escondida en la sombra, se veía muy blanca. Cuando alguien comenzó a perseguirla, rodeó el árbol y se escabulló.

Mini siempre buscaba a Naoko desde la distancia. Temerosa de acercarse, buscaba aquellos pantalones bombachos con lunares. Al llegar a la escuela por la mañana, se escondía detrás del viejo zapatero que reparaba los zapatos, en busca de esos pantalones. Asimismo, cuando toda la escuela iba a algún lugar durante las horas de entrenamiento militar, siempre intentaba localizarlos. Dondequiera que estuviera, sin importar la hora del día que fuera, su figura siempre captaba su atención. Solo la admiraba de lejos, sin haber nunca escuchado la voz de Ogawa Naoko.

Mientras Mini la observaba desde la ventana, Ogawa Naoko se desvaneció de su vista, para reaparecer momentos después. Al igual que las bolas de billar se dispersan tras el golpe y se reencuentran al rebotar en la mesa, o como las estrellas que se disuelven y resurgen en el horizonte, Ogawa Naoko desaparecía y aparecía ante los ojos de Mini…

Las tardes en las que regresaba sin haber logrado ver aquellos pantalones con lunares eran vacías y tristes. El tiempo parecía un interminable vacío, repleto de soledad y obstinación. Mini se encerraba en sí misma, despreciando las caras comunes y las conversaciones banales.

—Qué guapa es Ogawa Naoko, ¿verdad?

Una voz pausada sobresaltó a Mini, quien, de inmediato, enderezó su cuerpo, apoyado en la ventana. Tamayama Junko sonreía, como si pudiera leer la mente de Mini.

—¿No te parece guapa? —repitió.

—¡Qué pregunta! —replicó, enojada, mientras volvía la cabeza para mirar el patio de la escuela.

—Te gusta Ogawa Naoko, ¿verdad?

Mini giró la cabeza y miró a Tamayama Junko con odio.

—¿Y qué pasa si me gusta? ¿Es algo malo?

—¿Quién ha dicho que sea malo?

Mini se inclinó un poco, apoyando los codos en el alféizar de la ventana y descansando el rostro sobre sus manos.

—¿Te atreverías a escribirle una carta?

Mini no respondió.

—¿No te atreves? —volvió a preguntar.

«¿Una carta? ¿Escribirle una carta? Ni siquiera se me había pasado por la cabeza», pensó. Esas palabras cautivaron a Mini, como si Tamayama Junko la hubiese hechizado. Sin duda, era una tentación difícil de resistir.

—Si se la escribes tú, seguro que te responde.

Los ojos de Mini se abrieron.

—Porque, a ver, tú también eres guapa.

«¿En serio? ¿Me responderá?», pensó Mini con la respiración entrecortada.

—Hasta ahora no has tenido ninguna relación S, ¿no? De todas formas, algún día deberás tener alguna.

Mientras los lunares de los pantalones se desvanecían y reaparecían entre la multitud, Tamayama Junko susurraba dulces palabras al oído de Mini, cual diablo. Como un hechicero tocando una flauta, aquella misteriosa melodía se aproximaba cada vez más, estremeciendo su corazón y transformando esa bella, pero temida admiración, en deseo.

«Me va a responder. Sí, me responderá sin duda alguna».

El bullicio del patio se calmó, sometido al enigmático sonido de la flauta. El movimiento también cesó por completo, permaneciendo solo aquellos pantalones en la quietud de la escena. Aquella sublime melodía desbordaba el corazón de Mini.

—Su padre enseña en una escuela agrícola.

Una voz humana se filtraba entre la música de la flauta.

—No tiene ninguna hermana mayor, solo hermanos menores. Ella es la primogénita.

«¿Cómo? ¿Tiene hermanos? ¿Como la gente normal y corriente?».

De repente, los colores se atenuaron y la música se alejó. El bullicio del patio resurgió, y las niñas volvieron a correr de un lado a otro. Su fantasía sobre Ogawa Naoko había recibido un duro golpe. El hecho de que ella, como el resto de la gente común, tuviera hermanos le resultaba extrañamente negativo. La violeta debía crecer en solitario, no ser como esas diminutas setas agrupadas al lado de una roca.

—Entonces, tú escribes la carta, y yo me encargo de entregársela.

—¿Tú?

Mini volvió a incorporarse.

—Sí, yo.

—¿Y cómo lo vas a hacer?

—Confía en mí. Escribe la carta y dámela. Del resto me ocupo yo.

*

Las noches de los sábados, el dormitorio bullía de vida, como si se celebrara una fiesta. Aunque había horas dedicadas al estudio independiente, nadie estudiaba, pues las inspectoras tenían la costumbre de reunirse en el dormitorio 3, que solo albergaba a estudiantes japonesas, para bañarse y cenar juntas. Como era de esperar, no había nadie tan ingenuo como para respetar la hora de estudio sin ningún tipo de supervisión. Las alumnas de cursos superiores aprovechaban la noche del sábado para maquillarse y armar alboroto recorriendo las habitaciones vestidas con *hanbok*, que solo tenían permitido usar como pijama. Tras una semana confinadas, las niñas recuperarían la libertad al amanecer. Aquella noche, Mini leía una colección de poemas de Saijō Yaso[107], sin unirse al resto. Aunque, más que concentrarse en la lectura, no paraba de darle vueltas a la cabeza.

El timbre resonó en el ruidoso dormitorio, anunciando el toque de queda y, una por una, las luces fueron apagándose. Al poco rato, no tardaron en caer dormidas, sumidas en toda clase de sueños: comiendo hasta saciarse, visitando a su familia, o comprando aquel objeto anhelado. Solo Mini permanecía despierta, incapaz de conciliar el sueño.

Al día siguiente, Mini permaneció en la residencia, mientras las demás salían a disfrutar de su día libre. El desierto dormitorio guardaba un silencio sepulcral. Una mezcla de euforia y terror le recorría la nuca mientras escribía y reescribía la carta. La tarea era indescriptiblemente ardua. Tras borrar una y otra vez lo que había escrito, abrió el cajón y sacó su preciado cuaderno azul marino para copiar, palabra por palabra, la versión final de la carta en la primera página. A continuación, envolvió el cuaderno con un folio blanco y caminó por el desolado pasillo, escuchando el eco de sus propios pasos. Después de lavarse la cara en el baño, se miró al espejo y regresó a la habitación. Seguidamente, agarró su mochila, metió el cuaderno entre los libros y bajó al jardín. Allí, se tumbó y estiró las piernas entre los deslumbrantes tréboles verdes. El tacto de los tréboles tocando sus descalzos pies era fresco y estimulante. Imaginó el edificio rectangular que la rodeaba —con el comedor y el baño de la inspectora uno frente al otro, y las habitaciones de las estudiantes a ambos lados— como si fueran murallas, mientras el patio de tréboles se asemejaba a la sala de estar de un espléndido palacio. Las nubes flotaban, proyectando sombras sobre su cabeza. A veces se escuchaba la voz de la cocinera proveniente del patio trasero. Finalmente, se quedó dormida.

Por la noche, también logró sumirse en un sueño profundo.

---

[107] Saijō Yaso (西条八十, 1892-1970) fue un poeta y académico japonés cuya obra estuvo fuertemente influida por el simbolismo francés.

*

Saber que Ogawa Naoko no había entregado la carta a los profesores hizo que Mini se sintiera mucho más tranquila. Aunque el temor a una posible sanción por violar las normas del centro persistía, su dolor se había aliviado en gran medida. Ni siquiera la amenaza de un castigo inminente consiguió alterar sus sentimientos por Ogawa Naoko, aunque la preocupación de que ella presenciase su castigo y el temor a que los rumores teñidos de burla llegaran a sus oídos la hostigaban.

La asamblea matinal finalizó sin incidentes. Salvo Tamayama Junko y la encargada de la habitación, nadie parecía haber advertido la enorme angustia que Mini callaba. Ni siquiera la propia Ogawa Naoko parecía saber nada. Quizás pensara que todo había sido obra de Tamayama Junko.

La primera hora comenzó con tranquilidad. La clase de educación cívica, aburrida como de costumbre, pasó volando, mientras que el recreo, siempre tan breve, se extendió como una interminable tarde de verano, con el timbre resistiéndose a sonar.

En varias ocasiones Mini creyó escuchar que alguien abría la puerta y se asomaba diciendo: «Rinoie-san, dicen que vayas a la oficina del profesor». Los recreos se convirtieron en una tortura que reavivaba la profunda agonía de haber nacido en un mundo así. Cada vez que el timbre sonaba, marcando el final de una clase, se secaba, temblando, el sudor de la frente. Sin embargo, la última clase concluyó sin novedad. Ya solo faltaba la asamblea final.

En la asamblea, el profesor Majima hizo su entrada en el aula, como de costumbre, levantando la mirada con la cabeza gacha.

—¡De pie! —ordenó la responsable de la fila.

Todos se levantaron. Mini deseaba con todas sus fuerzas que la cabeza de la chica de enfrente la tapase, pero desde su asiento, en diagonal a la tarima, era imposible esquivar la mirada del profesor Majima.

—¡Reverencia!

Al inclinarse hacia delante, Mini pudo, por fin, respirar con alivio.

—¡Siéntense!

Todas tomaron asiento.

—¡Anoche una estudiante de otra clase salió sin permiso!

La profunda voz del profesor Majima resonó con fuerza apenas se habían acomodado.

—Aquí, en la clase 1 de segundo de secundaria, no hay ninguna estudiante así, ¿verdad?

Mirando fijamente a Tamayama Junko, sus pequeños ojos destellaban una luz aterradora. No obstante, no se dejó intimidar y mantuvo la compostura, sentándose con total naturalidad. En cambio, el rostro de Mini, sentada frente a ella, palideció como una hoja de papel. Era imposible que se estuviera refiriendo a Mini, pues había permanecido en el dormitorio toda la noche. Aun así, sentía que los ojos del profesor estaban clavados en ella.

—Parece ser que no es la primera vez que esto sucede, como bien sabrán aquellas que se hospedan en la residencia. ¡Si alguna de ustedes se cree con el derecho a deambular por la noche como si fueran búhos solo porque no están bajo la supervisión de un profesor o de sus padres, están muy equivocadas! ¡En cuanto descubramos quién ha sido, se enfrentará a un severo castigo por parte de las autoridades escolares! ¿Lo han entendido?

—Sí.

—Se os nota muy relajadas últimamente. ¡El país está en crisis y no toleraré que ninguna mente insana o un espíritu degenerado campe a sus anchas! En este mismo instante, nuestros valientes soldados se enfrentan a muertes heroicas en el campo de batalla. ¡Los aviones enemigos surcan nuestro cielo! Aunque no puedan ir al frente, nunca deben olvidar la tensión de vivir en tiempos de guerra. ¡El día que lo hagan, el enemigo nos devorará! ¿Lo entienden?

—Sí.

Tras estas firmes palabras, el profesor Majima giró sus pequeños ojos, casi pegados a sus cejas, y presionó sus labios que, de igual manera, casi rozaban su nariz. Cuando parecía que había terminado de hablar, permaneció inmóvil durante un buen rato, hasta que añadió:

—¡Ha aumentado el número de las vagas que no entregan sus diarios! ¡Los diarios deben entregarse todos los días, sin falta! Eso es todo por hoy.

—¡De pie!

—¡Reverencia!

—¡Siéntense!

El voluminoso cuerpo del profesor Majima desapareció por la puerta, sin pedirle a Mini que fuera a hablar con él a la sala de profesores.

—Oye, Rinoie-san, ¿qué le habrá pasado? No ha mencionado nada de lo tuyo —susurró Tamayama Junko.

La hija del director, Mori Kazuko, las miró de reojo. Sus ojos delataban curiosidad tanto hacia ellas como por la carta dirigida a Ogawa Naoko. El día siguiente también transcurrió sin incidentes. Si Mini iba a ser castigada, prefería que sucediera cuanto antes, sin entender por qué esa situación se prolongaba tanto. En la tarde del tercer día, hacia el final del almuerzo, llegó el momento esperado.

—Rinoie-san, ve a la sala de profesores —dijo la responsable de fila.

Después de que las niñas japonesas difundieran la historia de boca en boca, el asunto de la carta parecía, finalmente, haber salido a la luz. Al levantarse en silencio para salir, Mini recibió miradas de desprecio por parte de las alumnas niponas, mientras que las coreanas la miraban sorprendidas.

A medida que avanzaba por el pasillo, Mini recordaba el sombrío corredor del hospital donde su madre fue operada. El miedo se desvaneció, dando paso a una sensación de impotencia y desolación. Al entrar en la sala de profesores, la profesora Ueda, tutora de Ogawa Naoko, recogió apresuradamente unas partituras, saliendo con una sonrisa incómoda.

Mini se acercó al escritorio del profesor Majima, quien, sin levantar la vista, escribía concentrado. La piel de su cuello había perdido elasticidad y numerosas canas se asomaban entre su corto cabello. Por la ventana, se veía la pequeña figura de la maestra Ueda caminando hacia la sala de música con las partituras en la mano. El profesor Majima continuó escribiendo durante un tiempo, manteniendo la misma postura y sin levantar la mirada, hasta que la pluma, finalmente, se detuvo.

—¡No estás reflexionando sobre lo que hiciste!

Mini bajó la cabeza.

—No has entregado tu diario en estos tres días. ¡Si hubieras reflexionado sobre tu comportamiento, habrías escrito una disculpa en él!

Su voz denotaba enfado.

—¡Arrodíllate!

Sin levantar la mirada, señaló con el dedo un lado de su silla. Era la primera vez que la hacían arrodillarse. Antes de abandonar la escuela, había desafiado en varias ocasiones a su tutor, un profesor de música que sería reemplazado, pero nunca había recibido un castigo de esta índole. Aunque era su primera sanción, Mini se sintió aliviada. Había estudiantes que, por haber tomado una simple foto, eran castigados a permanecer en medio de la sala de profesores o en el pasillo, ante la mirada de sus compañeros, sosteniendo la foto marcada con una X en tinta roja. En cambio, ella permanecía detrás del escritorio del profesor Majima, donde ni siquiera los maestros podían verla. En su interior, se sentía agradecida.

Después de clase, Mini regresó al aula para la asamblea final. Sin embargo, el profesor Majima no apareció. Aun agradecida, era consciente de la profunda herida que aquel castigo le había causado. Aunque había sobrevivido a la ardiente ira de su maestro y a horas de ansiedad y miedo, en cada rincón de su manchada piel, así como en cada articulación de su pisoteado cuerpo, sentía que caminaba hacia un lugar desolado y teñido de gris, como una ciudad en ruinas.

TERCERA PARTE: COLOR Y SONIDO

En realidad, no había nada al otro lado de la puerta corrediza de papel, pero Mini distinguía una sucesión de siluetas desfilando una tras otra. Desde la habitación donde yacía, el eco de incontables pasos resonaba en el pasillo, como si estuviera cubierta por una alta cúpula. Mini jamás había presenciado algo semejante.

Con el pasillo iluminado por la fría luz que caía del riel de la contrapuerta de vidrio, Mini percibió algo distinto del habitual desfile de niñas, con sus palillos y cojines, en dirección al comedor. Las siluetas vestían faldas con pliegues rígidos y marcados, semejantes a papeles doblados, como si las hubieran dejado bajo el futón la noche anterior. Llevaban también un lazo blanco en el cabello, un atuendo reservado para las festividades. Las estudiantes avanzaban en silencio hacia el aula magna, que una cortina púrpura había transformado en un lugar ceremonial, en cuyo centro colgaba la sacrosanta bandera del sol naciente.

—¿Mizuhara-san, has hecho los deberes?

—¡Ay, vaya! No sabía que había mandado tareas. ¿Y qué hago ahora? Esa víbora va a armar otro escándalo.

Eran las voces de Matsuyama Sadako y Mizuhara Fukuki, compañeras de la clase de Mini. La visión de la frente despejada de Sadako y el cabello rizado de Fukuki pasó fugazmente ante ella, desapareciendo al instante. Solo quedaba la imagen de las chicas pisando los peldaños del corredor, formando una fila con rostro dócil y entrando en el aula magna.

El techo del dormitorio bloqueaba la luz del sol, y los tréboles en el patio, todavía cubiertos de rocío, brillaban con un intenso color verde. Al otro lado del pasillo resonaba el eco de los pasos y las conversaciones.

Los sonidos pisoteaban y golpeaban el pecho de Mini según iban pasando, mientras que las imágenes avanzaban en un solemne silencio.

*

—¡Capa roja! ¡Capa azul! [108]

---

[108] Esta expresión tiene su origen en una creencia popular japonesa según la cual, al utilizar un inodoro tradicional, una figura espectral con una capa roja y semejante a un ángel de la muerte, pregunta: «¿Prefieres papel rojo o azul?». Con el tiempo, la historia fue evolucionando, dando lugar a distintas versiones según la región, donde se encuentra la variante de la «capa roja» o «*ppalgang mangto*» (빨강 망토) y la «capa azul» o «*parang mangto*» (파랑 망토), presente en el texto original. Suele manifestarse en baños abandonados o en desuso, especialmente en lugares públicos o escuelas. En la versión coreana, el espectro emerge desde el inodoro, mientras que en la japonesa puede aparecer en cualquier parte del baño. No obstante, en el texto original lo gritan dentro del aula para asustar a otras alumnas.

Las niñas chillaban mientras salían en tropel del aula. Descalzas, corrían hacia el patio. Miles de pies se lanzaron en avalancha, galopando por el pasillo y descendiendo las escaleras.

—¡Capa roja! ¡Capa azul!

Esas espeluznantes palabras se propagaron con una inquietante velocidad. Y más rápido aún que las palabras, los gritos dieron lugar a una sucesión de ecos, que, a su vez, se entrelazaron en un torbellino de clamores incomprensibles: «¡Uaaa! ¡Uaaaaaa!». Y, en medio de ese caos, resonaba: «¡Capa roja! ¡Capa azul! ¡Rojo, azul! ¡Capa, capa!». Los corazones se congelaron, las ventanas del aula temblaron, el techo giró, las sillas y mesas danzaron fuera de control y, bajo el brillante sol de un día de principios de verano, cabezas negras como huevos de araña se dispersaron por el patio de la escuela.

Todos los maestros salieron corriendo, acompañados del conserje y de las alumnas de sexto año. La profesora Min, tutora del primer año, quien vestía una falda negra y una chaqueta de verano de ramio blanca, gritaba a pleno pulmón con los ojos desorbitados y el moño entrecano deshecho, mientras azotaba a las niñas en el trasero con el rostro completamente enrojecido. Una elegante profesora japonesa, con sutiles marcas de viruela y una blusa de satén blanca con rayas verdosas que recordaba al envoltorio de un dulce, sopló con ímpetu el silbato, haciendo ondear el lazo de su blusa. Su brillante diente de oro relucía al tomar aire. Los profesores hombres esbozaron una sonrisa forzada, como si no supieran qué hacer.

—¡Uaaa! ¡Uaaaaaaaa!

Los ecos retumbaron en el mediodía, como si anunciaran la llegada del fin del mundo.

El absurdo alboroto con ogros[109] a plena luz del día fue sofocado poco después. ¿Quién habría difundido la historia de un ogro con capa roja o capa azul que reside en el baño y que devora niños? Ocurría como con los incendios de origen desconocido, o como el caos provocado por un torbellino.

---

[109] Aunque traducido de otra forma, aquí también se refiere al *dokkaebi* (도깨비), descrito en la nota 61.

Las estudiantes regresaron a las aulas. Los rayos de luz danzaban en el desolado patio, como vidrios rotos. Contra el oscuro fondo del edificio de madera, pintado con alquitrán, las inmóviles ventanas, con sus barrotes pintados de blanco, se asemejaban a los ojos de un hombre de tez oscura, lo que trasmitía una extraña y onírica sensación.

—¡Mariposa, mariposa, ven aquí! ¡Mariposa azul, mariposa blanca!

Alguien en el aula de primer año de secundaria leía en voz alta un texto en coreano con un fuerte acento. También se oía el sonido de un órgano. Asientos vacíos, asientos llenos, lugares abarrotados de ruido, lugares envueltos en silencio; con el paso del tiempo, todo cambiaba como un escenario giratorio.

Mini, que regresaba sola a casa tras salir de la escuela, cruzó el puente de piedra. Al pasar por debajo de las acacias huecas, aceleró el paso. Los troncos de los árboles junto al arroyo, cubiertos de musgo, hacían que se reflejara sobre el agua un verde intenso. Tras atravesar el bosque, Mini entró por una tranquila calle trasera en la que residían los funcionarios. A medida que el camino se ensanchaba, también lo hacía la luz del sol, revelando el polvo acumulado sobre las malas hierbas al borde del sendero.

Mini continuó caminando pegada a la pared, buscando la sombra. En su camino, se encontró con un almacén japonés, encalado, que daba paso a un pequeño jardín donde un enebro yacía horizontal con sus raíces atadas con una cuerda. También había alineadas casas de madera de estilo japonés, cuyas fachadas, desgastadas por el tiempo, habían perdido su color original, para ofrecer un tono ceniciento. Al pasar junto a una casa sin cerca, justo al borde del camino, Mini oyó la voz de alguien que leía un libro. Tras la ventana, y con las persianas levantadas, una niña japonesa de su misma edad estaba sentada frente a su escritorio, inmersa en la lectura. A su lado, tenía un plato con caramelos rojos. Al ver a Mini, interrumpiendo su lectura, puso los ojos en blanco.

—¡Vete de aquí, coreana!

—¡*Baka* (idiota)! ¡*Yaho* (estúpida)! —respondió en japonés.

Mini salió corriendo, invadida por el temor a que la niña japonesa, o más bien un oficial con una larga espada, pudiera perseguirla. Cuando se volvió, la calle se encontraba desierta bajo un sol deslumbrante. Decidió apresurarse en su regreso a casa para pedirle a su madre dinero y comprar una galleta de almendras con forma de castaña. Al recordar el sabor del dulce al deshacerse en la boca y el regusto amargo de la parte quemada, se le hizo la boca agua.

«Mejor no. Voy a comprarme algodón de azúcar», cambió de idea. Cada vez que el viejo vendedor presionaba el pedal, el dulce se acumulaba en el palo, formando una nube rosa. El algodón parecía flotar, como si estuviera a punto de volar hacia el cielo azul.

«¿Dónde habré dejado mi blusa *jeogori*?», se preguntó, inclinando la cabeza. La primavera pasada, poco después de iniciar el primer año de secundaria, Mini había perdido su *jeogori* color crema, que llevaba su nombre, junto con un pañuelo que su madre le había sujetado con un alfiler. Recordó cómo ese descuido le había costado unos azotes en las pantorrillas por parte de su madre. Además, no le dio dinero y terminó llorando bajo un bonetero en el patio trasero, pensando si su madre no sería, en realidad, una cruel madrastra como la del cuento de Janghwa Hongnyeon[110]. «¿Dónde habré perdido mi blusa? Qué raro», se preguntó.

Por más vueltas que le daba, no lograba recordar dónde podría haber dejado su blusa *jeogori*. No tenía claro si se la había quitado en algún momento, ni mucho menos si había regresado a casa sin ella puesta. Lo único que permanecía nítido en su memoria eran las palabras de su madre el día que le azotó las pantorrillas con una vara:

—¿Te has dejado la cabeza colgada de un árbol, mocosa? Con que has perdido tu *jeogori*, ¿verdad? ¡Pues mañana irás al colegio desnuda!

---

[110] *La historia de Janghwa Hongnyeon* o *Janghwa Hongnyeonjeon* (장화홍련전) es una novela clásica de autor y fecha desconocidos. La obra narra el conflicto entre las hermanas Janghwa y Hongnyeon, sometidas a los constantes abusos de su madrastra, quien, con el fin de deshacerse de ellas, acusó falsamente a Janghwa de haber abortado. Su padre, más preocupado por asegurar un linaje masculino que por el bienestar de sus hijas, no intervino para protegerla y terminó consintiendo la muerte de Janghwa, quien es arrojada a un estanque. Incapaz de soportar la pérdida, Hongnyeon sigue el mismo destino. Posteriormente, ambas se convierten en espíritus resentidos y buscan la venganza. Es una de las obras más representativas dentro de la temática de la tragedia familiar, centrada en la figura de una madrastra.

Aquel día no consiguió ni una sola moneda, ni pudo comprarse el algodón de azúcar.

Mientras continuaba caminando con su mochila a cuestas, se topó con un viejo cartel escrito en tinta sobre una oficina. A través de la puerta de hierro entreabierta, asomaba una casa de ladrillo rojo, oculta entre densos árboles. Las rejas de las ventanas estaban pintadas de blanco. Las ramas de los viejos cerezos, cuyas hojas casi negras se entrelazaban, desprendían un suave tono grisáceo. Al ver los pequeños frutos rojos colgando de las ramas, Mini quedó fascinada y, aunque conocía su amargor, no podía resistirse a su misterioso encanto. Mirándolos de pie absorta, se olvidó por completo de regresar a casa para pedirle dinero a su madre y comprar unas galletas de almendra. En su mente, los frutos pasaban de un color rojo a púrpura y los de pequeño tamaño crecían progresivamente. En el suelo reposaban unos alquequenjes, de esos que, al rasgar la envoltura roja con tintes verdosos, liberan su fruto.

Durante el festival de Tanabata[111], los japoneses solían colocar alquequenjes y otras pequeñas frutas en barcos de papel que dejaban flotar en el mar. Aquella noche, la orilla se iluminaba con fuegos artificiales, acompañada de la luz de los farolillos, y resonaban las pisadas de los *geta*, mientras el olor a pólvora se fundía con la brisa salobre del océano. Los pequeños barcos de papel, con sus velas finas como cigarrillos de chocolate, apenas flotaban un instante antes de hundirse en el agua. No obstante, la noche seguía viva con fuegos artificiales multicolores, farolillos, risas, y más barcos de papel, que zarpaban sin pausa uno tras otro, llevando alquequenjes en su interior. Mini, con las manos a la espalda, contemplaba la orilla fascinada, pensando en los

[111] El festival de Tanabata (七夕), también conocido como el festival de las estrellas, se celebra la noche del 7 de julio y conmemora el encuentro entre Orihime (織姫) y Hikoboshi (彦星), convertidos en las estrellas Vega y Altair. Aunque, en la actualidad, el Tanabata se celebra escribiendo deseos en tiras de papel que se cuelgan en las ramas de un árbol o caña de bambú, en el relato, la celebración descrita se asemeja a los barcos de papel y velas propias del Obon, una festividad budista para honrar a los espíritus de los ancestros. Dado que el Obon se celebra a mediados de julio, dependiendo de la región, ambas festividades pueden coincidir temporalmente.

frutos que se alejaban flotando. «¿Se los comerán los peces? ¿Tal vez los pulpos?». A veces, se le venían a la mente diferentes escenarios.

En la noche del nacimiento de Buda[112], monjes ataviados con exquisitas túnicas bordadas desfilaban por la ciudad, acompañados por miles de devotos que iluminaban el camino con faroles. Entre ellos, la madre de Mini avanzaba entre la multitud con un mala[113], vestida con una falda plegada de color jade. Mini se esforzaba por seguirla, pero cada vez que le tiraba del dobladillo de la falda, la madre la agarraba de la mano para que no se la ensuciara. La falda emitía un suave sonido al rozarse a cada paso. El día del ritual del Rey Dragón[114], esparcieron una abundante mezcla de arroz con mijo en el mar, en el que se soltaron tortugas. Buda, como siempre, se encontraba sentado sobre una flor de loto. De repente, Mini pensó en lo intimidante que resultaba la sonrisa de Buda en las pinturas de los murales del infierno, en el sabor de un acompañante compuesto de algas secas sazonadas con aceite de sésamo, y en el eco de los sutras en el templo budista abarrotado de gente, que ascendía y bajaba en intensidad, acompañado del golpe repetitivo del *moktak*[115].

---

[112] El texto original utiliza la expresión *Sawol Chopail* (사월초파일/四月初八日), que hace referencia al día en que se conmemora el nacimiento de Buda Shakyamuni, fundador del budismo. Este día también es denominado en coreano como *Bucheonimosinnal* (부처님오신날) o *Seokgatansinil* (석가탄신일/釋迦誕辰) y se celebra en el octavo día del cuarto mes de acuerdo con el calendario lunar.

[113] En coreano *yeomju* (염주), se refiere a un tipo de collar o sarta, utilizado en el budismo para la práctica de la meditación y la recitación de mantras. Generalmente consta de 108 cuentas, lo que permite contar los mantras con la mano mientras se recitan.

[114] En coreano Yongwangje (용왕제/龍王祭). Se trata del ritual de culto al Rey Dragón, que tiene su origen en la creencia de la existencia del Rey Dragón, Yongwang (용왕), o del Dios Dragón, Yongshin (용신). Este ritual se llevaba a cabo en manantiales, arroyos, valles, ríos, mares u otros cuerpos de agua para pedir protección, prosperidad, abundancia en la pesca o las cosechas, el nacimiento de hijos, longevidad, así como la materialización de deseos tanto individuales como colectivos.

[115] El *moktak* (목탁) es un instrumento de madera utilizado en los rituales budistas. Presenta un cuerpo cilíndrico con el interior vacío. Se golpea con un mazo de madera para producir un sonido resonante.

—¡*Yoisho*! ¡*Yoisho*! [116]

Jóvenes japoneses recorrían las calles cargando sobre los hombros un *omikoshi*[117]. Todos vestían de blanco y llevaban una cinta amarilla en la cabeza. Elevaban el *omikoshi* hacia el cielo, lo bajaban, y lo hacían girar en círculos sin cesar de gritar. En medio de todo esto, un demonio abría sus rojos labios de par en par y se lanzaba corriendo hacia la multitud. Aunque sabían que no era real, como el falso caballo de una compañía de circo, los niños gritaban y corrían de un lado a otro. Mini también huyó con lágrimas en los ojos.

—¡*Yoisho*! ¡*Yoisho*! ¡*Yoisho*!

El *omikoshi* se elevaba, bajaba y daba vueltas. Los niños coreanos observaban el espectáculo mientras eran empujados y perseguidos en un país donde no eran bienvenidos, como vagabundos en su propia patria, en su propio escenario, en su propio mundo.

Mini regresó a casa con parsimonia, olvidándose de las cerezas y los alquequenjes. Ahora, toda su atención se concentraba en la moneda que pediría a su madre para comprarse ese rosado algodón de azúcar que parecía flotar en el cielo azul como un velo de niebla.

«¡Capa roja! ¡Capa azul!».

«¡Uaaaa!». De pronto, el algodón de azúcar y el monstruo de la capa se fundieron en su mente.

—¡Capa roja! ¡Capa azul! —gritó Mini, mientras corría por la desierta calle trasera, con el estuche que llevaba en la mochila haciendo un ruido seco con cada pisada.

*

[116] Esta interjección japonesa (よいしょ) se emplea para expresar esfuerzo, como cuando se está levantando algo pesado. Esto ocurre en la historia ya que están levantando un pequeño santuario portátil, conocido como *omikoshi*.

[117] El *omikoshi* (お神輿) es una suerte de santuario portátil utilizado en las festividades tradicionales japonesas, en las que sus participantes lo cargan sobre sus hombros y lo transportan en procesión. En este contexto es muy común el uso de interjecciones como «*yoisho* (よいしょ)» para coordinar el esfuerzo colectivo y el movimiento del *omikoshi*.

Los innumerables pasos que resonaban en el pasillo se dirigían al comedor, acompañados de ruidosas conversaciones. El ruido de este lado del pasillo era como un densa nube de algodón; el del pasillo del otro lado del patio interior, como una nube fina, o como el velo de una novia.

—¿Qué es todo este jaleo? ¿No pueden guardar silencio? —gritó la profesora Miura, "doña Papada", dejando que su desgarradora voz atravesara las nubes de ruido.

Mini la imaginó entrando en un salón de bodas con expresión solemne, vistiendo una falda *hakama*[118] y un kimono *montsuki*[119].

Cada vez que se celebraba un festival, la profesora Nakayama Humi destacaba por lucir una vestimenta formal con una elegancia inigualable. Pese a su voluminosa cabeza y su plana nariz, de algún modo todos la tenían por una persona con clase. Cuando la Escuela de Secundaria Femenina H era aún una institución privada, fue la única profesora japonesa contratada como maestra de la denominada "lengua nacional". Era fácil de imaginar que ya entonces recibiera un trato hostil por parte de las maestras coreanas, quienes, según los cánones de la época, estaban bien instruidas, eran cultas y profundamente nacionalistas. A esto se sumaba la oleada de desprecio que hubo de enfrentar al descubrirse que provenía de la rural prefectura de Aomori. Asimismo, y como recién graduada de una universidad japonesa, todavía no había logrado desprenderse de sus raíces pueblerinas.

—Ha triunfado en la vida. Ya no es una cateta —decían los graduados, sabedores de su pasado.

Considerando su larga trayectoria en el centro, era una profesora veterana, con un rango superior al de las demás mujeres, quien además gozaba de una notable influencia. Ahora bien, su poder no descansaba sobre su antigüedad o su rango. Se debía a su carácter y talento y, más aún, a la autoridad que desprendía su mirada. En efecto, los niños

118 El *hakama* (袴) es una prenda tradicional japonesa, semejante a una falda o pantalón largo y plisado. Las mujeres suelen llevar un *hakama* en ceremonias o eventos formales, junto con un kimono.

119 El kimono *montsuki* (紋付) es un tipo de kimono formal utilizado en ocasiones solemnes que lleva escudos familiares o *kamon* (家紋) estampados en la tela.

temblaban de miedo cuando fijaba en ellos sus ojos, que irradiaban una intensa energía. De cabeza voluminosa, nariz chata y labios finos, su frente era alta y se curvaba en ambos lados en forma de U, como la de un guerrero japonés, por lo que, para ocultarla, siempre llevaba flequillo. De baja estatura, sus pantorrillas se hinchaban con inusual grosor[120], de modo que, cuando se golpeaba por accidente la pierna contra el borde del estrado, la hendidura tardaba en desaparecer. Sin embargo, su pálida y translúcida piel poseía una belleza singular, y sus manos, con las que trazaba elegantemente los caracteres en la pizarra, eran una auténtica obra de arte, tan delicadas como las de una emperatriz. A excepción de su impecable piel, sus manos y sus ojos, se podía decir que la profesora Nakayama era una mujer poco agraciada, pero, sin duda, aquellos dones superaban a sus imperfecciones. Su mirada no se dejaba engañar por ninguna artimaña, conmiseración o confusión, sino que reflejaba una constante autoridad. Aunque podría haber sido poco refinada en el pasado, eso resultaría difícil de imaginar para cualquier persona que hubiese ingresado en la Escuela de Secundaria Femenina H en la época de Mini. Con su excepcional sentido del color, era capaz de transformar su desfavorecida apariencia en algo casi misterioso. Para disimular sus gruesas piernas, vestía con kimono[121] a diario. Cuando las líneas de su prenda danzaban en el aire, tejía una atmósfera única, impregnada de elegancia y sensualidad. En la jornada de la Cultura Nacional[122], cuando los crisantemos florecían en todo su esplendor, lucía un kimono *montsuki* negro sobre una rígida falda

---

[120] La autora indica en el original que esto se producía a causa del beriberi, una enfermedad causada por la deficiencia de vitamina B1.

[121] En el texto original se usa la palabra *wafuku* (和服), un término que engloba la vestimenta tradicional japonesa, aunque suele hacer referencia principalmente al kimono. Para facilitar la lectura, se ha optado por traducir *wafuku* (和服) como kimono, ya que este término es más común y reconocible para el lector.

[122] En coreano *Myeongchijeol* (명치절) o en japonés *Meijisetsu* (明治節). El nombre hace referencia a una festividad japonesa que conmemora el nacimiento del emperador Meiji (1852-1912), símbolo de la conocida como Restauración Meiji. Se celebraba el 3 de noviembre, día de su nacimiento. Aunque esta conmemoración fue abolida tras el fin de la Segunda Guerra Mundial, el 3 de noviembre se sigue celebrando en Japón como el Día de la Cultura. Dado que el relato corresponde al periodo de

hakama oscura, así como una chaqueta *haori*[123] de un intenso color cobalto. De este modo, su presencia destacaba entre sus bellas y delgadas compañeras, como una grulla entre un grupo de gallos. Corría el rumor de que escribía obras de teatro, rehusando a estancarse en ser una mera profesora de lengua. No obstante, su carácter frío, sereno y meticuloso no permitía imaginar con facilidad que estuviera dotada de una mente creativa. La profesora Nakayama no sabía cómo mostrar afecto ni a sus alumnos ni a sus compañeros, pero guardaba un cariño fraternal hacia un joven profesor de lengua, quien no había recibido el honor de alistarse en el ejército, tal vez como consecuencia de su baja estatura. Lo apreciaba por su talento literario al tiempo que sentía lástima por él pues, siendo joven y soltero, había esperado en vano la carta de reclutamiento.

En verano, durante el entrenamiento militar del alumnado, se pudo ver a un anciano, el padre de la profesora Nakayama, esperando a su hija bajo la sombra de un sauce junto a un carricoche. Tras casarse con el que había sido el esposo de su fallecida hermana y tener un hijo con él, la hermosa piel de la profesora había comenzado a manifestar manchas por la edad y encaneció. Además, su elegancia se había desvanecido por tener que vestirse con el uniforme nacional, fabricado con tela de algodón. Después de todo, ya había superado la treintena. Aun así, seguía siendo una figura temida tanto por los estudiantes como por los profesores, aunque ese miedo ya no se sustentaba en el respeto. Al percatarse de que sus ojos ya no imponían como antes, pues había perdido su singular encanto, poco a poco se tornó más hostil e hiriente en sus palabras. Su lengua era tan venenosa como sus ojos, o incluso más malévola, especialmente con las alumnas coreanas. Por ese motivo, las estudiantes la apodaron “la Víbora”.

*

la Corea colonial, se ha intentado reflejar este contexto en la traducción como «Día de la Cultura Nacional».

[123] El *haori* (羽織) es una chaqueta o prenda exterior tradicional japonesa que emplea al salir al exterior sobre el kimono, y llega hasta la cadera o los muslos.

Los pasos en el pasillo se detuvieron. En el comedor, los preparativos para el desayuno parecían haber finalizado. Todo estaba en silencio. Al cabo de un rato, se escuchó:

> Nacidos en la tierra del sol naciente,
> rociados por la benevolencia divina,
> con el fruto de nuestro sudor,
> hoy también nos provee de sustento…

Como cada mañana, se recitaban estas palabras antes del desayuno como si de un conjuro se tratase. Mini sacó los brazos de debajo de la manta, apoyándolos encima. Aliviada, como si al fin pudiera respirar, se sintió embargada por una sensación de paz. El desayuno terminaría pronto. A continuación, vagarían un rato por los pasillos hasta que el sonido de la campana anunciara el inicio de las clases y las casi ochenta estudiantes del dormitorio 1 abandonarían la residencia. Mini se deleitaba al imaginar el lugar vacío. Disfrutaría del tiempo como quien saborea lentamente un dulce, o, más bien, del espacio, abundante como una decena de cuadernos nuevos, sin un solo rastro de tinta.

Feliz, Mini levantó un brazo y sintió cómo la sangre descendía. Su blanca mano adquirió un matiz azulado. A continuación, levantó la otra mano a la misma altura. La sangre fluyó hasta que ambas manos adquirieron el mismo tono. Subió y bajó los brazos, repitiendo este ejercicio varias veces. Aunque una tormenta se desatara afuera, Mini se sentía a salvo, como un diminuto caracol marino refugiado en su concha, convencida de que se hallaba en una fortaleza infranqueable.

Sobre el escritorio reposaba un libro de redacción. Fue una línea de ese libro la que desencadenó en ella una fantasía infinita. El libro narraba la historia de Miura Tamaki[124], quien agitaba un pañuelo desde un barco de pasajeros adornado con cintas de cinco colores, rumbo a un país extranjero.

---

[124] Miura Tamaki (三浦環,1884-1946) fue una famosa soprano nipona, reconocida por ser una de las primeras japonesas en actuar en escenarios internacionales. Asimismo, destacó por su célebre interpretación en la ópera *Madame Buttefly* de Giacomo Puccini. Tras completar su formación artística, y después de contraer matrimonio, se trasladó a Europa, donde continuó su carrera.

Mini se imaginó a sí misma como la deslumbrante Miura Tamaki, aumentando el anillo de diamantes original a diez, y esforzándose en acortar la lista de a quiénes debía regalar esas joyas: a su madre, a su tía y a qué compañeras.

Siempre que se sumergía en el inmenso universo de su mente, el tiempo pasaba volando. En el comedor, el desayuno concluía con la recitación de otras palabras. Mini tiró de la manta para cubrirse la cabeza. El bullicio se intensificó a su alrededor.

—Come algo, por favor —le dijo una compañera de grado inferior que había entrado en la habitación con un cuenco de arroz.

—¿Vas a seguir preocupándote por eso? Como sigas así te vas a enfermar —añadió la encargada de habitación, mientras agarraba su mochila—. Ya te has arrodillado, con eso es suficiente. ¿Por qué sigues así si ya pasó todo?

Con esas palabras, Mini revivió la humillación, como si la azotaran con un látigo, dejándole cicatrices rojas. Poco después, la encargada salió del cuarto, alegando tener tareas que hacer.

—¿Escuchaste a esa mona esta la mañana?

—*Netsu ga takai wa ne. Kyōwa gakkō yasunda hō ga iiwa* (Tienes fiebre. Es mejor que descanses hoy) —dijo una de ellas, imitando a la enfermera glotona tan odiada en el centro. Se rieron a carcajadas.

—En realidad, estaba intentando imitar la voz de la profesora Shimizu.

—Ja, ja, ja… ¿No has escuchado eso de que las feas parecen aún más feas cuando imitan a una mujer bella?[125]

Mientras bromeaban, el timbre sonó, indicando el comienzo de las clases. Sus compañeras cogieron sus mochilas y salieron de la habitación.

---

125 En el original coreano se menciona a Seosi (서시), que en realidad se refiere a Xi Shi (西施), una de las cuatro grandes bellezas legendarias de la antigua China. Xi Shi padecía una enfermedad cardíaca que le provocaba fruncir el ceño con frecuencia. Se cuenta que una mujer de rostro poco agraciado intentó imitarla frunciendo el ceño, lo que hizo que su rostro arrugado pareciera aún más desagradable. Así, esta expresión proviene de un dicho que señala que, incluso cuando Xi Shi fruncía el ceño, su belleza permanecía intacta, pero cuando una mujer menos agraciada la imitaba, solo conseguía empeorar su apariencia.

El timbre seguía sonando en la escuela. Tras la apresurada salida de un último grupo de rezagadas, cuyos pasos resonaban con fuerza en las escaleras del vestíbulo, el dormitorio quedó desierto. En la cocina trasera, una joven cocinera golpeaba las ollas mientras canturreaba distraídamente, y su compañera mayor, siempre de mal humor, la reprendía.

*

Ayer, un pelotón de estudiantes se alineó en dos filas, una frente a la otra, hasta que alguien exclamó: «¡Media vuelta! ¡Adelante!», y una de las filas se alejó de Mini, quien las observaba desde la sombra de los sauces, mientras la otra fila se acercaba a ella. Más tarde, volvió a oír: «¡Media vuelta! ¡Adelante!». Esta vez, la fila que se había retirado, avanzó hacia ella, mientras que, la que se había acercado antes, dio la vuelta para alejarse. Más que estudiantes en su hora de entrenamiento militar, parecían guardias reales, de esos que había visto en imágenes. No, eran soldados fuertemente armados. ¡Autómatas sin brillo en la mirada! No, eran los rostros de profesores, o los rostros de chicas japonesas acercándose como bolas de algodón, como una ola dispuesta a engullir un barco, con la intención de abalanzarse sobre ella. No, eran los ojos de sus compañeras, los labios sonrientes de Tamayama Junko o del profesor de música. Las palabras de la encargada de habitación resonaban en su mente hasta cobrar forma y transformarse en un cuerpo que se abalanzaba sobre ella.

*

El día anterior, al levantarse tras haber estado arrodillada en la sala de profesores, Mini sintió que sus pies flotaban en el aire a causa de los calambres. Suspendida en el vacío, salió caminando. Una vez llegó al aula vacía, agarró su mochila y buscó sus zapatos en el armario. En ese momento, volvió a sentir una punzada.

«Me duelen los pies».

Cuando salió por la puerta de la escuela, las ventanas entreabiertas de los edificios alineados al otro lado del estrecho riachuelo se asemejaban a la boca entreabierta de un tonto. Caminó unos cincuenta metros por el sendero de la derecha hasta llegar al cruce, donde contempló el bosque oscuro que se extendía fuera de las puertas de la escuela. Conforme el atardecer se acercaba, el dorado sol se iba ocultando, dejando al pueblo aledaño al bosque en penumbra. El muro de ladrillo rojo de la escuela, el hospital, la farmacia y la ferretería ocupaban cada uno una esquina del cruce. Un médico y una enfermera que conocía, salieron del hospital portando un maletín para consultas domiciliarias. En la farmacia, la tía lejana de Mini, esposa del segundo hermano de su tío, permanecía sentada. Incomodada por la sensación de ser observaba, Mini giró rápidamente la esquina del muro de la escuela.

Había acompañado una vez a su madre a visitar a la familia que regentaba la farmacia cuando hizo su examen de ingreso y, de nuevo, cuando comenzó la escuela. Sin embargo, en los últimos tres o, mejor dicho, cuatro años —considerando el año escolar sabático—, nunca había vuelto a visitarlos, y eso que pasaba por esa esquina todas las mañanas y todas las tardes. E, incluso, cuando se topaba con algún miembro de la familia de manera accidental, esquivaba la mirada a toda costa y actuaba como si no los hubiese visto. Esa terquedad fue la que había terminado de caracterizar a Mini. No tenía ninguna razón para comportarse de esa manera. Si tuviera que buscar alguna, tal vez fuera el inhóspito ambiente que sintió en las dos ocasiones que acompañó a su madre, o acaso la mala relación entre su abuela y su tía farmacéutica. Al fin y al cabo, sabía que no recibiría una cálida bienvenida de los miembros de aquella familia. Cuando Mini regresó a la escuela, su tío la acompañó para encargarse de los trámites, pero tras mudarse a la residencia, nunca había vuelto a visitarlos. Al principio, no le apeteció hacerlo en absoluto, y tras posponerlo una y otra vez, con el tiempo comenzó a sentirse culpable, hasta acabar evitándolo. Cuanto más lo esquivaba, más presente se hacía la farmacia de la esquina, y a medida que esa conciencia aumentaba, más difícil se volvía derribar el muro del distanciamiento. Su tía farmacéutica poseía una belleza deslumbrante, con cejas gruesas y bien definidas, y párpados tan alargados que no podía recordar el color de sus pupilas. Su voz, profunda y grave como la de un hombre, se asemejaba a una gélida ráfaga de aire. En una ocasión, mientras Mini realizaba un ejercicio de contraespionaje en la escuela, su tío farmacéutico interpretó el papel de un espía que había burlado el cordón policial. Sorprendida, lo miró desconcertada desde lejos. Aunque su tío era de complexión robusta y su rostro con gafas parecía intimidante, su abuela solía decir que en realidad estaba dominado por su mujer.

Al llegar a las puertas de la residencia, donde las altas hojas de los álamos brillaban con fulgor, unos muchachos de secundaria de gran estatura salían con la mochila al hombro. Sus rostros estaban bronceados tras varios días de ejercicios militares, y pasaron junto a las estudiantes que merodeaban por la entrada, mirándolas de reojo como platijas. A sus espaldas, las risas nerviosas de las estudiantes resonaban en el aire.

Al regresar a la habitación, Mini se desplomó en el suelo. Podía escuchar vagamente las instrucciones del director en el patio, como si el viento dispersara sus palabras. No era necesario prestar atención para reconocer que estaba recitando el anuncio del Cuartel General que exaltaba los brillantes logros militares del Ejército Imperial Japonés:

> Su Majestad Imperial, en su infinita bondad, trata a los coreanos como iguales y los acoge como a los miembros de su propio pueblo. En consecuencia, se insta al pueblo de Joseon a que se una al frente de guerra para alcanzar la victoria final, cumpliendo con la noble causa del Imperio Japonés de unificar el mundo.

Mini se levantó y apoyó la cara sobre el escritorio. Por la ventana de su habitación se asomaba un cielo azul.

¿Debería volver a casa? ¿Y si dejo la escuela y regreso a casa? Si lo haces, será la segunda vez que dejas la escuela. ¿Cómo vas a dejar la escuela dos veces? Solo tienes que aguantar un año y medio más. Prefiero morir a quedarme en la escuela. Me voy a volver loca. Como regreses de nuevo tu madre te propondrá que muráis juntas. No podrás ni salir a la calle. Puedo marcharme a algún lugar lejano. ¿Adónde? ¿Volver con tu padre? ¡De ninguna manera! ¡De ninguna manera! ¿Para qué ir a ver a alguien que me ignora cuando nos encontramos? ¿Entonces, qué vas a hacer? ¿Y si me fuera a Japón? ¿Y qué demonios vas a hacer ahí? Podría ir a una escuela de costura. Y

también podría pintar. Déjate de tonterías. Todo el mundo está huyendo de ahí, ¿y tú quieres ir para que te caiga una bomba encima? Y pensar que mi tío estudiaba comiendo polvo de cebada y arroz mezclado en agua fría. ¿Y a qué viene eso ahora, si tú misma has dicho que no quieres estudiar? Por eso mismo voy a dedicarme a pintar. Pero, para entrar en una escuela de arte, primero necesitas graduarte. Ay… No aguanto más. Todo el mundo está tratando de salir de Japón por la guerra. No digas más tonterías. Si vuelves a huir, será la segunda vez que abandones la escuela. ¡La segunda vez, la segunda! Tu madre te va a pedir que os suicidéis juntas. ¿De verdad crees que podrás salir a la calle? ¡Sería la segunda vez, la segunda!

Al fondo de ese interminable monólogo, se encontraba el rostro de Ogawa Naoko. Mini huyó para evitarla.

*

El camino que descendía desde la escuela estaba solitario. Era un empedrado sendero cuesta abajo en el que, si se te deslizaba el zapato, las puntiagudas piedras se te clavaban en el pie. A ambos lados de la vía, desde donde se observaba el ir y venir de los barcos en el puerto, vivían japoneses. En medio de esta comunidad japonesa se alzaba la estatua de un general de Joseon llamado Beoksu. Cuando alguien se quedaba quieto y sin hacer nada, solían decir: «¿Por qué estás ahí parado como Beoksu?».

El nombre del lugar era Yoshinocho en japonés, aunque en coreano seguía siendo Beoksugol, o valle de Beoksu. Mini siempre contemplaba al solitario general en su camino de ida y vuelta a la escuela. En el pasado, solía cruzar el puente de piedra para llegar a la escuela; después, atravesaba un túnel bajo la bahía. Pero ahora, pasaba junto al solitario Beoksu para llegar a su tercera escuela primaria.

El general, esculpido en piedra, guardaba un silencio imperturbable. Si Sansón perdió la fuerza cuando le cortaron el cabello, ¿habría perdido la razón este general de Joseon, velando ahora por una aldea japonesa en la profundidad de la noche?

Algo más abajo, había un estudio fotográfico, una sastrería, una confitería y una librería en un antiguo camino que, al llegar a la relojería, se unía con una vía más nueva y ancha. Tras cruzar esa nueva vía, si se tomaba el camino que se desviaba hacia la izquierda, se llegaba al mar. Allí se alzaba un muelle donde se amarraban todos los barcos. A ambos lados del camino que conducía al muelle se encontraban las tiendas más lujosas. En este distrito, ocupado por japoneses, se erguía un imponente centro comercial de dos pisos de la cadena Hwashin, una tienda local ubicada en la zona extranjera del país. Dentro del establecimiento, se exhibía una mezcla de la civilización de Joseon con artículos occidentales, lo que apaciguaba el complejo de inferioridad de los caballeros y de las damas locales. Además, como si se hubiera llegado a un acuerdo tácito, en esta cadena no se encontraban ni colores ni formas distintivamente japonesas. Al entrar, una elegante mujer, vestida con una falda corta, zapatos de vestir y peinada con un estilo occidental, recibía a los clientes —damas y caballeros—, dándole la espalda a aquella brillante civilización. Mini, siguiendo a su madre, entró al establecimiento.

—Bienvenidas —las saludó la sofisticada mujer, estrechándoles la mano.

—Mi hija va a comenzar la escuela pronto..., pero le dijeron que no lleve ropa tradicional coreana. Por eso estoy buscando un traje occidental... Se hospedará en la residencia —indicó con cierto orgullo.

—Ah, ¿en serio? Debe de estar muy contenta porque su hija haya aprobado los exámenes de acceso. ¿A qué colegio vas a ir? —le preguntó a Mini, quien se escondía detrás de su madre.

—Fue a Seúl a hacer el examen, pero no lo aprobó. Aun así, la admitieron en la Escuela Secundaria Femenina H —respondió la madre.

—Entiendo. Seúl está demasiado lejos. Es mejor por aquí cerca.

Mini se puso roja como un tomate. Todos sabían que la Escuela Secundaria Femenina H, que bajo el lema “educación equitativa para Japón y Joseon”, acababa de ampliar su oferta a tres clases por grado, había pasado de ser una escuela misionera, fiel a las antiguas tradiciones y al uso del *hanbok*, a convertirse en un colegio público. Esta transformación la había situado entre las más accesibles, siendo conocida por su baja competitividad. Aunque el examen de acceso era pan comido, cabría preguntarse si Mini habría conseguido aprobar de no haberse eliminado la prueba de matemáticas.

—Este verano te enviaré un vestido, pero, por el momento, vamos a comprar algo de ropa de primavera.

La madre seleccionó un vestido de lana amarillo claro, un suéter y una falda de entretiempo, y sacó un billete nuevo de diez wones, que había atesorado en lo más profundo del armario.

—¿Qué más necesitamos? —añadió, mirando a Mini.

—Un juego de costura… —respondió en voz baja.

—Si buscan artículos de costura, los encontrarán en el segundo piso —indicó la dependienta.

Mini y su madre subieron por las relucientes escaleras, cuyo hierro, desgastado, había adquirido un tono amarillento. Mini recordó el día en que subió por las escaleras mecánicas del centro comercial Hwasin de Seúl. Había viajado a la capital para presentarse al examen de ingreso, pero acabó siendo incapaz de alejarse de los productos brillantes, de las centenares de vendedoras impecables con uniformes azules, y, en particular, de una exposición de muñecas francesas perfectamente alineadas. Fue allí donde ella y una compañera se perdieron, y los periódicos informaron sobre dos estudiantes de provincia que se habían extraviado en la capital antes de su examen de acceso. Los dos profesores que acompañaban a las más de diez estudiantes tuvieron que correr frenéticamente de una escuela a otra. Finalmente, terminaron llegando tarde para recoger a Mini y su compañera, quienes, mucho después de la hora acordada para salir, habían comenzado a vagar por las calles. Cuando lograron regresar, los dos profesores, normalmente temidos por las estudiantes, en lugar de regañarlas, se alegraron tanto que casi se les escaparon las lágrimas al verlas. Aunque solo se habían perdido durante tres o cuatro horas, se había hecho eco de la notica hasta en los periódicos. Para Mini, aquellos cinco días en Seúl se convirtieron en un recuerdo feliz e imborrable, a pesar de los nervios por la entrevista de admisión y de la notificación de desestimación que recibió de la escuela.

En el segundo piso, Mini compró el juego de costura de celuloide que había deseado, con un motivo de rostros rosados en la cubierta. También adquirió un alfiletero de seda roja adornado con flores blancas, una pequeña plancha, y todos los artículos de costura que necesitaba.

*

El timbre… A continuación, se encendieron las luces del dormitorio en el que había pasado su primera noche, y desde la habitación 1 se escuchó:

—*Ohayō gozaimasu* (Buenos días).

—*Ohayō.*

El intercambio de saludos matinales se repitió once veces, hasta que la inspectora llegó a la habitación 12.

—*Ohayō gozaimasu.*

—*Ohayō.*

La inspectora cruzó el comedor hacia el otro lado, arrastrando las zapatillas. Las mismas salutaciones se repitieron una y otra vez. Entonces, sonó la campana, indicando el inicio de la hora de trabajo. ¡Pam! ¡Pam! ¡Pam! Se encontraba en una habitación extraña, llena de rostros desconocidos y escuchando ese peculiar sonido por primera vez. Mini bajó la vista hasta los botones de su pijama, abrochados al estilo chino.

«Con un trozo de tela de la sastrería lo puedo hacer yo misma».

Era la voz de una señora.

«Parece un pollito con un impermeable».

Era la voz de su madre.

«Como todavía va a crecer, se lo hice grande. Basta con que doble las mangas y el bajo hacia dentro y lo cosa. Ya sabe cómo son los niños, crecen en un abrir y cerrar de ojos».

«Tiene razón. El tiempo vuela, el mundo cambia, y ahora las chicas llevan pijamas de hombre…».

Mirando los botones de su pijama, Mini rompió a llorar.

Cuarta parte: El desfile

Una docena de grifos, con el revestimiento dorado oxidado, se alineaba a ambos lados, partiendo en dos la sección de los lavabos del cuarto de baño que, en comparación con su ancho, tenía un techo elevado. Los sonidos ascendían como el vapor, hasta encontrar la superficie lisa del techo, donde se entremezclaban con otros ecos distintos, formando una melodía lúgubre y difusa semejante a un diálogo espectral ajena por completo a este mundo. Al otro lado de la pared, manchada de amarillo por la lluvia que se filtraba, se encontraba el aula de educación doméstica, en la que fogones, hornos, cuencos, básculas y demás utensilios de cocina se disponían como si estuvieran expuestos. A través de la ventana abierta al otro extremo de la sala, algunos enebros de un verde oscuro, y cubiertos de polvo, escudriñaban el interior del cuarto de baño, donde resonaba el sonido del agua que fluía. Detrás de los enebros, al otro lado del muro cubierto de musgo, se encontraba un arroyo con agua pútrida proveniente de la escuela, mientras soplaba un viento cargado de polvo. Por la calle trasera, casi desierta, soplaba ese mismo aire polvoriento, tal vez procedente del huerto, donde los perales estaban siempre cubiertos por un polvo blanco. En esa calle trasera, se hallaba una tienda con un letrero de hojalata que decía «Tabaco», a pesar de nunca tener existencias. En su interior, una japonesa anciana, con unas gafas convexas sobre la nariz, estaría sentada sobre el suelo, con la espalda encorvada hasta tocar con su pecho el tatami, mientras un gato negro con un cascabel se estiraría, hastiado de un día interminable. Quizás el monje Nichiren[126], vestido con una túnica negra y un sombrero cónico, pasaría hoy, un día más, frente a la humilde casa, situada en un modesto barrio, habitado por personas de escasos recursos e inundado por un particular olor a madera podrida, recitando:

—¡*Namu myōhō renge kyō*![127] (¡Gloria al *dharma* del sutra del loto!). ¡*Namu myōhō renge kyō*!

Cada vez que Mini veía a aquel monje, recordaba al convicto que había encontrado frente al húmedo y sofocante juzgado, privado de la

[126] El budismo Nichiren es una corriente japonesa del budismo Mahāyāna que se fundamenta en las enseñanzas del monje Nichiren (1222-1282), quien desarrolló una interpretación propia de las enseñanzas del Buda Shakyamuni y enfatizó la importancia del sutra del loto como el texto principal del budismo.

[127] En la traducción se ha respetado la romanización del original coreano. El mantra «南無妙法蓮華經», comúnmente transcrito como «Nam-myoho-renge-kyo», que significa «devoción al *dharma* del sutra del loto», constituye uno de los mantras principales del budismo Nichiren para alcanzar la iluminación.

luz del sol por un viejo y lúgubre árbol, tan hueco que podría albergar a una familia de ardillas en su interior. Aquel hombre de aspecto débil, envuelto en una mortaja de un tono indefinido entre gris e índigo, ocultaba su rostro bajo un sombrero de paja. Sin saber cuál era su delito, ni cómo era su rostro, un oficial, que portaba una imponente espada y calzaba unos enormes zapatos, lo arrastraba con una cuerda, o tal vez se tratara de unas esposas, dispuestas en sus pálidas y finas muñecas. Cuando Mini corrió por los muros del juzgado, empapada en sudor, se preguntaba si habría algo más aterrador en este mundo que lo que presenció aquel día. Incluso cuando el mar rugía y las olas se arremolinaban al atardecer, sentía menos miedo que el que sintió entonces.

—¡*Namu myōhō renge kyō*! ¡*Namu myōhō renge kyō*!

Se dice que Nichiren, un excéntrico monje del que los libros de historia japonesa hablan por el milagro del Viento Divino, instaba con frenesí a prepararse para la guerra, presagiando una inminente crisis nacional en forma de invasión extranjera. No obstante, ahora sus descendientes recitaban sutras al pasar frente a un estanco desabastecido. ¿Qué sentirá ese monje? Quizás el gato negro se estirara de forma instintiva cada vez que el monje pasaba por ahí, rezando.

*

El aseo estaba abarrotado de estudiantes que bebían agua. Antes de salir, aprovechaban para ir al baño o para beber agua. Mini se lavó las manos, sin esperar su turno para utilizar el abollado vaso de aluminio, y las juntó para beber. El suave hilo que brotaba de los grifos se asemejaba al chorro de un caramelo derretido. Mientras bebía el agua de sus manos, escuchó:

—Ten.

Alguien frente a ella le ofrecía un vaso de aluminio. Mini abrió los ojos de par en par. Aquellos pequeños labios tenían un tono azulado, quizás por el temor. A continuación, observó esos ojos oscuros, bajo un flequillo empapado en sudor. Al apartarse el pelo hacia atrás, dejó al descubierto su frente, más blanca que sus mejillas.

—Ten —repitió Ogawa Naoko para, a continuación, abrirse paso entre el grupo de estudiantes hasta desaparecer como una ardilla. Mini tomó el vaso vacío de Naoko. Sus propios labios palidecieron mientras el agua descendía por su garganta, como nieve derretida en un gélido día de invierno, y un escalofrío le recorrió el cuerpo.

«Ten». Su suave voz resonaba con firmeza, como grabada sobre plomo en una imprenta, firme e inmóvil.

—¡Qué bien! ¡Al menos no tenemos que estudiar!

—¡Ojalá caiga un buen chaparrón! Así no habría que preocuparse por la llegada de los aviones ni hacer simulacros de defensa aérea, y tendríamos el día libre.

—Lo odio. No hay cosa que más deteste que mojarme con la lluvia. ¿Quieren que me tiña entera de negro con esa agua mugrienta?

—Eso es problema tuyo. Mi pañuelo para la cabeza no destiñe.

Mini se dirigió al exterior, atravesando el murmullo de voces, el fluir del agua y el eco que resonaba en el techo. El cielo despejado se entreveía a través de las hojas de los árboles, que parecían estar conteniendo la respiración en silencio, pese a agitarse y retorcerse con brusquedad. Mini sintió un dolor en el pecho semejante al de una punzada. Y mientras algo golpeaba en su interior, girando en círculos, sintió que retumbaba emitiendo un sonido extraño, ajeno a este mundo.

*

Unos días antes, cuando Mini se cruzó con Ogawa Naoko en el patio trasero, esta se detuvo. Durante un instante, sus labios palidecieron de nuevo, como si tuviera miedo. Mini pasó de largo, como si no se conocieran, y ella no tuviera ninguna relación con el incidente del cuaderno azul con su carta.

Al salir del baño, Mini guardó su calzado en el zapatero y subió con parsimonia los dos escalones de piedra que conducían al pasillo, como si en su mente contara: «uuuuuno, dooooos». A través de la ventana del pasillo, el cielo azul se desplegaba como una vívida labor de retales, parcialmente oculta por el techo de la caseta del vigilante nocturno.

Al entrar al aula, Mini se puso un pañuelo negro de algodón en la cabeza y envolvió sus manos en tela negra de algodón, al igual que el resto de sus compañeras, asegurando con firmeza una cuerda alrededor de sus muñecas. La bulliciosa aula parecía un coro de ranas croando junto al dique en un día de lluvia. Sin embargo, embargada por la euforia de caminar sola por el dique, percibía aquel alboroto como si no tuviera ninguna relación con ella. A continuación, contempló la diagonal que formaba la sombra de la mesa marrón claro sobre la tarima, semejante a una pieza de sándalo pulida con piedra y encerada. En ese instante, revivió la placentera sensación de sus pies con calcetines deslizándose por el amplio y largo pasillo cuando salía del aula tras haberse quedado dibujando sola al finalizar las clases. Las ventanas temblaban con el viento, y los árboles otoñales, con sus hojas caídas, se estremecían contra el cristal. Un escalofrío recorrió su cuerpo, mientras sentía un líquido caliente fluyendo en su interior. El corazón de Mini rebosaba de felicidad con esa libertad y esa soledad, acompañada por la sensación del resbaladizo suelo de madera que le hacía cosquillas en los pies. De este modo, Mini se quedó mirando fijamente el lugar donde se proyectaba la sombra del escritorio del profesor sobre el suelo, reluciente como el sándalo.

En cuanto se vistieron y prepararon para salir al campo de entrenamiento de defensa aérea, el ambiente en el aula se volvió aún más caótico. Mientras esperaban, inquietas, nuevas instrucciones, las estudiantes se juntaron en pequeños grupos, estallando en risas, gesticulando de manera exagerada, discutiendo sin razón alguna, o insultando a los profesores. Aquellas masas vestidas de negro, se asemejaban a un enjambre de escarabajos retorciéndose, emanando una frialdad inhumana, o a una mascarada diurna de siniestros payasos. El estruendo de unas risas parecía surgir de detrás de la elegante caligrafía colgada en la pared blanca. En esta escuela femenina, que en el pasado fue una escuela misionera, la estufa[128] se había convertido en mero ornamento, y permanecía en una esquina del aula como si se tratase de un buzón o de una espectadora, la más tonta de la clase. Con la boca abierta y

[128] En el original, el término aparece como *pechika* (페치카), derivado del extranjerismo *pechka* (русская). Este término hace referencia a un sistema de calefacción de estilo ruso, integrado en las paredes. Parecido a una estufa, se construía en las esquinas de las habitaciones con piedras, arcilla o ladrillos, y su función principal era calentar las paredes para proporcionar calefacción al ambiente.

cubierta de alambres, Mini se deslizaba por el interminable pasillo, brillante como el sándalo en el marco de la ventana, mientras las ramas secas se estremecían con el viento. Una y otra vez, su mente daba vueltas sumergida en fantasías, azotada por un vaivén de emociones.

*

—Rinoie-san, ¿qué te ha pasado en la mano?

Era una voz débil, como un tofu sin cuajar. Un hombre alto de labios rosados, dibujaba con su sonrisa una suerte de luna creciente. La mano de Mini, con el meñique vendado, había dejado caer la ventana que levantaba para abrirla. Atemorizada, salió corriendo por el pasillo hacia el aula, agitando su media melena. El profesor de música, quien asimismo era su tutor, la siguió hasta detenerse en el umbral del aula, sonriendo con dulzura. Los ojos de Mini brillaban con una mezcla instintiva de miedo y odio. Eran como los ojos de una niña que había crecido apartada de la humanidad, viviendo sola entre animales y que, por vez primera, veía a una persona.

Sus compañeras, sentadas en fila, pulían el suelo del aula con cantos redondeados, frotándolo con ahínco para hacerlo brillar. El sonido de las piedras chocando contra el suelo resultaba tan estruendoso como la maquinaria de un aserradero. Su cabello se sacudía con cada movimiento de hombros, los cuales se balanceaban adelante y atrás, moviéndose al unísono con las flores de unas cannáceas que se mecían afuera con el viento. El aula estaba, por lo demás, sumida en el silencio.

—Qué niña tan problemática.

De nuevo, se volvió a escuchar aquella débil voz. Las estudiantes, que fingían estar limpiando el entarimado, se daban codazos y reían entre dientes.

—¿Por qué has salido corriendo sin responder a mi pregunta?

El hombre giró su cuerpo, flaco como un palo, con una altura superior a seis *cheok*[129]. En ese mismo instante, las risas de las estu-

---

[129] El *cheok* (척) era una antigua unidad de medida de longitud para medir en Corea. Un *cheok* equivale aproximadamente a 0,333333 metros, lo que significa que 6 *cheok* equivale a más de un metro ochenta.

diantes resonaron a su espalda. Cuando se volvió para mirar de reojo, esbozó una sonrisa de oreja a oreja. La piel bajo sus cejas, gruesa como orugas, se sonrojó como la de un niño, y entre sus largos y finos labios, se asomaba una hilera de pequeños dientes blancos, bien alineados. Girando lentamente la cabeza, con los brazos cruzados a la espalda, se alejó caminando, como un palo envuelto en un holgado uniforme nacional.

Mini se quitó la venda del dedo meñique y la arrojó a la basura. Una vena se marcaba en su frente. Deshacerse del vendaje no apaciguó su odio, así que comenzó a morderse molesta el dedo lastimado por la astilla de un árbol. Ese dolor punzante solo alimentaba su miedo y su rechazo.

—Bueno, hoy el juego del escondite terminó antes de lo esperado —dijo alguien, levantándose de un salto.

Volvieron a escucharse carcajadas.

—Rinoie-san, ¿qué te ha pasado en la mano? —imitaban al profesor.

— Qué niña tan problemática —añadió alguien más.

—¿Por qué has salido corriendo sin responder a mi pregunta?

Pese a que lograron imitar el gesto con el que se ajustaba las gafas, fracasaron en su intento de reproducir su débil voz. Tampoco lograron aparentar su escuálido cuerpo. Aun así, toda la clase rompió en carcajadas y aplausos. Sin supervisión, dejaron de lado el trabajo y comenzaron a charlar con entusiasmo. Incluso las estudiantes ejemplares, de carácter estricto y responsable, se unieron de manera discreta al festivo ambiente en apoyo de Mini.

«¡Muéstrale tu desprecio! ¡Rebélate más! ¡Humíllalo! ¡Te alzaremos en el aire y te vitorearemos! ¡No queremos a ese esqueleto viviente, que parece haber salido arrastrándose de su propia tumba!».

En medio de aquel clamor, Mini temblaba de rechazo hacia el profesor de música, mientras se sumía en un estado de confusión, en el que tanto ella misma como su entorno le resultaban desconocidos, como un pescador que visita la casa de un cazador, incapaz de reconocer lo que hay a su alrededor, de comunicarse, e, incluso, de reconocerse a sí misma.

Mini no se enfrentó al profesor de música para convertirse en la heroína de la clase. Su instinto de defensa, anormalmente fuerte, reaccionó al miedo a un desastre inminente y perdió el control. Esa sensación era, en un ochenta por ciento, producto de su imaginación. El vuelo de su fantasía no tenía fin, y pintaba un panorama sombrío y perturbador. En realidad, unos labios finos que sonreían de oreja a oreja o una voz débil no tenían nada de peculiar. No obstante, existen casos en los que la resonancia de una cuerda instrumental en sí misma supera la intensidad con la que se ha tocado.

—Uf, qué asco. ¿No parece un personaje sacado de una novela de Edogawa Rampo[130], con esa sonrisa diabólica que se estrecha como una luna creciente? ¡Ay, qué miedo! ¡Solo de pensarlo me dan escalofríos! Es exactamente esa cara. Ten mucho cuidado —le comentó una compañera, aficionada a las novelas de misterio.

Cuando esa misma compañera le dijo, con un tono maduro y sensual: «¡Tus labios son tan ardientes como los de una actriz», Mini admiró la valentía de esas palabras, pero, al mismo tiempo, no pudo evitar sentir una especie de odio. De igual manera, al escuchar: «Ten mucho cuidado», no solo reaccionó con aversión, sino que también comenzó a temblar, como si la mitad de su cuerpo estuviera sumergida en aguas residuales. Un estruendo de risas la hundió aún más en aquella ilusión.

«¡Muéstrale tu desprecio! ¡Rebélate más! ¡Humíllalo! ¡Te alzaremos en el aire y te vitorearemos! ¡No queremos a ese esqueleto viviente, que parece haber salido arrastrándose de su propia tumba!». Parecían gritar esas palabras, como si se tratara de un clamor festivo, de un cántico deportivo con agitación de banderas, como mudos subiendo a la plataforma de un concurso de oratoria, en medio de un mar de risas.

«¡Basta! ¡Basta ya! ¡Solo quiero que me trague la tierra! ¡No quiero ver a esa calavera ni escuchar estas risas! ¡Basta! ¡Quiero estar en silencio! ¡Dejadme en paz de una vez!».

---

[130] Edogawa Rampo (江戸川乱歩, 1894-1965) fue el seudónimo literario del escritor japonés Hirai Tarō (平井太郎). Reconocido como uno de los pioneros y de las figuras más influyentes de la literatura criminal moderna japonesa, también es considerado el padre del *ero-guro* (エログロ), un estilo donde se combina el erotismo con lo grotesco, truculento y estremecedor.

Las normas de la escuela eran tan rígidas como un tablero de *baduk*[131], y todo estaba organizado dentro de unos estrictos límites horarios. Esto hacía que Mini terminara con la hoja de respuestas en blanco en la clase de lengua. Lo mismo sucedía en la hora de educación doméstica, o durante la clase de costura o de pintura —esta última, su favorita—, también sometidas a similares restricciones temporales.

El horno, limpio y reluciente, tenía un tirador de madera oscura. Tanto el utensilio de aluminio en forma de flor para cuajar flanes, como el tintineante juego de cucharas medidoras, el olor a carbón, el color de la mayonesa, o el resto de las herramientas del aula de educación doméstica estaban atrapados en el tiempo. Durante las dos horas de clase práctica, ni la manecilla larga ni la corta del reloj cedían ante trucos de magia ni sueños. En el alfiletero rojo se encontraban clavados todo tipo de alfileres de colores. Había un marcador de tela en forma de espátula con un animal dibujado, una plancha ligeramente curvada, hilo rojo y azul enrollado en una bobina y ondeantes tiras de tela de colores. Extendiéndose de las dos horas de clase:

—Voy a revisar sus materiales de costura. Si les falta algo, les bajaré la nota.

—Hoy van a pintar un cuadro de consuelo para enviar a los soldados que se encuentran en el frente. Pinten a una mujer. Que sea lo más hermosa posible —dijo el profesor de arte, con una sonrisa vil, levantando los labios por encima de la altura de la nariz y exhibiendo una fila de dientes amarillentos por el tabaco.

—Este amargado es un tacaño con las notas —murmuraban las estudiantes de la pandilla siempre que tenían oportunidad.

—Pues tráiganme azúcar y así les endulzo las puntuaciones —respondió el profesor.

—¿Y dónde conseguimos el azúcar? ¿Salimos a comprarlo?

---

131 El *baduk* (바둑) es un juego de estrategia tradicional, conocido como *weiqi* (圍碁) en China y *go* (碁) en Japón, en el que dos jugadores compiten por controlar la mayor cantidad de territorio posible en el tablero. Este se compone de una superficie plana con una cuadrícula de 19 líneas horizontales y 19 verticales, cuyas líneas son equidistantes y paralelas. Las piezas utilizadas en el *baduk* suelen ser blancas y negras.

Aquella conversación no solo relevaba una diligencia mecánica, sino, asimismo, un atisbo de mezquindad. En cualquier caso, el tiempo seguía su curso con precisión y Mini dedicaba todas sus fuerzas a dejarse llevar por él. Cuando su energía se desgastaba, se aventuraba a faltar a clase, temiendo lo que vendría después. Eso, por sí solo, ya la abrumaba, pues tendría que atravesar las oleadas de risas y abrirse paso a puñetazos entre aquella fila de dientes blancos y esos labios abiertos como una luna creciente.

«¡No quiero! ¡No quiero! ¡No voy a ir a la escuela! ¡Odio la escuela! ¡La detesto! ¡No soporto el sonido del timbre!».

El director era un hombre corpulento y de buena apariencia. Con bigote y cejas prominentes, lucía un uniforme caqui con un matiz más azulado que el de otros maestros, lo que le hacía destacar dondequiera que fuera. Se expresaba con la capacidad de un hábil empresario, prometiendo crear una escuela distintiva bajo el lema "educación equitativa para Japón y Joseon". Y, en verdad, desde que asumió el cargo, la escuela había experimentado numerosas reformas, todas ellas impregnadas de ideales japoneses. Los antiguos maestros de la institución —que originalmente era privada— fueron destituidos y reemplazados por homólogos japoneses. Asimismo, se obligaba a las estudiantes a pagar una contribución para la adquisición de terrenos, con el fin de acelerar la construcción de nuevas instalaciones, movilizándolas, también, como mano de obra. Por todo ello, pretendía preservar el carácter distintivo de la escuela para convertirla en el modelo de "educación equitativa para Japón y Joseon". Por otro lado, parecía haber recibido la cooperación y el elogio de las autoridades al publicar y difundir libros sobre la educación equitativa entre ambos países. A juzgar por la forma en que obligaba a las estudiantes a limpiar la escuela de arriba abajo cada vez que funcionarios de alto grado visitaban el centro para realizar alguna inspección, el director, con su ínfimo sentido del heroísmo, se asemejaba más a un dictador que trataba de hacer posible lo imposible, que a un rígido educador. En una ocasión, cuando la alumna más hermosa de la escuela se coló en el cine vestida con un *hanbok*, aprovechó el hecho de que su padre fuera diputado provincial:

—Fujimoto es hermosa. No hay nada que podamos hacer—añadió con una sonrisa.

La alumna fue castigada con unos días de prueba disciplinaria, una sanción sorprendentemente leve, lo que logró una respuesta positiva. Asimismo, la forma en que presentó al profesor de música a las estudiantes dejaba claro que no era un educador convencional ni chapado a la antigua.

—El señor Uehara es más alto que el primer ministro Konoe y, además, es tan guapo como el actor Uehara Ken —afirmó, esbozando una peculiar sonrisa bajo su prominente bigote.

Un estallido de risas inundó el abarrotado salón de conferencias. Aunque el profesor de música pudiera ser más alto que el primer ministro Konoe, compararlo con el apuesto Uehara Ken resultaba un cumplido exagerado. Siendo pianista, sus largos dedos podían considerarse un don divino, pero, por lo demás, era poco agraciado. Su cabeza, rapada casi al cero como la de un monje budista, era tan pequeña que recordaba a la de una serpiente. A ello se sumaban unos ojos demasiado rasgados, una nariz afilada y unos labios tan finos que, al sonreír, se elevaban y extendían hasta los pómulos, formando una luna creciente, como la bautizara una joven aficionada a las novelas policíacas. Cuando se enfadaba, alegraba o avergonzaba, su pálido rostro solía sonrojarse, así como la piel bajo sus cejas —gruesas como dos orugas—, que se tornaba roja con facilidad, como les ocurre a los niños por timidez o ante una sorpresa.

—¡Kaneyama! ¡Qué haces!

Su expresión era fría cuando se dirigía a las estudiantes poco agraciadas. Ante el menor error, se enfurecía, frunciendo el ceño y empleando un áspero tono de voz.

—Fujimoto-san, ¿podrías colocarte un poquito más hacia este lado? Un poquito más hacia aquí.

Por el contrario, cuando organizaba el coro, se rebajaba como un sirviente ante la hermosa y rebelde estudiante que había sido sancionada por haberse escapado al cine. Si bien su pálido rostro se tornaba gélido y cruel con las estudiantes que no le agradaban, su expresión se iluminaba y derretía como la nieve primaveral en presencia de sus favoritas. Asimismo, al dirigirse a la clase entera, adoptaba la actitud de un maestro blando, dejándose llevar por un inmaduro esteticismo. Fue este afán por lo estético, y no su desagradable apariencia, lo que le hizo perder el favor de las estudiantes. De hecho, podría haber obtenido fácilmente su apoyo en secreto y forjado una relación más estrecha con ellas por ser de Joseon. Sin embargo, era a él a quien más insultaban.

—Pa-paa, pa-pa-paa, pa…

Durante la clase de música, cuando extendía sus largos dedos como varillas de abanico para marcar el ritmo, pocas estudiantes eran tan tontas como para leer la partitura y participar en sus ejercicios vocales. Por el contrario, su clase se convertía en un mar de risas, de burlas, y de sillas moviéndose. Este caos solo cesaba cuando elegía a una estudiante que no cumplía con sus gustos estéticos, desquitándose con ella sin compasión.

—¡Yasumoto! ¡Ven a verme a la sala de profesores después de clase! —gritó, frunciendo sus cejas, como dos orugas.

Aunque las estudiantes lo manipularan con facilidad, era quien más alumnas llevaba a la sala de profesores para castigarlas, obligándolas a arrodillarse. En una ocasión, Mini recibió una bofetada de la larga mano del profesor de música. Cuando soltó la piedra que sujetaba en su mano y esta comenzó a rodar por el aula, le abofeteó en la mejilla.

*

Sobre la tarima, que la luz hacía parecer de sándalo, la sombra del escritorio seguía bajando vagamente.

Como si estuviera acompañada por alguien, Mini salió al patio de la escuela. ¡Bandadas de cuervos! Reunidas bajo la luz del sol, las estudiantes parecían bandadas de cuervos que picoteaban su comida. Desde el patio, se veían las ventanas del pequeño dormitorio 2 y del prominente dormitorio 3, de dos plantas, cerradas a cal y canto. Mini sintió la fuerte tentación de escabullirse hacia esos edificios vacíos, como si una fuerza irresistible, como una droga, la llamara.

Sonó el timbre. Dos profesores salieron del edificio, calzando polainas —siempre llevaban polainas—, y una gorra militar bien ajustada, mientras que las profesoras llevaban pañuelos anudados en la cabeza.

«Nos van a caer a nosotras todas las bombas», pensó Mini, imaginando a verdaderos bomberos forcejeando para subir una escalera de cuerda. Apresurándose hacia su posición, Mini se colocó en la tercera fila del primer pelotón de la segunda compañía. Las órdenes para organizar las filas emitidas por la responsable del pelotón resonaban como el alboroto de una ferretería. La capitana de la segunda compañía era la chica más alta de la escuela, y con su pañuelo anudado en la cabeza, parecía aún más alta. Incluso superaba en estatura a los profesores masculinos. Cuando el altísimo profesor de música aún estaba en la escuela, ella cursaba primer año y era la capitana de la cuarta compañía, mientras que Mini se encontraba en segundo de secundaria. Pero ahora, tanto ella como Mini estaban en tercer año, y como el profesor de música se había ido, ningún docente la superaba en altura.

El director subió al podio. A diferencia de su predecesor, era bajo y de complexión delgada, lo que le otorgaba una apariencia débil. Con el cabello y la barba canosa alrededor de su mentón, reflejaba la viva imagen de un erudito que había dedicado toda su vida a la educación.

Desde el estrado, pronunció un discurso sin cambios en su entonación ni gesticulación alguna. Por supuesto, aseguró la victoria final, e instó a todos a creerle, prediciendo la caída de Reino Unido y de los Estados Unidos. En un país al borde de la devastación humana, un anciano como él sobreviviría. Sin embargo, los empleados de la escuela, que eran mayores de cuarenta años, así como el joven profesor de lengua, un soltero al que apodaban "el Enano", probablemente temblarían cada día por el temor a recibir un sobre rojo con la orden de reclutamiento.

En las calles desiertas, con las vías principales, en particular, vacías de hombres jóvenes, avanzaba un largo desfile de estudiantes vestidas de negro. Se desconoce si los monjes occidentales empuñaron alguna vez armas, pero la escena se asemejaba a la de unos monjes japoneses portando largas *naginatas* —un tipo de arma de asta—, durante los enfrentamientos por el dominio nacional entre los clanes Minamoto y Taira durante la guerra Genpei[132].

---

132 La Guerra Genpei (源平合戦) fue un conflicto civil que tuvo lugar en Japón entre 1180 y 1185, enfrentando a dos de los clanes de samuráis más poderos de la

La guerra no respondía al sentido común, sino a la locura. Tanto los soldados, en el frente, como la población civil, en retaguardia, incluidos niños y personas que al principio solo eran espectadores, como los coreanos, enloquecieron al normalizar actos demenciales ante sus propios ojos, como si no hubiera nada extraño en ello. Por ejemplo, un cartel en un pueblo anunciaba que solo se suministraría grano a los habitantes que lograran memorizar el *Kōkoku no Shinmin no Chikai* o el *Juramento de lealtad como súbditos del Imperio japonés*[133]. Una mujer, que no sabía japonés, desesperada, pronunció por error «seis pares de *chikatabi*[134]», convirtiéndose en objeto de burla por su ignorancia. Y, sin embargo, nadie consideraba una locura el hecho de que se colocara un aviso exigiendo recitar aquel juramento de lealtad para tener derecho al grano.

El extraño desfile, teñido de negro, salió de zona urbana, avanzando por un sendero cubierto de polvo. Bajo los pantalones negros, de corte recto hasta los tobillos, se asomaban toda clase de pies, calzados con *geta*, con zapatillas de deporte desgastadas o con zapatos de vestir, rotos y dados de sí. A pesar de aquella diversidad, todas marchaban con paso firme, manteniendo el ritmo. Las estudiantes más altas encabezaban, con calma, cada pelotón, cargando palos largos parecidos a escobas, hechos de trapos rotos y largos ganchos, y que se usaban para derribar casas en caso de incendio. Una joven de ojos, nariz y boca

---

época: los Minamoto (源) y los Taira (平). La guerra culminó con la derrota del clan Taira, lo que marcó el final del período Heian y el ascenso del shogunato Kamakura, el primer gobierno militar de Japón.

[133] El *Juramento de lealtad como súbditos del Imperio japonés, o Hwangguksinminui Myeongse* (황국신민의 명세) fue instaurado por el gobernador general de Corea, Minami Jirō (南次郎 1874-1955), el 2 de octubre de 1937, como parte de la política de japonificación de la población coreana. Este juramento fue proclamado en el contexto de la guerra sino-japonesa, que comenzó en julio de 1937. El juramento decía lo siguiente: «1. Somos súbditos del Gran Imperio Japonés. 2. Uniremos nuestros corazones y entregaremos nuestra lealtad al Emperador 3. Mediante la resistencia y el endurecimiento, nos convertiremos en una nación excelente y fuerte».

[134] Según la nota explicativa que aparece en el texto original, parece que confunde la palabra juramento, en japonés «*chikai*» (誓い), con «*chikatabi*» (地下足袋), que son unos zapatos de trabajo similares a las botas.

pequeños, con la cara redonda cubierta de granos y suave como el tofu, caminaba con el labio inferior sobresaliendo por el peso de la herramienta que cargaba sobre el hombro. Al frente, las muchachas altas avanzaban a grandes zancadas, mientras que, detrás, chicas de menor estatura se apresuraban tratando de mantener el ritmo, cargando cubos fabricados con restos de viejas embarcaciones de vela para la defensa aérea. Al fondo del todo, estudiantes con mochilas caqui y el emblema de la Cruz Roja las seguían, corriendo. Marchaban cuatro compañías, organizadas en doce pelotones y, al frente, cinco soldados escoltaban a quien portaba la bandera de la escuela, manteniendo la formación. Justo detrás, avanzaba un pelotón con camillas. Mini se preguntó si Ogawa Naoko vendría corriendo en la retaguardia.

—Oye, Rinoie-san —la llamó entre susurros Mizuhara Fukuki, con los rizos cayendo sobre su rostro—. ¿Sabes por qué ha dejado la escuela Emodo-san?

—Ni idea. ¿Por qué lo preguntas?

—¿Te acuerdas de la vez que fue al hospital para hacerse un chequeo?

—¿Y?

—Se ha contagiado.

—¿Contagiarse de qué?

—¿No te pareció rara?

—Pues… se le veía buena persona.

—Por eso mismo. Es terrible.

—¿…?

Fukuki acercó aún más sus labios al oído de Mini.

—Tiene esa enfermedad, ya sabes, la lepra —se asemejaba al susurro del mismísimo diablo—. Se lo descubrieron cuando se hizo un chequeo médico.

—¿En serio? —respondió con voz entrecortada, con miedo de que su cuerpo también estuviese infectado.

—Como lo oyes. Sabes que ella es del municipio S, ¿verdad? Dicen que mucha gente de ahí la tiene por culpa del agua.

—¡Dejen de cuchichear y avancen! —gritó el profesor de educación física mientras pasaba a su lado.

Fukuki se encogió de hombros y sacó la lengua.

El desfile negro avanzaba sin fin por el sendero polvoriento. Mini recordó una película sobre un enfermo de lepra, titulada *Primavera en el islote*[135]. Escenas desgarradoras se sucedían en su mente una tras otra, despertando un intenso dolor e, incluso, un profundo temor.

«El municipio S… Dicen que mucha gente de ahí la tiene por culpa del agua».

*

El día que entró en la residencia, Mini cenó pastel de *kamaboko*[136] en forma de medialuna con líneas azules y rojas, acompañado de patatas, ternera y caldo con *sujebi*[137]. Según las estudiantes mayores, era un menú especial de bienvenida para las nuevas residentes. En la habitación de Mini, situada cerca del comedor, vivían un total de seis chicas. La encargada de la habitación era de la ciudad K, no muy lejos del lugar natal de Mini. Su cabello trenzado desentonaba con su uniforme de estilo japonés. Era algo corpulenta y, aunque sus labios eran de un bello color, su rostro estaba cubierto de pecas y tenía los ojos pequeños. Su suave y bajo tono de voz hacía que Mini, en ocasiones, no la entendiese. También estaba Hayeong —para entonces, aún no se habían adoptado los nombres japoneses[138]— quien, a pesar de estar en tercer año de secundaria, parecía más joven que las de primero, con su inocente sonrisa angelical. Luego estaba Kim Hyeja, también de tercer año, con gafas de montura plateada y la cara llena de granos.

Las otras tres eran recién llegadas. Dos de ellas, procedían de zonas rurales. Mini, de la costa. Im Seonghui, originaria del municipio H, tenía la apariencia de una estudiante aventajada, con cejas pobla-

---

135 Se trata de la película *Kojima no haru* o 小島の春 (1940) de Toyoda Shirō (豊田四郎, 1906-1977)

136 El *kamaboko* (かまぼこ) es un tipo de pastel elaborado con pescado procesado.

137 El *sujebi* (수제비) es una sopa que incluye trozos de masa casera confeccionada con harina de trigo en lugar de con fideos.

138 En coreano *changssi gaemyeong* (창씨개명/創氏改名). Es el nombre que recibió la política implementada por el gobierno japonés a partir de 1940, que prácticamente obligaba a los coreanos a adoptar nombres y apellidos japoneses.

das y delgadas, como si estuvieran cuidadosamente trazadas sobre su rostro. Su piel era tensa y morena, pero su apariencia aún conservaba cierto aire rural. Vestía una falda y una blusa *jeogori* negra, que combinaba con su robusto cuerpo. Por su parte, An Duim, del municipio S, sollozaba desde el primer día:

—Mi padre está loco. Por eso, mi abuelo es quien lleva las riendas de la casa. Mi madre me envió aquí a escondidas. Mi pobre madre... Tengo muchos hermanos pequeños, pero mi padre...

Cada vez que sonreía, sus gruesos y pálidos labios dejaban al descubierto unos dientes tan blancos que parecían azulados, creando una impresión extraña. Tanto al reír como al llorar, sus pupilas parecían borrosas, como si estuvieran desenfocadas. De hecho, resultaba difícil discernir si reía o si, en realidad, lloraba. Su rostro tenía un tono oscuro y apagado, como si estuviera pigmentado, y su cutis graso no parecía saludable. Se ataba desordenadamente su corto cabello con una goma, dejando caer algunos mechones sobre la cara. Su pelo, carente de brillo, parecía, incluso, grisáceo. Con las mangas extendiéndose hasta el dorso de sus manos, su blusa *jeogori* negra caía hacia abajo sin forma alguna, dando una impresión fantasmal. Su forma de hablar carecía de claridad e, incluso cuando no decía nada, parecía estar murmurado o sollozando. Además, semejaba estar siempre desorientada, y aun cuando caminaba rápido, daba la impresión de no saber adónde se dirigía. «Sí, *eonni*[139], sí, *eonni*». «Ha sido culpa mía, *eonni*», murmuraba cuando la reprendían alumnas mayores, adoptando la actitud de un chino en un fumadero de opio que se inclina ante sus superiores.

Con o sin uniforme escolar, su apariencia no variaba mucho. Tanto su risa, semejante a un llanto, como su andar errante, daban la impresión de que el cielo le había impuesto un castigo eterno, condenándola a retorcerse para siempre en una oscuridad sin fin. De hecho, Mini le tenía miedo. Más que a la frialdad y la seguridad en sí misma

---

139 *Eonni* (언니) es un término utilizado por mujeres para dirigirse a sus hermanas mayores. Fuera del ámbito familiar, también se emplea como un apelativo honorífico para referirse a mujeres de mayor edad con las que se mantiene una relación cercana, en lugar de llamarlas por su nombre.

de Im Seonghui, propias de una persona madura, Mini temía los ojos vacíos de An Duim, que se movían, inquietos, en todas direcciones.

—Mi padre está loco. Mi abuelo es quien se encarga de los gastos de la casa. Tiene una gran fortuna, pero no sé cómo mi madre podrá enviarme el dinero para la matrícula de este semestre…

Curiosamente, no parecía preocupada por el hecho de que su padre se hubiera vuelto loco. Más bien, se lo contaba a todo el mundo, mientras murmuraba y se quejaba de manera extraña. En una ocasión, fue sorprendida por la inspectora mientras llevaba *gochujang*[140] en la tapa de su fiambrera, procedente de una niña de una habitación contigua. Fue reprendida con firmeza, pues las normas del internado prohibían traer comida de casa. Sin embargo, incluso entonces, seguía quejándose entre sollozos de que su padre había perdido la razón. La inspectora, sorprendida por aquella repentina confesión, no pudo evitar mostrarse conmovida.

*

«El municipio S… Dicen que mucha gente de ahí la tiene por culpa del agua».

Mini pensó en An Duim, del municipio S. Siempre había creído que estaba bien de salud. Había asumido que hoy marcharía al frente por ser mayor que ella. Hubo un tiempo en el que extendió el rumor de que se había vuelto loca, pero nunca infringió ninguna norma escolar, no causó ningún problema y mantenía un promedio de notas aceptable. No había ningún motivo real para meterse con ella, pero probablemente lo hacían por considerarla un bicho raro. Sin embargo, el rumor nunca llegó a oídos de las autoridades escolares, pues ningún profesor parecía prestarle atención. Su presencia o ausencia en las clases pasaba desapercibida, lo que quizás explicaba por qué jamás tuvo problemas.

El sendero polvoriento llegó a su fin. Al cruzar el dique cubierto de hierba marchita y llegar a la orilla del río, aparecieron varias

---

140 *Gochujang* (고추장) hace referencia a la pasta de chile picante, ají o guindilla roja fermentada.

marchas uniformadas de color caqui desde varias direcciones y se les unieron. Un sutil flujo de estudiantes de secundaria, aspirantes a maestros, jóvenes y adolescentes avanzaba hacia las chicas, creando una atmósfera ridícula e incómoda, hasta que una orden tajante los detuvo, y se reorganizaron. Tras tomar posiciones, el silencio los envolvió, como si se dispusieran a informar al dios de la guerra de que los recursos humanos todavía eran abundantes. Ante el inminente simulacro de defensa antiaérea, un solemne y sepulcral silencio se apoderó del lugar, como si una ceremonia estuviera a punto de empezar. Aun así, Mini podía sentir cómo los bambúes se mecían en el denso bosque junto al río, impulsados por la suave brisa fluvial. Sobre el río, desteñido por la luz del sol, y en la verde ribera, se trazaba una línea difusa, como una acuarela difuminada. Aunque el sol de la mañana no era intenso, cubierto por la neblina, y un fuerte viento lo acompañaba, el sudor se deslizaba bajo los pañuelos que cubrían sus cabezas, los palos de bambú en sus manos, y los frágiles cuerpos que sostenían las herramientas para el simulacro de defensa antiaérea. Pronto sonaría una sirena de advertencia, seguida de otra, que anunciaría un ataque aéreo. A continuación, alguien gritaría que un edificio imaginario había sido bombardeado y, entonces, las tropas alineadas junto al río comenzarían a pasar apresuradamente cubos de agua de una persona a otra, repitiendo esos movimientos mecánicamente. Las estudiantes con ganchos derribarían el edificio imaginario envuelto en llamas y, cuando los heridos ficticios —de acuerdo con el guion—, fueran colocados y llevados en camillas, el equipo sanitario iniciaría los primeros auxilios. Asimismo, cuando advirtieran de la caída de bombas de aceite[141], los cubos de agua serían reemplazados por sacos de arena, que pasarían de mano en mano con la misma rapidez. Después de este gran espectáculo multitudinario, quizás celebrarían una ceremonia para condecorar al batallón con mejor desempeño en el simulacro.

---

[141] En coreano *yuji poktang* (유지폭탕/油脂爆彈). Se trata de la bomba de aceite desarrollada por Japón durante la Segunda Guerra Mundial. Al contener aceite, el artefacto facilitaba la propagación del fuego. Por su naturaleza no debía apagarse con agua, sino que requería del uso de sacos de arena para sofocar el fuego de manera efectiva.

Finalmente, comenzó el simulacro de defensa antiaérea. En la vasta extensión de arena desprotegida, bajo un cielo despejado y silencioso, y sin ningún avión en el horizonte, Mini pasaba un cubo de agua a la persona que se hallaba detrás de ella, uno detrás de otro, mientras pensaba en el vaso de aluminio.

«Tal vez Naoko esté practicando cómo detener una hemorragia con el equipo de primeros auxilios», pensaba Mini mientras pasaba el cubo. Entonces, como un nubarrón que se cierne sobre la ribera opuesta, sintió la presencia de algo oscuro en su interior. Era el dolor de su orgullo herido al divisar, en la fila opuesta, a Tamayama Junko, balanceando el torso para pasar sucesivamente un cubo tras otro.

*

«No le envié el telegrama esa vez».

Ese había sido su segundo acto de traición.

Eonni[142] llevaba tacones altos, pese a estar embarazada. Con el vientre abultado, los tacones parecían aún más finos debido a su figura. Su esposo, sin rasgos distintivos, pero de nariz ancha y redonda, tenía la misma altura que ella cuando usaba tacones, siendo él de estatura promedio, y ella alta para ser mujer. Ambos tenían un aire pueblerino y desaliñado, pero al mismo tiempo amable, lo que hizo que Mini sintiera una ráfaga fría y cruel, sin saber si provenía de sí misma o si procedía de ellos.

—Mándanos un telegrama cuando conozcas los resultados —le pidió ella mientras acompañaba a la hermana pequeña de su esposo, que se asemejaba a él. La joven, de baja estatura y con una melena corta, llevaba la identificación para el examen en el pecho. Tras la prueba, se mostraba tranquila e incluso parecía distraída, sin aparente interés en el resultado, fuera este satisfactorio o no.

Eonni le entregó a Mini dos paquetes de algas secas, con cien hojas cada uno, atados con una cinta de papel blanco, y se marchó. Era

---

[142] En el original no se menciona el nombre de la estudiante de mayor edad que Mini, con quien mantiene una suerte de relación S. Mini la llama *eonni*, lo que indica una relación cercana o de confianza.

la primera vez que la veía en dos años, desde que ella se había graduado. No se habían intercambiado ni una sola carta desde entonces. Tras aquel incómodo reencuentro, Mini se despidió de ella sin la menor expresión de tristeza, terminando su encuentro con una mera formalidad.

¿Acaso era por la decepción de verla embarazada? ¿Por aquellos tacones que parecían aún más finos en contraste con su abultado vientre? ¿O tal vez por la presencia de su esposo, de nariz ancha, a su lado? No, probablemente era porque se habían frustrado sus sueños sobre el futuro. Cuando salió por la puerta de la escuela, sintió la certeza de que, a partir de ese día, la esperaban un brillante cielo y unos paisajes hermosos llenos de naturaleza. Nunca había imaginado que *eonni* acabaría así, embarazada y con el rostro repleto de manchas.

*

Unos días después de que Mini se mudara a la residencia, la encargada de habitación, una estudiante de la isla K, en las inmediaciones del lugar natal de Mini, le entregó, sonriente, una carta.

—Más te vale responderla.

Poco antes, una nueva estudiante, considerada la más guapa entre las estudiantes recién llegadas, había sido atormentada por un grupo de alumnas de cuarto de secundaria por haber entregado al profesor una carta que había escrito una de ellas, obedeciendo las órdenes del maestro. Como resultado, fue atormentada por las alumnas de cuarto año, que se habían reunido en el patio. Al estar todas en una misma clase, las estudiantes de cuarto año aún conservaban el fuerte sentido de autonomía que había caracterizado a la escuela cuando todavía era privada, y habían conformado una sólida unión. Bajo esta inexplicable fuerza latente, incluso los profesores japoneses, que habían sustituido a los maestros coreanos expulsados, les tenían miedo, y por ello trataban con amabilidad a las alumnas de tercero y cuarto año. Así, las autoridades escolares preferían mirar hacia otro lado y no obligaban a las estudiantes mayores a arrodillarse como castigo, ya fuera por haber entregado una carta a una estudiante menor o por haber acosado a una compañera en particular. En aquel entonces, la situación de Japón no era todavía de urgencia, por lo que no utilizaban términos como “actitud de tiempos de guerra” o “armas del espíritu" con los estudiantes. En cualquier caso, Mini envió una respuesta conociendo tan solo el nombre de la remitente, quizás porque cada noche le repetían hasta la saciedad la obligación de obedecer a sus compañeras mayores durante la asamblea en el dormitorio. Para su sorpresa, Mini descubrió que la remitente de la carta, a diferencia de la encargada de la habitación con el cabello trenzado, era una bella estudiante con una melena a la altura de los hombros, de ojos grandes y pestañas largas. Además, había oído que era una alumna ejemplar y amable. En cuanto se apagaban las luces, solía ir a la habitación de Mini, se acomodaba junto a la ventana, por la que se filtraba la luz de la luna, y charlaba con la encargada del cuarto hasta altas horas de la noche, mientras Mini, conteniendo la respiración bajo las mantas, escuchaba a escondidas su conversación. Más que timidez, sentía miedo. A través de la encargada, *eonni* le había enviado ropa deportiva, así como un uniforme de verano confeccionado por ella misma, y también le había comprado una mochila púrpura para regalársela. Además, cada vez que se cruzaban por el pasillo, le dedicaba una dulce sonrisa. Los lunes, cuando se reunían en el auditorio, la joven entraba primero junto con las estudiantes de cuarto año, y buscaba a Mini entre la multitud de las de primer año, que entraban al final. Siempre que sus miradas se cruzaban, Mini apartaba la suya de inmediato. Cuando regresó a casa por vacaciones, Mini le mencionó a su madre, sin dar muchos detalles, cómo ella le había confeccionado ropa y le había comprado una mochila. También le sugirió hacerle un regalo como agradecimiento. Al volver a la residencia, Mini le entregó una muñeca.

Debió de ser por otoño cuando se celebró la competición deportiva conjunta de todas las escuelas secundarias de la provincia en la ciudad P. A pesar de que una escuela secundaria coreana había ganado de forma evidente, el árbitro japonés declaró vencedor a un colegio nipón, lo que provocó una gran revuelta. Aquella noche, un grupo de estudiantes coreanos irrumpió en la casa del árbitro causando destrozos. Esto llevó a la policía a intervenir, dispersándolos, para evitar repetir el mismo fracaso que el sufrido con el Movimiento Estudiantil de Gwanju por la Independencia. De este modo, mantuvieron una estrecha vigilancia y unas inspecciones internas que continuaron incluso después de que los competidores regresaran a sus respectivas localidades. En esos días, *eonni*, quien había participado en una prueba de atletismo, fue llamada varias veces a comisaría. Fue entonces cuando Mini, por vez primera, sintió dolor por ella, así como una mezcla de admiración y orgullo. En la escuela, *eonni* fue nombrada jefa de fila y, desde el segundo semestre, se convirtió en la encargada del dormitorio. Aunque Mini también sintió un ligero orgullo por ello, la amabilidad y honestidad de *eonni* no lograban inspirar temor en las estudiantes menores, pues carecía del carisma y carácter adecuados.

La cuñada de *eonni* no aprobó el examen de acceso y, por lo tanto, Mini no le envió el telegrama. El hecho de haber incumplido la promesa de enviarle un telegrama de vez en cuando le generaba un sentimiento de culpa. Pero este remordimiento, más que por el hecho de no haber enviado el telegrama como tal, era el resultado de una sensación de debilidad y deslealtad.

«No le envié el telegrama esa vez».

*

El deseo de alguien de que cayera un aguacero se cumplió. Los nubarrones, acumulados sobre la ribera, se abalanzaron veloces, como si volaran, y pronto comenzaron a caer gruesas gotas de lluvia. Pese a la firme muestra de espíritu combativo exhibida, el aguacero se intensificó. Al tratarse de un simulacro, se vieron obligados a detener la operación.

Los soldados de reserva en la retaguardia, empapados por completo, se reordenaron bajo la lluvia, abandonando ordenadamente el campo de entrenamiento antiaéreo.

Al pasar junto a los huertos, que habían recobrado su verdor con la lluvia, la tormenta se suavizó en una llovizna ligera. Sin embargo, el cielo continuaba encapotado.

«¡Prefiero morir antes que hacer algo al respecto!», gritó Mini en su interior, mientras observaba a Tamayama Junko, quien balanceaba los brazos al caminar, y parecía aún más delgada con el dobladillo de su pañuelo en la cabeza. Prefería no ser optimista ante la forma en que Ogawa Naoko había expresado sus complejos sentimientos. En cambio, intentaba convencerse de que solo se trataba de un acto de compasión, restándole importancia por el bien de su maltratada autoestima. Aunque no podía borrar lo que sentía por ella, estaba decidida a no mostrarle ningún interés adicional. Mini sabía mejor que nadie cuán triste era aferrarse a ideales inalcanzables, y lo doloroso que resultaba actuar en consecuencia. Lo había visto en la relación de sus padres y, de hecho, esa era la razón por la que odiaba a su madre. También guardaba rencor hacia su padre, pero solo porque sentía pena por su madre.

«La mayor desgracia no es amar sin ser amado, sino no poder amar». Mini reflexionaba sobre estas palabras que alguna vez había escuchado. Conocía bien el sufrimiento que provoca negar sentimientos como el amor, e incluso la amistad o el mero afecto. Su odio instintivo no solo le traía desdicha, sino también una ira solitaria.

—¡Hala! ¡Mira! ¿No es esa Yoshino-san?

—¡Hala! ¡Sí, es ella!

—¡Así que era cierto!

De pronto, el desfile se detuvo entre voces agitadas.

—¿Qué están haciendo? —gritó un profesor, percatándose de la situación, mientras agitaba la mano hacia delante, apurando a las estudiantes.

Tras el sendero de arrozales, se extendía un pueblo con casas de tejas rodeadas por un alto muro de piedra. Una joven con falda azul marino se apoyaba sobre el muro, inmóvil, con el rostro oculto tras un paraguas. Debía de estar llorando. Quizás, incluso después de que la marcha pasara y el camino quedara completamente desierto, seguiría llorando ahí. La casa al otro lado del muro era una escuela de *gisaengs*[143], y todas sabían que Yoshino-san, quien hacía recados para el colegio, se había convertido en una cortesana.

Mientras esperaba inmóvil, con el dobladillo de la falda empapado por la lluvia, las estudiantes avanzaban por el camino mojado, murmurando, sin que los profesores las escucharan, sintiendo una profunda compasión por ella.

Publicado en 1966 en la revista *Hanguk Munhak*.

---

[143] En coreano *gwonbeon* (권번/券番), hace referencia al lugar donde se instruía a las *gisaeng* o cortesanas en diversas disciplinas como la poesía, la música, la caligrafía, el canto o el baile.

La enfermedad que ni la medicina sana

De cuclillas en el patio, Yongi fumaba envuelto por el espeso humo de la hoguera para ahuyentar a los mosquitos. Una brisa se filtraba entre el tejido ralo de su ropa de trabajo hecha de cáñamo, pero lejos de refrescarlo, la pegajosa humedad lo hacía sentir más sofocado. El denso humo de la hoguera antimosquitos se deslizaba por su garganta, forzándolo a toser. Y, sin embargo, él seguía aspirando de su pipa[144]. Después de pasar todo el día agachado en el campo de arroz, desyerbando, su espalda estaba entumecida y sus extremidades, doloridas. No obstante, lo más difícil de reprimir no era el cansancio, sino el deseo de correr a la taberna, ubicada en el cruce que llevaba al mercado, en el centro del pueblo.

«¿Quién sabe si no cambiará de opinión? Por la taberna pasan hombres de todo tipo. Seguro que habrá alguno mejor que yo, algún mercader adinerado, o algún hombre sin mujer en casa. ¿Qué le puedo ofrecer yo a Wolseon, después de todo? Con tantos que ya le habrán echado el ojo…».

Con el pecho oprimido por la ansiedad, Yongi se levantó de golpe, para desplomarse de nuevo en el suelo. Sacudiendo la ceniza de la pipa, la cargó de tabaco y la volvió a encender. Por frustrante e insoportable que le resultara la situación, no tenía más opción que huir con Wolseon, adentrándose en lo profundo de las montañas en busca de un trozo de tierra donde subsistir[145]. Era la única forma en que podrían estar juntos.

---

[144] Durante la dinastía Joseon, eran comunes las pipas de fumar de caña larga, conocidas como *jangjuk* (장죽). Estas pipas de gran longitud y ornamentación elaborada eran utilizadas principalmente entre los *yangban* (양반), o la clase alta, mientras que las clases populares empleaban una pipa más corta, denominada *gombangdae* (곰방대), a la cual se refiere el texto.

[145] La práctica del *hwajeon* (화전), o la quema de terrenos en áreas de montañas para crear campos de cultivo, era seguida por los agricultores pobres que no podían permitirse comprar tierras. Como estos terrenos eran remotos y alejados de los pueblos, a menudo eran construidas chozas o viviendas temporales en sus proximidades.

Desde la noche en que vieron a los artistas itinerantes[146], Yongi había visitado a Wolseon de madrugada algunas veces, y ahora sentía que no podía vivir sin ella. Embriagado por la suavidad de su piel y su intenso aroma, era lo único que le hacía sentir realmente vivo. Cuando, diez años antes, Wolseon dejó el pueblo siguiendo a un hombre de otro lugar, Yongi se escondió detrás de un haz de cebada y observó su espalda mientras se alejaba. En aquel instante, algo ardiente brotó de sus ojos, pero ya había perdido toda esperanza de estar con ella.

«Que te vaya bien, allá donde vayas», murmuró mientras se daba la vuelta.

Un tiempo después, Wolseon regresó al pueblo. Hacía ya un año desde que había abierto una taberna en el cruce que llevaba al mercado, en el centro del pueblo. Al principio, Yongi se conformaba con ver su rostro cuando iba y venía en los días de mercado, y jamás había pensado que no podría vivir sin ella. En el pasado, Yongi no pudo hacer nada para impedir que la hija de la chamana partiera con un extraño, movido por el deber filial hacia su madre. Cuando Wolseon regresó, él ya se había casado con la señora Jukrim, cumpliendo los seis rituales matrimoniales[147], por lo que solo podía contemplarla al pasar. Quizás, esos sentimientos por una mujer a quien solo había contem-

---

[146] En coreano, *gwangdae* (광대) hace referencia a los artistas itinerantes que se dedicaban al *talnori* (탈놀이) o teatro de máscaras, al teatro de marionetas, a las acrobacias sobre cuerda, *jultagi* (줄타기), o en el suelo, *ttangjaeju* (땅재주), así como al *pansori* (판소리), una forma tradicional de arte escénico en la que un único cantante-narrador interpreta una historia acompañado de un tamborista que marca el ritmo. Durante la dinastía Joseon, época en la que se sitúa este relato, el término *gwangdae* pasó a usarse principalmente para designar a los artistas profesionales dedicados a la interpretación del *pansori*.

[147] Los *yuknye* (육례) son los pasos tradicionales del matrimonio en la sociedad coreana, que incluyen el *napchae* (납채), el *munmyeong* (문명), el *napgil* (납길), el *napjing* (납징), el *cheonggi* (청기) y el chinyeong (친영). El *napchae* es el acto mediante el cual la familia de la novia acepta la propuesta de matrimonio del novio. En el *munmyeong*, la familia del novio pregunta por el nombre de la novia. El *napgil* consiste en la práctica de prever la suerte o el destino del matrimonio y comunicar los resultados a la familia de la novia. El *napjing* es un ritual en el que se entregan obsequios como símbolo del acuerdo matrimonial. El *cheonggi* es la solicitud por parte de la familia del novio a la de la novia para que establezca una fecha para la boda.

plado y amado desde la distancia, no fueran más que una mera ilusión. Tras la noche del espectáculo de los artistas itinerantes, cuando escapó entre la multitud para pasar la noche con Wolseon, el deseo carnal despertado en Yongi lo conducía hacia un lugar poderoso y misterioso. Él, que había sido un hombre perezoso y lánguido, se volvió diligente. Incluso su rostro, antes marcado por una sonrisa apenas perceptible, como la de un observador distante, había cambiado. Ahora, la alegría y el sufrimiento se aferraban a él, y en ocasiones, sentía que, por fin, estaba viviendo su propia vida, ya no como un mero espectador.

—¡Yongi! —se escuchó desde fuera de la cerca, donde florecían las blancas flores de calabaza.

A continuación, Chilseong entró en el patio. Con la luz de la luna cayendo sobre su espalda, su moño[148] se veía voluminoso y negro como el azabache.

—¿Es que no vas esta noche a la casa de Yeongpal?

—¿Ha matado un perro[149]?

—Sí.

—Después de tanto tiempo, por fin saciaré mis ganas de comer carne —dijo Yongi, sacudiendo la pipa y colocándola en su cinturón mientras se levantaba.

—Mi mujer aún no ha llegado, y parece que la tuya tampoco —añadió Chilseong, asomándose hacia la habitación.

—Me da igual si viene o no…

—Ya habrá terminado el trabajo por hoy…

—Estarán de cháchara, para variar.

Finalmente, el *chinyeong* es la ceremonia en la que el novio se presenta en la casa de la novia para recibirla, lo que hoy corresponde a la ceremonia de matrimonio.

[148] En coreano *sangtu* (상투), era un peinado tradicional usado por los hombres casados, que consistía en un moño ajustado en la parte superior de la cabeza.

[149] Según los registros, Corea tiene una larga historia de consumo de carne de perro, que se remonta a la época de los Tres Reinos (57 a.C–668 d.C). En las clases plebeyas, la carne de perro se consumía en días especiales, tales como en las fiestas del pueblo o durante los días de mayor calor veraniego o *boknal* (복날). El 6 de febrero de 2024 se promulgó una ley especial sobre el cese del consumo de carne de perro que prohíbe la cría, el sacrificio, la distribución y la venta de perros con fines alimenticios a partir del 2027.

—¿Sigue empecinada con sus celos?

Yongi no respondió.

—Solo porque te has acostado con otra. Se pasa tres pueblos —añadió Chilseong, y escupió al suelo.

Unos días atrás, Chilseong tuvo que intervenir. La señora Jukrim se había abalanzado sobre Yongi blandiendo un cuchillo de cocina y gritando que la matara de una vez por todas.

—Es que eres demasiado blando con ella. Yo ya le habría enseñado modales, como se zurra a un perro en plena canícula[150]. Las mujeres son así. Si te pasas tres días sin pegarles se vuelven unas descaradas —continuó.

—¿Y dónde le voy a pegar? Con lo menudita que es. En fin, si mataron a un perro, digo yo que también habrá alcohol —añadió Yongi, sin ganas de seguir criticando a su mujer.

—No hay forma de que nos inviten a una matanza y no haya alcohol.

Yongi, alto y esbelto, y Chilseong, bajo y robusto, cruzaron juntos la puerta de esparto[151]. Bajo la luz de la luna, sus dos sombras se alargaban tras ellos. Caminando por el borde del arrozal, el croar de las ranas resonaba en los campos anegados.

*

En casa de la familia de Duman[152], las mujeres del pueblo habían comido una suculenta cena surtida de platos salados: estofado de pasta

[150] Debido a la larga historia de consumo de carne de perro, eran comunes las expresiones, términos o refranes relacionados con esta práctica.

[151] Las puertas de las casas proporcionan información sobre el estatus social de sus habitantes. Una puerta de entrada fabricada con esparto sugiere que vive en una casa con tejado de paja y que, por ende, no pertenece a la aristocracia *yangban*, cuyas residencias se distinguían por tejados de tejas o *hanok* (한옥), y puertas de entrada construidas en madera de pino o roble. Estas últimas solían estar protegidas por un pequeño techo de tejas en la parte superior, diseñado para resguardarlas de las inclemencias del tiempo.

[152] En Corea es común que las personas con hijos sean identificadas a través de la forma «padre/madre/familia de (nombre de hijo o hija)» en lugar de ser llamados

de soja con guindillas verdes y pescado en salazón, y, para terminar, un humeante caldo caliente de arroz quemado[153]. Al finalizar, algunas regresaron a sus casas, mientras que otras se acomodaron en una esterilla de paja en el patio para refrescarse y charlar. Habían trabajado todo el día en el chamizo, como parte de un pacto de ayuda colectiva[154] para la familia de Duman, por lo que habían comido y cenado en su casa.

La conversación giraba en torno a cómo la nuera de la familia de Choe Jinsa, la señorita Byeoldang, había huido con un jornalero llamado Gucheon, y el encuentro que la señora Jukrim tuvo con ellos cuando regresaba de casa de sus padres tras una disputa con su marido. Aunque repetían la misma historia una y otra vez, era un suceso que no lograban sacar de sus cabezas, y siempre volvían al mismo tema en un bucle interminable.

—Es cosa del destino. Si terminaron huyendo así, ¿quién sabe? Peor sería si uno de ellos hubiera muerto y ese espíritu, resentido por amor, se le hubiera pegado a alguien —mencionó la madre de Geobuk, quien lo atribuía todo al destino.

—Pues ahora que lo dices, tienes razón. Cuando era joven, vi que hacían un exorcismo en el peñasco del desamor[155] para liberar a un

---

por su propio nombre. En este caso, Duman es el nombre del hijo.

[153] En coreano *sungnyung* (숭늉). Se elabora a partir del arroz tostado que queda adherido en el fondo de la olla después de cocinar el arroz. Al finalizar la comida, se añade agua caliente a este arroz residual, obteniendo una mezcla que se consume como una suerte de «postre salado». En el pasado, era costumbre hacerlo al término de las comidas, lo que servía, asimismo, para facilitar la digestión.

[154] En coreano *pumasi* (품앗이), hace referencia a una forma de cooperación laboral entre personas de una misma comunidad o entre vecinos. En este sistema, las personas se ayudan unas a otras en tareas agrícolas u otras labores sin que medie compensación monetaria alguna. En su lugar, se devuelve el favor cuando la otra persona requiera de ayuda en el futuro.

[155] El texto se refiere a Sangsa-bawi (상사바위), siendo *bawi* una roca o peñasco. *Sangsa* significa «anhelo». De este modo, Sangsa-bawi era un acantilado desde el que las personas, consumidas por la desesperación y el resentimiento de un amor imposible, se suicidaban lanzándose al vacío. La existencia de este tipo de peñascos en las montañas coreanas proviene de una leyenda con un anciano viudo y una joven llamada Piri (피리) como protagonistas. Piri se encargaba de cuidar al anciano, hasta

espíritu despechado —agregó la madre de Imi, rascándose la cabeza por el sudor.

—Si el espíritu no sale, por más rituales que haga la chamana, ¿no arrojan a la persona poseída por el despeñadero? —preguntó la señora Jukrim.

—Bueno, ¿quién querría vivir así? Es mejor morirse. Dicen que cuando un espíritu despechado posee a una mujer, se enrolla alrededor de su cuello, como una serpiente. Cuando ella se peina, el espíritu cae al suelo, y cuando se recoge el cabello, se vuelve a enroscar bajo el mentón. ¡Ay! Solo de pensarlo se me ponen los pelos de punta —intervino otra mujer.

—Parece que al espíritu le complace ver a las mujeres arregladas.

Las mujeres se juntaron, aterradas, como si en cualquier momento una larga serpiente pudiera deslizarse de entre las sombras del árbol de caqui que se balanceaba bajo la luz de la luna.

—Dicen que la ropa interior ensangrentada ahuyenta a los espíritus, mientras que los melocotoneros, en cambio, los atraen. Por eso no se plantan en el interior de las cercas de las casas. Aunque, hace mucho tiempo, vivió en un pueblo un hombre llamado An Beomsik…

—Esos no son más que chismes de chamanas. Eso de que los melocotoneros atraen espíritus ya se decía desde antaño —interrumpió una mujer.

---

que un día se mudó a otro pueblo. El anciano, enamorado de ella, subió a la montaña y, al divisar desde lo alto el lugar donde ella vivía, fue invadido por el remordimiento y se ahorcó. Se dice que su cuerpo se convirtió en una roca orientada en dirección al pueblo de Piri. Desde ese entonces, Piri comenzó a tener sueños recurrentes en los que una serpiente se enroscaba alrededor de su cuerpo. Una noche, el anciano se le apareció en sueños para pedirle perdón, confesándole que ni siquiera después de su muerte había logrado olvidarla y que su espíritu seguía vagando, atormentado. Conmovida por su sufrimiento, Piri decidió subir a la roca y arrojarse desde lo alto. A partir de entonces, el peñasco comenzó a llamarse Sangsa-bawi. Existen diferentes versiones de esta leyenda según la región. En este caso, se ha seguido la versión ofrecida por la Enciclopedia del Folclore Coreano del Museo Nacional del Folclore de Corea. No obstante, todas estas versiones comparten un mismo eje temático: un amor trágico condicionado por las normas sociales, las jerarquías y las restricciones impuestas por el código moral de la época.

Al surgir el tema de las chamanas, la conversación se desvió hacia Wolseon, la hija de la chamana, quien había abierto una taberna hacía poco en el centro del pueblo.

—¿No cree que se lo está tomado demasiado a pecho, señora Jukrim? Los hombres son mujeriegos por naturaleza, y tampoco es que su marido, el señor Yi, la ignore como tal.

La familia de la madre de Geobuk había caído del rango de la nobleza[156] hacía unas cuantas generaciones. Por ello, no se sabía muy bien si considerarlos *yangban*[157], o plebeyos[158]. Aunque vivía en una pobreza tan extrema que no podía rechazar hacer trabajos físicos, aún conservaba suficiente orgullo como para reprenderla con cortesía.

—Señora, qué afortunada es usted por tener un corazón tan vasto como el mar. Se deja la piel para cubrir los gastos de la bebida y el juego de su marido y, aun así, lo trata como a un padre de familia que se

---

[156] En términos generales, el sistema de clases en la dinastía Joseon se estructuraba en cuatro categorías principales: *yangban* (양반), *jungin* (중인), *sangmin* (상민) y *cheonmin* (천민). Esta estratificación social, propia de sociedades premoder nas, reflejaba la posición de cada individuo en la jerarquía social, desde los *yangban*, con el estatus más alto, hasta los *cheonmin*, con el más bajo. Este sistema fue abolido oficialmente con la reforma Gabo (갑오) en 1894. Durante la dinastía Joseon, que se extendió durante cinco siglos, la categoría de *yangban* experimentó fluctuaciones. En las primeras etapas de la dinastía, si tres generaciones de una familia no aprobaban el examen civil o *gwageo* (과거), perdían el estatus de *yangban*, una práctica conocida como «cuatro generaciones sin funcionarios» (사대무현관, 四代無顯官).

[157] Los *yangban* era la élite educada y gobernante que conformaba el estatus social más alto. Su origen se remonta a principios de la dinastía Goryeo (918-1392) y se consolidó como una clase social en la dinastía Joseon. En términos generales, sus miembros se dividieron en dos grupos: *munban* (문반) o funcionarios civiles y *muban* (무반) o funcionarios militares. Para ello debían aprobar los exámenes civiles o *gwageo*.

[158] En coreano *sangmin*, representaban la clase baja o humilde de la sociedad, diferenciándose de los *cheonmin* —que incluían a los chamanes—, quienes eran considerados impuros. La mayoría de los *sangmin* eran campesinos, aunque también se dedicaban al comercio, la pesca y la artesanía. A pesar de ser legalmente libres, estaban sujetos a impuestos, al servicio en proyectos estatales como la construcción de fortalezas o a la participación en campañas militares. Algunos cultivaban sus propias tierras, mientras que otros arrendaban terrenos a los *yangban*, pagando tributos.

ha ganado el cielo. Pues yo me niego a eso —replicó la señora Jukrim, perdiendo la paciencia.

—Por eso mismo lo digo. Su situación es mucho mejor que la mía. El señor Yi cumple con su trabajo. ¿Y acaso la maltrata por tener a otra? Todo lo contrario. Estos días está siendo, incluso, más diligente que antes.

—¿Y qué espera que haga? Tendrá que trabajar, si vivimos en la miseria. No tiene más que una miserable… Es tan ridículo como pretender vencer una guerra con un palo torcido. No es más que un simple plebeyo. Es absurdo pensar que podría traer a una concubina[159] a nuestra minúscula casa.

La señora Jukrim desató su furia sobre la madre de Geobuk, con una irradiante mirada de odio.

—¡Silencio! Basta ya. Si sigue comportándose así y uno de ellos muere, ¿qué hará si se le pega su espíritu despechado? Piense que su situación actual es mejor que la muerte.

—Tiene que satisfacer sus deseos. De lo contrario, enfermará y morirá antes de tiempo —asertó otra mujer, que parecía considerar con desagrado la astucia y la obstinación de la señora Jukrim, dándole la razón a la madre de Geobuk.

—¡Lo que hay que oír! Si existen deseos insatisfechos o rencores, son los míos. ¡Qué clase de pena o remordimiento van a tener esos dos desgraciados!

—¡Con qué arrogancia habla!

La madre de Geobuk dejó escapar una sonrisa amarga.

—Si alguien fuera a morir, esa sería yo. Se me va a secar la sangre de tanto dolor. ¡Eso es! ¡Me convertiré en un espíritu despechado durante mil o diez mil años! —tras decir estas palabras, sus ojos se llenaron de lágrimas.

—Madre mía. ¿Se ha visto? Es tan inmadura. ¿Cómo puede tener una mente tan estrecha? Los hombres pueden tener deslices, pero ¿a qué viene tanto hablar de vivir o de morir? Usted es su esposa formal.

---

[159] Aunque el sistema oficial de matrimonio de la dinastía Joseon era monógamo, se permitía el concubinato. Generalmente eran los *yangban* quienes, tras casarse, tomaban como concubinas a mujeres de clases inferiores.

¿Tendría tanto tiempo para pensar en estas tonterías si se dedicase a cuidar de su casa? Su plantación de algodón está llena de malas hierbas, señora Jukrim. Póngase a desyerbar y no diga nada más. Todas conocemos al señor Yi. No es el tipo de hombre que descuida a su familia.

Sin responder, Jukrim buscó sus sandalias[160] y se calzó.

—Me voy —añadió, aturdida, saliendo por la puerta de esparto.

Caminó por el sendero rodeado de campos de arroz. La luna la seguía, reflejada en el agua de los arrozales. Había llovido bastante hacía unos días, y las ranas croaban con fuerza, como si pidieran aún más agua.

«Lo juzgan por su apariencia, y sin conocerlo. Es como los albaricoques que parecen buenos por fuera, pero están podridos por dentro. ¿Acaso basta con estar formalmente casada con él y ya? Si solo piensa en esa mujer y a mí me da calabazas. Si ni siquiera me da un hijo, ¿con qué ánimo voy a desyerbar el campo y tejer? ¡A mí es a quien deberían tener lástima!».

La señora Jukrim sentía el impulso de abalanzarse sobre Yongi, de arañarlo y golpearlo si apareciera frente a ella. Estos arrebatos de ira le surgían sin previo aviso, incluso cuando estaba sentada sin hacer nada. Además, las decepcionantes palabras de la madre de Geobuk, lejos de apaciguarla, habían tocado su fibra sensible. Tan ofendida se sentía que ya no aguantaba seguir escuchándola.

Cuando entró por la puerta de esparto, que estaba abierta, encontró la casa totalmente vacía, y la hoguera antimosquitos apagada. La señora Jukrim abrió la puerta del cuarto a toda prisa y, con la luna alumbrándola, tanteó el lugar con la mano. No estaba. Corrió al baño. No había ni rastro de él.

—¿Estás ahí?

En el patio solo se oía el zumbido de los insectos.

—¡Ah, claro! ¡Se ha marchado otra vez! Veamos cómo acaba esto. A ver quién sale vivo o muerto.

---

160 En coreano *jipsin* (집신). Se trata de un calzado tradicional confeccionado con paja de arroz trenzada. Los *yangban* solían calzar *jipsin* elaborados con cáñamo o junco.

Corrió al cobertizo y tomó la hoz, que brillaba bajo la luz de la luna.

—¿Y por qué debería morir yo? ¡Si me muero, no me iré sola!

Arrojó la hoz, se subió la falda de lino y, tras ajustarse bien el cordón, salió corriendo, exaltada. Recorrió diez *ri*[161] hasta el centro del pueblo, atravesando los interminables campos de la familia de Choe Jinsa. La luna, reflejada en el agua de los arrozales, la seguía a mayor velocidad que antes, mientras las ranas croaban con un clamor ensordecedor.

Cuando llegó a la taberna del cruce, ni un solo perro merodeaba por la calle. El bajo techo de la pequeña taberna, sin luces, se alzaba sobre su pequeña figura. Intentó recuperar el aliento durante un buen rato, pero fue en vano. Su corazón latía con tal fuerza que parecía a punto de estallar, su boca estaba seca y le temblaban los labios.

—¿Hola?

Se le quebró la voz.

—¿Hola?

Golpeó el portón con el puño para hacer más ruido.

—¡Eh!

Aporreó la puerta una y otra vez.

—¿No vas a abrir?

—¿Quién es a estas horas de la noche?

Era la voz de Wolseon.

—¡Abre la puerta, bruja!

—¿Cómo? Espere…

La luz de la lámpara se filtró por la rendija de la puerta.

—¿Me puede decir quién es?

Habiéndose acercado a la puerta de entrada, su voz temblaba.

—¡Vengo de Songhwa-ri!

—…

—¿No vas a abrir?

—¿Qué le pasa? Venga por la mañana.

---

[161] El *ri* (리, 里) es una unidad de medida tradicional utilizada para medir distancias. Un *ri* equivale aproximadamente a 393 metros en el sistema métrico actual. Diez ri son, pues, 3930 metros. Es decir, casi 4 kilómetros.

—¿Cómo? ¡Déjate de tonterías y abre esta puerta antes de que la tire abajo! ¿Te crees que alguien que ha venido hasta aquí de madrugada se va a ir tan fácilmente?

Se escuchó el sonido del pestillo deslizándose. Tan pronto como abrió una de las puertas, la señora Jukrim se precipitó al interior. Al subir al solado de madera y encaminarse hacia la habitación, gritó:

—¡Esta noche caemos juntos! ¿Por qué tendría que morir solo uno, si podemos morirnos los dos?

Abrió la puerta corredera de la habitación.

—…

Yongi no estaba ahí.

—¿Dónde se ha metido?

—¿Quién? —preguntó Wolseon fuera de sí, portando la lámpara.

—¿Te haces la tonta, bruja? ¡Mi marido! ¿Quién más podría ser?

—No ha venido aquí.

—¿No ha venido? —murmuró con voz apagada.

A continuación, y como había hecho en su casa, comenzó a buscar en la habitación, corrió al baño y miró en la cocina.

—¿De verdad que no ha venido?

—No, no ha pasado por aquí.

Se desplomó en el suelo. Wolseon, como si presintiera lo que iba a suceder, dejó la lámpara en el borde del solado de madera y presionó su mano derecha contra el pecho, tratando de calmar los latidos de su corazón bajo su blusa interior blanca. A la luz tenue de la lámpara, el rostro de Wolseon se frunció, como si estuviera a punto de llorar, pero, seguidamente, la tensión tornó inexpresivo su rostro, como si llevara una máscara.

Poco después, la señora Jukrim pareció recobrar el sentido, y se incorporó. En realidad, aquella recuperación significaba que el odio hacia Wolseon había comenzado a arder en su interior.

—¡Maldita!

Lanzándose sobre Wolseon, rasgó su blusa de un solo tirón.

—¿Po-por qué hace esto?

—¿De verdad que no lo sabes? ¡Maldita!

Antes de poder reaccionar por la blusa desgarrada o subirse la falda, que se le caía, la señora Jukrim volvió a abalanzarse sobre ella, agarrándole el cabello y retorciéndolo con fuerza.

—Po-por favor, suélteme y hablemos.

—¡Ni lo sueñes! Ni arrancándote el hígado y comiéndomelo se me calmaría esta rabia. ¿De verdad pensaste que iba a dejarte ir de rositas? Veremos si eres mejor que yo. ¡A ver qué tienes para derretir el corazón de los hombres!

En un arrebato de locura, la señora Jukrim la tiró al suelo y comenzó a asentarle puñetazos y desgarrarle la ropa. Si se hubiera defendido, no habría sufrido tanta humillación, pero Wolseon se limitó a cubrirse y llorar.

—¡Maldita! ¡Desgraciada! ¿Aun así no te vas a rendir? ¡Lo único que hace una bruja como tú es devorar a los hombres que se encuentra! ¡Te voy a matar! ¡Te voy a matar, te digo!

No obstante, la furia de la señora Jukrim comenzaba a disiparse. No importaba cuánto la golpeara, Wolseon no reaccionaba. La pelea se volvió insípida, incluso vergonzosa. A medida que la intensidad de sus golpes disminuía, pensó: «¿Entonces dónde se habrá metido ese hombre?». Al mismo tiempo, buscaba un modo discreto de arreglar el caos que ella misma había desatado.

—No-no volveré a verlo. Nu-nunca ma-más.

Wolseon llevaba ya un rato repitiendo lo mismo una y otra vez, mientras trataba de liberarse desesperadamente. Según se calmaba la furia de la señora Jukrim, llegaron a sus oídos aquellas palabras.

—Ah, ¿sí? Lo he escuchado con mis propios oídos. ¡De acuerdo, maldita! Como vuelvas a llamar a mi hombre, que sepas que te mandaré a la tumba antes de tiempo.

La señora Jukrim soltó a Wolseon y se acomodó la ropa. Después, profiriendo amenazas, abandonó la casa. Aún era de noche. A poca distancia se distinguía el mercado vacío. Ni un solo perro vagaba por el camino. El viento fresco del campo alivió la sudorosa nuca de la señora Jukrim, mientras se apresuraba por el camino de regreso al pueblo. Sin embargo, su corazón no se sentía aliviado. Fue ella quien golpeó, pero, por el contrario, haber desahogado así su furia la hacía sentirse miserable, como si fuera ella la que hubiera perdido la pelea.

—¡Maldita sea mi suerte! Si al menos tuviera un hijo, yo no estaría así. ¡Ay! ¡Ay de mí! —lloraba y se lamentaba a gritos, mientras avanzaba por el vasto campo, propiedad de la familia de Choe Jinsa.

Los días de mercado, Yongi iba al centro del pueblo. Cada vez que eso sucedía, la señora Jukrim se sentía ansiosa y no sabía qué hacer, pero no sufrió arrebatos de rabia. Después de todo, la taberna estaría llena y él estaría acompañado. Pero cuando Yongi comenzó a no regresar a casa por la noche, la señora Jukrim volvió a desenfrenarse. Como los ojos de Wolseon tenían un ligero tono amarillo, solía decir que tenía ojos de perro, o los ojos de una que atraparía y devoraría a los hombres a puñados. No obstante, pese a que Jukrim la miraba con ojos prejuiciosos, intentando encontrar defectos en su apariencia, lo cierto es que su suave piel, así como su corazón bondadoso y sin codicia, impedían que pensara tan mal de ella. Más aún, la razón por la que había llorado, desesperada, mientras apresuraba el paso en aquel camino por la noche, se debió al tormento de saber que Wolseon era infinitamente mejor que ella, a pesar de ser la hija de una chamana.

*

Las noches de verano eran cortas. Cuando la señora Jukrim llegó a casa, ya se escuchaba el canto del primer gallo.

—¿Eh?

La puerta de esparto estaba abierta, tal y como la había dejado.

—¿Qué está pasando aquí?

Yongi no estaba ni en el baño, ni en el almacén, ni en la cocina. No solo es que no estuviera, sino que no había ningún indicio de que hubiera regresado después de que ella se fuera. La sangre le hervía al pensar que la habían engañado, pero ya había corrido como una desquiciada los 20 *ri* de ida y vuelta, había gastado todas sus fuerzas gritando y golpeando a Wolseon, y, además, había trabajado todo el día en el chamizo, al punto de que su ropa interior, de cáñamo, estaba empapada en sudor. Estaba tan exhausta, que apenas podía moverse, como un trozo de algodón suelto. No lo había notado hasta su regreso, pero debió de haberse torcido el codo izquierdo mientras golpeaba a Wolseon, pues le dolía.

Cuando el día empezó a clarear con una luz tenue y blanquecina, Yongi entró en casa con paso decidido. Al ver a la señora Jukrim sentada en el patio, y al acecho, le preguntó:

—¿Has hervido el pienso del ganado?

La señora Jukrim lo fulminó con la mirada, con los ojos casi saliéndose de sus órbitas.

—¿Qué te pasa ahora?

No dijo nada.

—¿Te vas a volver loca de nuevo?

Yongi se dirigía al establo cuando su esposa se abalanzó sobre él desde atrás, agarrándole del cinturón.

—¡Mátame ya, y vete a vivir con la desgraciada de Wolseon!

—¿Ya estás otra vez? ¿Y de buena mañana?

La empujó con fastidio.

—¡Ay! ¡Ay de mí!

Agarrándose del brazo torcido con la otra mano, la señora Jukrim se dejó caer al suelo.

—¡Ay! ¡Ay!

—¡Déjate ya de cuentos! ¿Qué pasa? ¿Crees que me fui al centro del pueblo?

—¡Ay, ay! ¡Mi brazo!

Comprendiendo, por la forma en que gritaba, que no podía estar fingiendo, Yongi le preguntó:

—¿Qué le ha pasado a tu brazo?

—¿El brazo? Con el brazo no basta. ¡Tendré que romperme una pierna y quedarme sentada para que tú te vayas al centro del pueblo tranquilo…

La señora Jukrim comenzó a gritar de dolor. Yongi se agachó para masajearle el brazo.

—¡Me provocas la enfermedad, y después me das la cura! ¡Ay! ¡Ay!

—¿Estás preparando un rito funerario desde primera hora de la mañana o qué? ¿Por qué lloras tanto? Enséñame el brazo, debes de habértelo torcido.

La señora Jukrim pensó que, si Yongi había regresado después de haber estado con Wolseon, sería imposible que no supiera lo que había sucedido. Sin embargo, no mostraba ningún indicio de saber nada del asunto.

—Mírame.

—¿Qué? —respondió Yongi mientras le masajeaba el brazo.

Cuando la niebla matutina fue disipándose a su alrededor, los ojos de Yongi se veían enrojecidos, al igual que los de la señora Jukrim.

—Ay, ay… ¿Dónde estuviste anoche? ¿Quieres matarme de preocupación?

—Basta, ya basta —respondió, irritado.

Levantándose, la empujó con desdén.

—¡Te he preguntado dónde has estado!

Mientras caminaba hacia el establo, se volvió y dijo:

—Me fui a casa de Yeongpal.

Seguidamente, y con un tono más calmado, añadió:

—Mataron un perro, así que fuimos a tomar un par de tragos.

—¿O sea que te has pasado toda la noche bebiendo?

—Hacía calor y me fui con Chilseong a dormir al pabellón[162] del pueblo.

La señora Jukrim decidió callarse y dejar el tema ahí.

*

El patio frente al anexo de la casa principal estaba sombreado por los árboles. Sentada sobre una tarima de madera, la madre de Bongsun, que era la niñera, desgranaba las semillas de la sandía antes de dársela a Seohui, la nieta de la familia de Choe Jinsa. Con el cabello recogido en dos trenzas para mantenerse más fresca, Seohui picoteaba los trozos de sandía, como una cría de golondrina. Su frente, ligeramente despejada, mostraba pequeños sarpullidos por el calor.

—Debe dejar de comer ya. No vaya a ser que luego le duela la barriga.

---

[162] En coreano *nugak* (누각), es una estructura arquitectónica tradicional, de uno o más pisos, con vistas abiertas. Se construían en palacios, fortalezas, templos u oficinas gubernamentales y se utilizaban para reuniones, ceremonias, el entretenimiento o el descanso.

Apartando el plato con los restos de sandía, la madre de Bongsun levantó el dobladillo trasero de su fina blusa de cáñamo, pegada a su piel por el sudor, y se aireó con el abanico.

—Menudo tiempo hace. Qué calor tan sofocante.

Aunque la mayoría de la gente solía perder peso en verano, la madre de Bongsun, por el contrario, se hinchaba con la llegada del calor.

La flacucha esposa del señor Kim le solía decir con envidia: «Tu pálida piel se asemeja al interior blanco de una calabaza[163]. Dicen que las viudas están rellenitas, pero, en serio, ¿cómo puedes engordar en plena canícula?».

La madre de Bongsun giró el abanico que sostenía detrás de la espalda, y lo movió hacia Seohui para refrescarla, mientras Gilsang regaba el patio.

—Gilsang.

—¡Sí! —respondió con ánimo y se acercó con un cubo de agua en la mano.

—¿Qué te hace sonreír tanto?

Gilsang continuó sonriendo, incapaz de responder.

—Ve al pueblo y dile al señor Yi que se pase cuando tenga un rato libre.

—Se refiere al señor Yongi, ¿verdad?

—Sí… ¿Cuándo es el próximo día de mercado?

—Pasado mañana.

—¿Pasado mañana? Vale. Como hoy es el quinto día del mes, ve a decírselo y vuelve.

—Sí, señora.

Cuando Gilsang estaba a punto de salir por el portón, Bongsun, la hija de la niñera, corrió hacia él.

—¿Adónde vas?

—Voy a la casa del señor Yongi.

—¿Y para qué vas ahí?

—Para un recado de tu mamá.

—Te acompaño.

---

163 En coreano *baksok* (박속), se refiere un tipo de calabaza dentro del género Lagenaria cuyo interior es blanco.

Bongsun también llevaba el cabello recogido con dos trenzas. Con unas delgadas pantorrillas y los pies calzados con sandalias de soga asomándose bajo la falda, que se había acortado como si acabara de dar un estirón, se veía larguirucha.

Los dos niños bajaron hacia el pueblo. Bajo el sofocante calor del mediodía, una vaca que pastaba atada bajo un árbol soltó un largo «muuu» al verlos pasar. El cielo lucía un azul profundo desde sus cabezas hasta el final del campo. Gilsang caminaba elevando la barbilla, como si una cometa con el hilo desprendido volara por el aire, sin preocuparse por dónde pisaba.

—Gilsang.

—Dime.

—Dicen que se le ha pegado un espíritu a Gwuinyeo.

—¿Qué?

—¿Recuerdas que antes decían que Gucheon se iba a la montaña todas las noches?

Gilsang permaneció en silencio.

—Pues dicen que era porque se le había pegado un espíritu. Y ahora Gwuinyeo no para de ir a la montaña.

—Dice que va a bañarse.

—¿Todos los días? ¿Quién se baña todos los días?

—Es que hace calor.

—No, no es por eso. Es porque se le ha pegado un espíritu. Lo he oído. Me lo dijo la anciana. Va a la montaña porque el espíritu la llama —insistió Bongsun, tal vez porque le desagradaba Gwuinyeo, la sirvienta, que vivía en la misma casa.

Cuando los niños llegaron a la casa de Yongi, la señora Jukrim, empapada en sudor, molía la cebada en el mortero bajo el sol del mediodía, pues no lo había hecho antes de que amaneciera.

—¿A qué habéis venido? —preguntó con brusquedad.

Estaba desaliñada, con los ojos hundidos y el cabello despeinado.

—¿No está el señor Yongi? —preguntó Gilsang.

—¿Por qué? ¡Está en el campo!

Sin entender su reacción hostil, Gilsang vaciló antes de responder.

—Le han pedido que se pase cuando tenga tiempo.

—¿Quién?

—Mi madre —intervino Bongsun.

Sabía que la madre de Bongsun y Wolseon tenían una relación cercana.

—¿Y para qué lo llaman? ¿Para darle un premio? ¿Para felicitarlo por convertirse en el amante de la hija de esa maldita chamana? —despotricó, sin cuidar el lenguaje que estaba empleando frente a los niños.

«La noche de la actuación fueron esos mocosos quienes le pidieron que los llevara al pueblo, y por eso se fue». Al recordarlo, los miró con odio.

—¡Vaya! Son todos de la misma calaña. ¿Qué cuchicheos se traen para que lo llamen tanto?

Tras recoger los granos de cebada, golpeó el mortero con la pala. Justo en ese momento, Yongi entró, probablemente para almorzar algo.

—Eh, vosotros dos, ¿qué hacéis aquí?

Los niños suspiraron aliviados.

—¿Qué ha pasado?

—Dice que vengas cuando tengas tiempo.

—¿Quién?

—La madre de Bongsun.

—¿Sí? ¿Y para qué?

La señora Jukrim parecía no tener intención de preparar el almuerzo. Afortunadamente, la cebada había absorbido el agua. De lo contrario, se habría reducido a polvo como consecuencia de los violentos golpes que había dado contra el mortero.

—¿Vais a almorzar aquí antes de marcharos?

Yongi se agachó y se bajó la pernera de los pantalones, que se había subido antes.

Poco después, Yongi fue a visitar a la madre de Bongsun.

—¿Para qué quería verme?

—¿Va a ir al centro el día de mercado?

—Pues, no lo sé —respondió pensativo.

—Si va, me gustaría que le entregara una cosa a Wolseon.

De pronto, el rostro de Yongi se iluminó.

—¿Qué será?

—He confeccionado dos *jeoksam* de ramio y me gustaría que se las diera.

—Yo se las llevo —añadió Yongi con el rostro radiante.

*

Al día siguiente, cuando Yongi salió a segar hierba al campo, se dio cuenta de que la hoz no cortaba bien. Al examinarla, descubrió que la hoja estaba totalmente mellada.

—Habrá que afilarla —murmuró.

De pronto, un torrente de pensamientos sobre Wolseon lo invadió. Durante este tiempo, cada vez que Yongi iba a ver a Wolseon, por alguna razón, ella inventaba alguna excusa para evitarlo, diciendo que estaba enferma o que tenía que salir a hacer algo. Eran pretextos evidentes, pero Yongi no era alguien con la suficiente determinación como para forzarla cuando lo rechazaba. Más bien, atormentado por su incapacidad para ayudarla, se marchaba, tambaleándose. Su desesperación nublaba el sol y oscurecía su visión. Con el tiempo, Yongi dejó de hablar, pasando el día en el campo y la noche en el pabellón del pueblo, como si las quejas de la señora Jukrim no le afectaran en absoluto.

—Así una acaba volviéndose loca. ¡Loca de verdad!

Sin darse cuenta, la señora Jukrim comenzó a repetir aquellas palabras con frecuencia.

—Si al menos se muriera, podría vivir tranquila. Me va a llevar a la tumba a este paso.

Antes, las palabras de Yongi la alteraban, pero, al menos, decía algo. De vez en cuando, incluso la miraba con ojos compasivos, e intentaba consolarla. Sin embargo, ahora dormían separados, y ya no podía ni sentir el aroma a tierra que emanaba del cuerpo de su esposo.

«Mañana es día de mercado, será mejor que me vaya hoy, antes de que se llene de gente». No obstante, contuvo su repentino impulso de partir hacia el pueblo. «¿Será que ha encontrado a otro hombre?». Era imposible. Wolseon siempre había sido tierna y devota hacia él. No podía creerlo, ni quería hacerlo. Sin embargo, en ocasiones, esa duda, tan pequeña como inevitable, lo atormentaba. Si tan solo hubiera sabido que la señora Jukrim había agredido a Wolseon. La mayoría de las mujeres del pueblo habían sabido del asunto por boca de la misma señora Jukrim, pero eran reticentes a hablar de infidelidades extramatrimoniales con sus esposos. Aunque se tratase del marido de otra, evitaban despertar en ellos ese interés. Sin embargo, la madre de Imi, que no sentía afecto alguno por su esposo, y que estaba interesada en Yongi, se lo había contado en algún momento. De este modo, Chilseong podría haber advertido a Yongi, pero, como había estado ocupado con las tareas del campo y hacía tiempo que no lo veía, el asunto se dejó de lado y cayó en el olvido.

Yongi arrojó el armazón[164] en el almacén y se alistó para ir al centro del pueblo. La señora Jukrim parecía haber salido al pueblo, dejando la casa hecha un desastre. Yongi se lavó la cara, se cambió de ropa y, tomando la hoz y otras herramientas, salió de casa.

—¿Pero no es mañana el día de mercado? —preguntó la madre de Bongsun, que cosía en su habitación, al ver a Yongi.

—Voy a la herrería a afilar las herramientas. Ya están bastante desgastadas.

—¿Ah, sí…?

Sin hacerle más preguntas, sacó del armario algo envuelto en una tela y se lo entregó.

—Dígale que se pase un día por aquí. Ahora están en su punto los melones[165] y las sandías, y también podría refrescarse en el arroyo de la montaña. Sé que debe de estar ocupada, pero ¿cómo es posible que nunca venga a verme?

—Seguro que lo hará por no molestar.

—¿Molestar? ¿Cómo iba a molestar? Hay comida de sobra y podría dormir conmigo. La señora de la casa también preguntó por ella.

---

[164] En coreano *bajige* (바지게), consiste en una estructura de carga con un depósito en forma de concha o almeja, utilizado para transportar madera, cereales, materiales u otros objetos pesados.

[165] En coreano *chamoe* (참외), es un tipo de melón característico de Corea, también conocido como «melón oriental» o «melón coreano». Es pequeño y de forma ovalada, de piel amarilla y su pulpa interior de color blanco.

La madre de Wolseon solía venir a menudo cuando vivía, así que seguro que la recuerda de vez en cuando.

Al salir de la casa de Choe Jinsa, Yongi se dirigió directamente al centro del pueblo. A medida que se acercaba, se intensificó su ansiedad, sin poder decidir si debería regresar o apresurarse aún más hacia la taberna.

«Con lo corta que es la vida...».

De pronto, ideó un plan inesperado para llevarse a Wolseon y escapar con ella.

«¿Acaso Gucheon no se escapó con la esposa de su amo? Mi mujer se las apañaría bien sin mí».

Sin embargo, tenía clavadas en el corazón las últimas palabras de su madre antes de morir: «No permitiré que te cases con la hija de una chamana, ni por encima de mi cadáver. No pienso ver la perdición de esta familia. Esto no es algo que te afecte solo a ti. La enfermedad se extenderá entre las generaciones venideras. ¿Cómo vas a unirte con la familia de una chamana si hasta hacen ceremonias en las casas de los carniceros[166]?».

Cuando se casó con la señora Jukrim, y aún no sentía nada por ella, su madre le dijo: «No debes maltratar a la esposa con la que te han unido. Las mujeres son lo que los hombres hacen de ellas. Debes enseñarle lo que no sepa».

La herrería estaba en un callejón solitario antes de llegar a la taberna. Como no era día de mercado, estaba tranquila.

—Cuánto tiempo.

El señor Pak, el herrero, lo saludó.

—¿Tiene mucho trabajo?

—No, no mucho.

—Entonces, ¿podría echar un vistazo a estas herramientas?

—Claro que sí. ¿Cómo va el año?

—¿Cómo?

---

[166] Los carniceros ocupaban el escalón más bajo dentro de los *cheonmin*, una clase ya de por sí considerada impura por la sociedad. Como resultado, fueron objeto de una grave discriminación, que incluía restricciones en el uso de vestimenta y limitaciones en la participación en eventos comunitarios.

—Ya sabe, la estación.

—Hasta que no entre en al arrozal con la hoz en la mano, no puedo asegurar nada.

—Claro, quién sabe qué nos deparará Dios.

El señor Pak soltó una leve risa, exhalando el humo de un cigarrillo entre su barba poco poblaba.

—Tengo que salir un momento, pero míreme las herramientas mientras vuelvo, por favor.

Yongi tomó su hatillo y se dirigió a la taberna de Wolseon.

—¿…?

La puerta de la taberna estaba cerrada a cal y canto.

—¿Estará enferma?

Sacudió la puerta con fuerza, pero apenas se movió. No opondría tamaña resistencia si solo hubieran echado el cerrojo. La puerta no cedía en absoluto. Al inclinarse para inspeccionar, Yongi descubrió que la había apuntalado con clavos. Temiéndose lo peor, la llamó:

—¡Wolseon! ¡Wolseon!

Era poco probable que hubiera alguien dentro de una puerta sellada con clavos, o que alguien respondiera.

—¡Wolseon! —gritó.

Era un sonido entre un gemido y un llanto. En la calle, silenciosa, sin mercado, no se veía ni un alma. La desesperación lo envolvió, como un velo oscuro que cubría sus ojos. Yongi volvió hacia la calle con la visión borrosa. Sentía como si su conciencia zozobrara.

—¿Se habrá ido de viaje? ¿O quizás haya ido al templo? —murmuró.

Una vendedora anciana se acercó llevando un pequeño cesto de mercancías en la cabeza. Era un rostro familiar que veía los días de mercado. En los días de diario, recorría las casas de clase media para vender sus productos.

—Señora —la llamó, aferrándose a un rayo de esperanza.

—¿Qué quieres?

—¿Conoce a la dueña de esta taberna? Una mujer llamada Wolseon.

—Bueno, la conozco de vista.

—¿Po-por casualidad sabe adónde ha ido?

—Pues… según he oído, se fue con un comerciante de ginseng de la provincia de Gangwon.

—¿Cómo?

—Creo haber oído que se enamoró de un comerciante de ginseng de la provincia de Gangwon y que huyó con él.

—¿Con un comerciante de ginseng?

La anciana, de párpados caídos, observaba detenidamente cómo empalidecía el rostro de Yongi.

—Es cierto lo que dice, ¿verdad?

—Bueno, sea cierto o no, eso es lo que dice todo el mundo. ¿Es que te debe dinero?

Aunque lo dijo de esa manera, la anciana vendedora ambulante conocía bien los entresijos de la vida, y en sus ojos llorosos se asomaba una sonrisa sarcástica que parecía decir: «Olvídala. Olvida a esa mujer que se fue porque no te quería, atontado».

—Ah, no. No es que me deba dinero, nada de eso —respondió, forzando una sonrisa que desfiguró su rostro.

La anciana dejó su cesto y se sentó en una roca cercana.

—Entonces, te ha abandonado.

—Ah, no. Ta-tampoco es eso —balbuceó con un nudo en la garganta, mientras trataba de contener las lágrimas.

—A mí no me engañas. A un hombre hecho y derecho no se le llenan los ojos de lágrimas así como así. ¿Aún me lo vas a negar?

La anciana sonrió de nuevo con crueldad, como un cuervo, desgarrando la tristeza ajena. Parecía encontrar en la pena de los demás una especie de compensación por su vejez y sus propias desgracias.

—Amar a alguien es adentrarse en terreno fangoso. Es mejor que la olvides. De todas formas, los recuerdos se desvanecen con el paso del tiempo y, al acabar la vida, solo nos queda la tumba. Preocuparse por algo así es propio de los jóvenes. Yo también, en mis buenos tiempos, aproveché mi belleza y pasé parte de mi vida en una casa de *gisaengs*. Lloré mucho por aquel entonces, y fue por esa cosa sucia llamada amor que terminé así. ¿Quién puede atar el corazón con una cuerda? Olvidar es el único remedio. Cuando eres viejo, ya nada importa. Si no quieres sufrir, necesitarás riquezas. Una mujer no te servirá de nada.

La anciana sacó un cigarrillo. Su soliloquio parecía no haber hecho más que empezar. Tras mirarla fijamente, Yongi volvió en sí.

—No, señora. N-no es eso —respondió, marchándose apresuradamente.

Sus piernas se tambaleaban, como si fueran a doblarse y hacerle caer al suelo.

—¡Mujer ruin! ¡Maldita seas!

Tras llegar a la herrería con dificultad, preguntó:

—¿Ya está todo?

El señor Pak estaba martillando una de las herramientas. Cuando la volvió a colocar en la fragua, dijo:

—Tengo que darle otro repaso.

Mientras el metal se calentaba en el fuego, el señor Pak sacó su bolsa de tabaco.

—¿Por qué tiene tan mala cara? Está blanco, como si algo le hubiera sentado mal. ¿Le duele algo? ¿O es que le han robado dinero?

—Me han robado.

Agachado en el suelo y mirando hacia el camino, dijo lo primero que le vino a la mente. Podía ver a la anciana con su cesto dirigiéndose hacia el pueblo, al pie de la montaña. Una nube de polvo se levantaba del camino.

—¿Cuánto?

—Cien *yang*[167].

—¡Qué dice, hombre! Eso no le entra ni en el bolsillo[168].

—Si tuviese que ponerle un precio, sería más de mil. No, más de diez mil *yang*.

Sin escuchar la respuesta del señor Pak, Yongi mantenía la mirada clavada en el tramo del camino en el que se levantaba polvo.

---

[167] El *yang* (양/兩), denominado antiguamente como *nyang* (냥) o *ryang* (량), fue una antigua unidad monetaria utilizada durante la dinastía Joseon, y hasta comienzos del siglo XX, cuando fue reemplazada por el won.

[168] En el texto original se establece un juego de palabras: 100 *ryang*, en coreano *baek ryang* (백 량), lo asocia con el nombre de un supuesto niño llamado Baek Ryang. De este modo, literalmente se traduciría: «¡Qué tontería! ¿Baek Ryang es el nombre del hijo de quién?». Esta expresión transmite incredulidad o desdén hacia la idea de que una suma de dinero tan grande sea tratada de manera tan trivial.

Al salir de la herrería con las herramientas reparadas y bien atadas, Yongi se dirigió a otra taberna ubicada más cerca del mercado. Como no era día de mercado, la taberna también estaba tranquila, con dos vagos tumbados sobre el solado de madera. Como si estuviera sediento, Yongi bebió de un trago el licor que le había servido la tabernera. Pero, cuando pidió otro, la mujer conversaba con uno de aquellos vagos recostado en el suelo.

—Era guapa de cara, pero tampoco nada fuera de lo común. Esta vez se fue con un viejo. ¿Qué se le va a hacer? La chica era algo distante y sin mucho encanto… No llegó a quitarnos a nuestros clientes habituales, pero ahora que se ha ido, deja un cierto sabor agridulce.

Parecían estar hablando de Wolseon.

—Vaya, yo le tenía echado el ojo. Aquí, el que no corre, vuela —comentó uno de los vagos, aún recostado, alzando la mirada y riendo.

—¡Venga, sírveme ya!

De nuevo, Yongi terminó de un solo trago su segunda copa y, dejando unas monedas sobre la mesa, salió. Cuando llegó al camino que llevaba al pueblo, Dori, un sirviente de la familia de Choe Jinsa, caminaba tirando de un burro por las riendas. Al ver a Yongi, se dirigió a él.

—¿Salió a reparar las herramientas?

—Sí —respondió Yongi.

Levantando la cabeza, miró a un anciano de larga barba que le sonreía desde lo alto del burro.

—¿Cómo se encuentra, señor?

Instintivamente, Yongi inclinó la cabeza en señal de reverencia. Se trataba del señor Mun, el médico del centro del pueblo.

—¿Todo bien?

—Sí.

Cuando Yongi era niño y su madre frecuentaba la casa de Choe Jinsa, el doctor Mun siempre le preparaba la medicina con cariño cada vez que le dolía el estómago, o aquella vez que se golpeó la cabeza al caer por una colina. Observando el campo a lomos del burro, el anciano añadió:

—¿Cómo será la cosecha este año?

—Será lo que Dios quiera.

—Sí, será lo que Dios quiera.

—No ha habido muchos cambios estos años, así que no podemos quejarnos si un año no va bien —dijo Yongi, sin advertir la resignación de su tono de voz.

—Más vale que no sea un año de escasez. La gente necesita llevarse algo a la boca —lo reprendió el doctor Mun.

—Así es. Hay que poder llevarse algo a la boca. Nosotros, ignorantes como somos, solo nos preocupamos por el clima y por no pasar hambre. Su Majestad probablemente no duerma en paz por las noches —intervino Dori.

Tras caminar en silencio un rato, Dori, que parecía haber oído algún rumor, comentó:

—Por más que uno lo piense, parece que el mundo está del revés. ¿En qué clase de lugar se ha convertido el palacio real para que puedan sacar de él a la reina y la maten[169]?

Los ojos entrecerrados del doctor Mun se abrieron de golpe para, seguidamente, volver a estrecharse.

—Y, aun así, no han logrado deshacerse de esos malditos japoneses. Ahora están más fuertes que nunca, causando estragos en Seúl. Si todos se opusieran con firmeza, y les plantasen cara, no tendrían dónde poner los pies.

—No se dan cuenta de lo que se avecina—murmuró el doctor Mun entre dientes.

—Esos malnacidos deberían estar muertos. Desgraciados. Merecen un castigo divino. ¿Dónde se ha visto? —añadió Dori exaltado, apretando los puños con fuerza.

—Es culpa de la topografía.

—¿Cómo? ¿A qué se refiere con que es culpa de la topografía?

---

[169] Hace referencia a la póstuma emperatriz Myeongseong (명성황후), también conocida como la reina Min (민비), quien fue asesinada el 8 de octubre de 1895 (20 de agosto en el calendario lunar) en el palacio real de Gyeongbok o Gyeongbokgung (경복궁) por unos militares japoneses. Este incidente, conocido como el Eulmi Sabyeon (을미사변), marcó un punto crítico en la historia de Corea, pues consolidó la creciente influencia de Japón en la península y su control sobre los asuntos internos del país. En el texto original se emplea el término «*kukmonim*» (국모님), que puede traducirse literalmente como «la madre de la nación».

—Me refiero al lugar donde se sitúa la tierra de Joseon. Somos un pueblo astuto, pero… Bueno, tal vez por eso hemos logrado defendernos hasta ahora.

El doctor Mun miró al cielo, con su larga barba ondeando en la brisa polvorienta. Yongi caminaba en silencio, como si estuviera solo, sin ninguna compañía.

Al entrar al pueblo, Yongi dijo:

—Oye, Dori.

Dori lo miró.

—La madre de Bongsun me encargó esto, pero no he podido entregarlo.

Sacó el bulto envuelto en una tela.

—¿Qué es?

—Ella sabrá lo que es cuando lo vea. Ve y dile que la puerta estaba cerrada y que no había nadie. Que quizás se haya ido de viaje.

—Señor, cuídese —despidiéndose respetuosamente del médico, Yongi se dio la vuelta y se dirigió a su casa. Al llegar, dejó las herramientas en el almacén y entró en la habitación. La estridente voz de la señora Jukrim retumbaba por toda la casa. Sin embargo, Yongi la ignoró. Tras colgar su ropa, se desplomó sobre el lecho.

*

Despeinada, como si no se hubiera peinado después de levantarse, y con su falda corta de cáñamo arrugada, la desaliñada señora Jukrim preguntó al entrar por la puerta de esparto de la casa de la familia de Duman:

—¿Está el padre de Duman?

—Come bien. ¿No tienes barbilla? ¿Cómo puedes derramar la comida así?

La madre de Duman regañaba a los niños mientras desayunaban en el solado de madera. A continuación, se dirigió a ella:

—Entre. ¿Qué le trae por aquí tan temprano?

La trató con amabilidad, como siempre.

—¿Ya están desayunando?

—Intentamos comer mientras hace fresco. Si el desayuno se retrasa, el día no empieza bien.

Boksil, que mascaba el arroz quemado con el hocico hundido en un cuenco, ladró una vez, para volver a meter el hocico en la comida. El patio estaba barrido y se escuchaba el sonido de los animales rumiando en el establo. El padre de Duman, sentado en una mesa separada, a cierta distancia, preguntó:

—¿Qué le trae por aquí?

—Me preguntaba si iría al mercado hoy.

—Sí, iré. ¿Ha desayunado?

—¿Qué más me da el desayuno? Estoy tan furiosa que me podría morir ahora mismo.

—Vaya, parece que han vuelto a pelear. Seon, ve a la cocina y trae una cuchara —dijo la madre de Duman.

La hija dejó de comer y se dirigió a la cocina.

—N-no. Si me tengo que ir —añadió la señora Jukrim.

—Pero coma algo. El arroz está en su punto.

—No me dejan los nervios. Además, tengo que preparar el desayuno, se lo vaya a comer o no.

Seon trajo la cuchara.

—Señora, coma un poco, por favor —dijo.

—No, no. Debo ir a casa a preparar el desayuno.

—¿Necesita algo del mercado? —preguntó la madre de Duman, sin insistir más.

—Necesito que me preparen una medicina.

—¿Una medicina? ¿Para qué?

—Mi marido, si es que se le puede llamar así, lleva días postrado sin moverse.

—…

—No dice ni dónde ni qué le duele, pero se niega a comer y a beber. No puedo vivir con esta angustia.

—Con lo vigoroso que es. ¿Qué le pasará? —dijo el padre de Duman.

—Eso es lo más desesperante. No se levanta ni hace nada, y me toca a mí todo el trabajo del campo y de la casa. Ya no puedo más. Cualquier día me da algo.

—Como estamos en verano, ¿no podría ser disentería o algo así? —comentó el padre de Duman.

—No, no es eso. Tenga lo que tenga, le vendría bien comer, aunque fuera un poco de gachas de arroz... Por eso quería pedirle que fuera a la farmacia del doctor Mun y le explicara la situación, a ver si pudiera prepararle una medicina. Siento mucho las molestias, pero ¿le importaría hacerme ese favor cuando vaya al mercado?

—Bueno, no hay problema, pero lo correcto sería que el enfermo fuera a que le tomen el pulso para prepararle la medicina adecuada.

—Sí, eso sería lo ideal, pero no importa cuántas veces le repita que vaya al centro del pueblo, ni siquiera se digna a responder. Como no dice ni mu, he perdido la paciencia. Me hierven las entrañas de la indignación. Ya no sé si está enfermo porque no puede ver a esa bruja o porque no quiere ni verme. Ya estoy harta de esta vida. Me quiero morir.

La pareja permaneció en silencio.

—¿Cómo se supone que voy a hervir el pienso para el ganado, trabajar en el campo y llevar la casa yo sola? ¿Cómo puedo siquiera concentrarme con la rabia que siento adentro?

La pareja siguió sin decir nada un rato más.

—¿Por qué no come una cucharada de arroz? —la madre de Duman la volvió a invitar, intentando cambiar de tema.

—No, gracias —respondió la señora Jukrim, como si quisiera seguir hablando.

Tras haber retirado la mesa, el padre de Duman la miró de reojo, molesto, mientras sorbía su caldo caliente de arroz. Tanto él como su esposa evitaban hacer comentarios que pudieran desagradar a los demás. Sin embargo, y a pesar de que aparentaban estar contentos de verla, en el fondo, no les agradaba mucho su presencia. Ella continuó despotricando, sin percatarse de ello. En esta ocasión, y contrariamente a lo habitual, no se quedó mucho tiempo. Dejando unas monedas envueltas en papel al borde del solado de madera añadió:

—Bueno, siento darle esta molestia, pero...

*

Al llegar a casa, haciendo ruido con cada movimiento, la señora Jukrim apenas logró poner el arroz a cocer y encender el fuego.

—Si ya viéndolo sano me muero de rabia, ahora, con tanto trabajo por hacer, ¿cómo voy a soportar ver a ese hombretón tirado en la esquina de la habitación? ¿Para qué desyerbo el arrozal y el campo seco? ¿Para qué sigo tejiendo? Tiene que haber algo que nos motive a trabajar. Pero, ¿acaso tengo un hijo que se me acurruque en el regazo? ¿Acaso mi marido tiene compasión por mí? Si hasta se ha enfermado por pensar, día y noche, en otra mujer—murmuró, mientras revolvía el fuego con el hurgón.

—Eso es. Ha enfermado por no poder ver a esa maldita.

El arroz hervía y, con él, también la sangre de la señora Jukrim. Con Yongi enfermo, había estado reprimiendo su irritación todo ese tiempo, pero al llegar a la conclusión de que había enfermado por culpa de Wolseon, se le agotó toda la paciencia. Ya no le importaba cuán mal se sintiera él.

—¡Qué cabeza la mía! He puesto a hervir el arroz sin hacer antes la sopa de *doenjang*[170].

Tomando el cuenco de barro, salió apresuradamente hacia las grandes tinajas donde guardaba la pasta de *doenjang*. Cuando estaba a punto de levantar la tapa de la tinaja, se detuvo en seco.

—Hombre, pero si estás ahí.

Yongi estaba sentado en el solado de madera.

—¿Te encuentras mejor?

No respondió, limitándose a mirarla con la mirada apagada.

—¿Estás ya en condiciones de sentarte afuera?

Yongi no respondió.

—Come unas gachas de arroz, aunque sea.

—...

—Vamos, dime algo. No soporto que estemos así, sin hablarnos.

—...

—Le di dinero al padre de Duman para que te preparen una medicina. Él también cree que es mejor que los enfermos se tomen el pulso antes. Ay, dime algo ya, por favor.

---

170 Se refiere a la pasta de soja fermentada.

—¿Acaso se trata de una enfermedad que sane con medicina? —respondió Yongi por primera vez.

Al borde de enfermarse por no poder desahogar su desesperación, esas palabras terminaron de sacar a la señora Jukrim de sus casillas.

—Entonces, ¿cómo se cura tu enfermedad?

—…

—¿Sanará si llamamos a una chamana y realiza un ritual?

—…

—¿Y si vamos al templo y hacemos una ofrenda?

—…

—¿Y si hacemos un exorcismo para expulsar a ese espíritu despechado en el peñasco del desamor?

Yongi continuó sin responder.

—Ah, entonces has enfermado porque no puedes ver a esa maldita que tanto echas de menos. Eso significa que, si vas al centro y la traes, te recuperarás.

—¡Cállate! ¡Como sigas hablando, arranco los pilares de la casa y los hago añicos!

El rostro de Yongi, pálido, pues no le había dado el sol, comenzó a enrojecer. Una gruesa vena apareció en su frente.

—Vaya, ha bastado con mencionar a esa maldita para que vuelvas a hablar. No hace falta que la traigas. ¡Vete! ¡Márchate! ¡Lárgate de aquí! ¡Vete y no vuelvas! No pienso detenerte —gritó, sin importarle si el arroz se había quemado, y olvidando que había salido a buscar la pasta de *doenjang*.

—¡Ya verás lo que pasa si vuelves a mencionarla! ¡Prenderé fuego a la casa!

La señora Jukrim arrojó la olla contra la tapa del jarro y se acercó corriendo a Yongi, señalándolo con el dedo.

—¿Qué acabas de decir? ¿Por qué no puedo hablar de esa bruja? ¿Es que es acaso la hija del Emperador de Jade[171]? ¿Es la hija del rey?

---

[171] En coreano Ok Hwang Sangje (옥황상제/玉皇上帝), traducido como el Emperador de Jade, es la deidad más alta en la jerarquía del taoísmo. En las prácticas rituales de Corea, durante las dinastías Goryeo y Joseon, se realizaban sacrificios taoístas al Emperador de Jade. Este culto se extendió a la religiones originarias de Co-

¿Por qué no puedo referirme a esa inmunda como el agua estancada, a esa bruja que se pega a cualquiera como una mosca, a esa golfa poseída por un espíritu maligno que anda devorando las entrañas de los hombres[172]?

Parecía estar a punto de lanzarse sobre su esposo enfermo para desgarrarlo en pedazos, espumando por la boca como alguien poseído por un espíritu maligno, pero la señora Jukrim terminó desplomándose en el suelo, con las piernas extendidas, y rompió a llorar.

—¡Ay de mí! ¡Qué destino el mío!

Yongi temblaba, con todas las venas de su rostro hinchadas como si fueran a estallar. Su piel enrojecida había tomado un tono casi azul oscuro.

—¡Debería haber matado a esa desgraciada y, después, matarme yo! ¡Ay, ay!, ¡Me hierve la sangre de impotencia! Ya que fui hasta allí, ¿cómo pude volver sin haber acabado con ella antes? ¡Qué estúpida e idiota soy! ¡Desgraciada y tonta! Soy yo quien debería morir, yo —la señora Jukrim se golpeó el pecho con el puño—. Ay, ¿cómo pude creer sus palabras y dejarme engañar así? Y pensar que regresé en la oscuridad de la noche, cojeando como una tonta. ¡Qué ridícula soy! Hasta las palabras de un fantasma son más de fiar. ¡Ay, qué rabia! ¡Qué desesperación! Al menos, si le hubiera roto las piernas a esa desgraciada, no sentiría una frustración tan grande.

Yongi, que temblaba de la ira, se levantó de un salto.

—¡Tú, tú fuiste a verla!

—¡Sí, fui! ¿Por qué? ¿Es que no puedo? ¡Agarré a esa desgraciada por el pelo y la zurré como a un perro al que van a matar en plena canícula! ¿Sientes lástima por ella? ¿Te da pena? ¡Claro, debes de sentir tanta pena! ¡Sientes lástima por ella, mientras que tu mujer no te importa en absoluto!

---

rea como el Cheondogyo (천도교) y el Jeung San Do (증산도), ambas influenciadas por el taoísmo. También ocupa un lugar importante en el chamanismo.

[172] En este contexto, se hace referencia al concepto de *gumiho* (구미호), una criatura mitológica común en las leyendas de Asia Oriental. Traducido como «zorro de nueve colas», el *gumiho* es un ser sobrenatural similar a un zorro, que posee la habilidad de transformarse en una hermosa mujer para alimentarse de los hígados humanos.

El rostro de Yongi perdió todo el color, tornándose blanco como el papel. A continuación, bajó del solado de madera, y se acercó a ella. Viendo su expresión, la señora Jukrim se calló de golpe. Súbitamente, Yongi la agarró del pelo.

—¡Ayyyyy!

Estaba asustada. Era la primera vez que experimentaba algo así. Sin embargo, Yongi fue incapaz de golpearla. En lugar de ello, la empujó, para apartarla de su camino.

—¡Ay de mí! ¡Me va a matar!

—¡Bruja! —espetó, mientras se calzaba las sandalias de paja y salía por la puerta de esparto.

La luz del sol resplandecía en el aire como si fueran gotas de agua. A lo lejos, en el camino al centro del pueblo, se veía a algunos comerciantes dirigiéndose al mercado. A la orilla del río, los pastores, que habían dejado a sus bueyes en el dique, chapoteaban en el agua disfrutando del verano.

«¡Así que era por eso!».

Yongi caminaba tambaleante y sin rumbo fijo.

—Escuché que estabas enfermo. De verdad, tienes mala cara.

La madre de Imi se acercó con un cántaro de agua en la cabeza, alegrándose de verlo. A pesar del calor sofocante y del sudor, su rostro lucía fresco y radiante, como recién lavado. Yongi, que parecía no haber escuchado su comentario ni haberla visto, siguió por el estrecho sendero y terminó chocando contra su cántaro.

—¡Ayyy!

Aunque tambaleó, consiguió enderezarse con rapidez sin llegar a caerse, pero el agua del cántaro se derramó, empapándole la ropa y mojándole el rostro.

—¡Ay! ¿Es que soy invisible o qué? —gritó indignada, pero Yongi ya se había alejado y seguía su camino sin mirar atrás.

—Hmm, menudo cambio ha dado. Ni que se hubiera caído de cabeza. No me extraña que la señora Jukrim pierda los estribos.

La madre de Imi sintió un leve dolor en el pecho. A pesar de estar casada, había albergado fantasías sobre el marido de otra mujer, y ahora, en lugar de la habitual superioridad que sentía hacia la señora Jukrim, no pudo evitar sentir celos hacia Wolseon. Por primera vez estaba del lado de la señora Jukrim, quien siempre tenía cara de amargada.

Siguiendo el rumbo de sus pies, Yongi subió hasta la montaña donde se encontraba el santuario[173], adentrándose aún más en el bosque. Después de dejar atrás el sendero que conducía al santuario Samsin[174], continuó subiendo hacia el valle. Escuchaba el sonido del agua, el canto de los pájaros, y los trinos ocasionales que anulaban todos los demás sonidos. El cielo, fragmentado entre las hojas, tenía un tono blanquecino.

En lo profundo del valle, Yongi descubrió un lugar adecuado para tumbarse. El aroma fragante y terroso de las hojas en descomposición en el aire húmedo alcanzó su olfato. Entonces, sintió cómo su cuerpo se debilitaba, como si se hundiera en la tierra. Todo a su alrededor era dolor y oscuridad, pero en medio de esa oscuridad, una hebra de luz destelló antes de desvanecerse, lo que, también, le provocó tristeza.

«¡Pobre mujer!».

Wolseon había tenido que darle la espalda a su hogar y marcharse en dos ocasiones. Con quienquiera que se hubiese ido, ya fuera con un comerciante de ginseng de Gangwon o algún viejo rico, no tenía ningún sentido pensar en eso ahora.

«¿Adónde has ido? ¿Dónde estás? Si tan solo supiera donde estás, recorrería más de mil *ri*[175] de distancia, e iría a buscarte. Pobre criatura».

La imagen del rostro de Wolseon dibujando una amplia sonrisa y de aquellas manos que lo envolvían suavemente hizo que Yongi, debilitado, se estremeciera, como si Wolseon estuviera a su lado.

---

[173] En coreano *dangsan* (당산/堂山), se trata de una montaña en la que se encuentra un altar o santuario dedicado al dios protector de la aldea o pueblo.

[174] En coreano *Samsindang* (삼신당), hace referencia a un pequeño santuario o altar dedicado a la diosa Samsin, también conocida como la deidad de la fertilidad, la concepción y la protección infantil. Las mujeres que desean concebir recurren a oraciones y ofrendas, mientras que aquellas que han dado a luz piden tanto por su salud como por la del bebé. En algunas montañas en Corea, aún se encuentran santuarios o altares dedicados a esta diosa.

[175] 1000 *ri*, lo que equivaldría a casi 4.000 kilómetros, se emplea figuradamente para expresar una distancia extremadamente larga. Equivaldría a la expresión: «ir al fin del mundo».

«¡Mujer cruel! ¿Por qué no pudiste decirme nada? Maldita seas. ¿Acaso piensas que yéndote podrás olvidarme?».

No obstante, era Yongi el responsable de todas las lágrimas que Wolseon derramó al dejar su hogar dos veces. Todo había sido por su culpa. «Yongi, aunque me cueste la vida, no me convertiré en chamana. Aunque te cases y vivas sin mí, jamás seré una chamana», le confesó con una dulce, pero desolada sonrisa. Cuando la madre de Wolseon era poseída por el espíritu, entonaba con confianza, y a pleno pulmón, la canción para invocar las almas de los muertos, hasta que su voz, de pronto, se quebraba con un tono melancólico. A diferencia de su madre, que se erguía firme como un hombre, y se enfrentaba al desprecio de los demás por ser una chamana, Wolseon era reservada y no tenía facilidad para expresarse, por lo que aquellas palabras reflejaban un deliberado esfuerzo por expresar su voluntad. Sin embargo, en el patio posterior del santuario de Samsin, Yongi había sido, finalmente, incapaz de decirle que huyeran para irse a vivir juntos.

«Me voy a casar. Mi esposo es un vendedor ambulante. Dicen que tiene veinte años más que yo y su rostro está marchado por las cicatrices de la viruela». Junto al molino, apoyado en un montón de cebada, Yongi escuchó en silencio esas palabras. «¿Qué más da adónde vaya? Ya me da igual todo». Aunque no podía verla en la oscuridad, los ojos de Wolseon debían de estar llenos de lágrimas. «Mi madre dice que para casarme con un hombre joven que me desprecie por ser la hija de una chamana, es mejor casarme con un viejo con la cara llena de cicatrices que, al menos, no me abandone. ¿Y qué más da con quién me case? Ya me da igual». ¿Qué habría pasado si Wolseon le hubiese dicho: «Dicen que es un hombre guapo y con dinero que me dará una vida cómoda?». Quizá le habría instado a que huyeran juntos. Aunque no hubiera sido capaz de materializar la huida y abandonar a su viuda madre, al menos le habría respondido algo así en aquel momento.

Por supuesto, no había forma de saber qué clase de hombre era el comerciante de ginseng de Gangwon con el que ella se había marchado esta vez. No sabía si era viejo, si estaba lleno de cicatrices, o si era tuerto o cojo. «¿Y qué más da con quién me case? Ya me da igual». Las palabras de Wolseon, que Yongi había escuchado diez años atrás, seguían resonando una y otra vez, sin cesar.

«Pobrecita, ¿qué habrá hecho para nacer con tan mala suerte? ¡No es culpa tuya! ¡Tú no has hecho nada malo!».

Si no podía estar con Yongi, a Wolseon no le importaba si el hombre era tuerto o cojo, pues estaba destinada a obedecer sin rechistar.

Después de haber pasado allí más de medio día, Yongi bajó del valle. Al avanzar un poco más por el camino que llevaba hacia el santuario Samsin, se desplomó, exhausto, bajo un aliso. Las hormigas se subían en tropel sobre él, pero, sin fuerzas siquiera para apartarlas, apenas logró recostarse contra el tronco del árbol. En ese instante, escuchó la cristalina voz de una niña.

—¡Madre de Bongsun! Hay moras allá. Tráenos algunas.

—Sí, claro. Pero debe quedarse quieta ahí donde está, señorita. Todo está lleno de musgo y está resbaladizo. Sería terrible que se cayera. Bongsun, agárrale bien del brazo a la señorita.

Era la voz de la madre de Bongsun. Aunque la escuchaba, Yongi no podía incorporarse. «Debo bajar, debo bajar, no puedo quedarme aquí», pensaba, pero al mismo tiempo, notaba que el cielo entre las hojas se había tornado azul, y el bosque, las rocas, el sonido del arroyo y el canto de las cigarras parecía acercarse y alejarse a la vez, en un constante vaivén.

—Pero, ¿qué hace aquí, señor Yi?

La madre de Bongsun, que había bañado a los niños en el arroyo, y se había lavado el cabello, se sorprendió al ver a Yongi cuando bajaba de la montaña.

—Es que no me sentía muy bien… Y salí a tomar un poco el aire.

—Por eso tiene la cara tan demacrada. ¿Le duele algo?

—…

—¿Por qué no ha ido a ver al doctor Mun para que le prepare alguna medicina?

—Se me pasará en un rato.

—No tiene usted muy buen aspecto.

—…

—Ah, por cierto, el otro día Dori trajo unas blusas *jeoksam*, y me comentó que usted no había logrado ver a Wolseon.

—Sí.

Seohui devoraba con gusto las moras que le habían servido en una hoja. Bongsun también comía su ración, mientras escuchaba la conversación entre Yongi y su madre. Los niños, recién bañados, lucían frescos y radiantes.

—¿Dónde dicen que ha ido?

—Se ha ido para siempre.

—¿Para siempre?

—No ha dejado ni rastro.

Los ojos de la madre de Bongsun se abrieron de par en par.

—Selló la puerta con clavos y se ha marchado para siempre.

La voz de Yongi se quebró. La madre de Bongsun, comprendiendo lo que pasaba, guardó silencio. Así entendió por qué Yongi había subido al valle solo y por qué estaba enfermo. Aunque desconocía su relación actual con Wolseon, la madre de Bongsun conocía su historia. En realidad, todos en el pueblo la sabían. Incluso, la señora Jukrim.

—¿Así que Wolseon se ha ido sin siquiera despedirse? La señora, por el cariño que le tenía a su difunta madre, hasta le dio el dinero para abrir la taberna. ¿Y ahora se va sin decir ni mu? —añadió, indignada.

—No se habría ido de esa manera si hubiera podido despedirse.

—¿A qué se refiere?

—…

—¿Y dónde dicen que ha ido?

—Dicen que se fue con un vendedor de ginseng de la provincia de Gangwon, pero quién sabe…

—Eso no parece muy propio de ella…

—Todo es culpa mía.

Las lágrimas brillaron en los ojos de Yongi.

—¿De quién hablas, mamá? ¿De la señora Wolseon? —preguntó Bongsun, que le guardaba un gran afecto, poniendo más atención.

—No.

Eludiendo la mirada de Yongi, añadió con inquietud:

—¡Qué vida más cruel! Si hubiera nacido en el lugar adecuado… no habría tenido que vivir así. ¿Cómo de mal estaría para tener que irse sin decir nada? Una mujer tan bien educada y de tan buen corazón. Debe de ser el destino… Pero, ¿de qué le sirve estar aquí así, señor Yi?

—Me quiero levantar e irme, pero… los pies no me responden.

—Las cosas no siempre salen como queremos. Si se ha ido, se ha ido, pero no puede estar aquí así, señor Yi. No estaba destinado a que ocurriera, y por eso no se dieron las cosas… Si no puede caminar, bajaré y mandaré a alguien que suba.

La madre de Bongsun comenzó a bajar la montaña. Los niños iban delante de ella.

Poco después, cuando Dori subió, siguiendo las órdenes de la madre de Bongsun, Yongi yacía desmayado bajo el árbol. No había comido nada durante varios días y, claramente, se le veía muy afectado por lo sucedido.

—¡Oh, no! ¡Señor Yi! ¡Señor Yi!

Aterrorizado, pensando que Yongi estaba muerto, Dori comenzó a sacudir su cuerpo con fuerza. Finalmente, Yongi abrió los ojos.

—No, no me sacudas así. Lo que pasa es que no tengo fuerzas, nada más.

—¡Menudo susto me ha dado! ¿Qué hacía aquí arriba? Venga, yo lo cargo.

Dori tiró del brazo de Yongi y lo pasó por su hombro, para levantarlo con su espalda fuerte y musculosa. Yongi era alto, al contrario que el enérgico Dori, quien logró bajarlo al pueblo sin muchos problemas.

—Voy a llamar al médico. Si hasta las personas más sanas se debilitan en pleno verano, ¿a qué fue a la montaña?

—No te preocupes. Lo tengo todo en su sitio. Si como algo, me recuperaré —dijo Yongi, sin el menor atisbo de luz en sus ojos.

Al acercarse a la casa, Yongi murmuró:

—¿Por qué regreso aquí? ¿No tengo ningún otro sitio al que ir en este mundo?

—¿Qué ha dicho? —preguntó Dori.

—Digo que es ridículo volver a casa cargado, y después de haber pegado a mi mujer.

Aunque había recuperado a duras penas su tono habitual, sus labios temblaban, y su sonrisa presentaba una profunda tristeza.

Con la puerta abierta de par en par, la señora Jukrim yacía tumbada, con el cabello suelto y desordenado. La cazuela vacía seguía allí, sobre la tapa de la gran tinaja.

—¡Señora!

Fingiendo no haber oído, la señora Jukrim permaneció inmóvil, sin levantarse.

—¡Señora, ha sucedido algo terrible!

—Terrible, o no, me es indiferente. No me moleste.

Simulando darse la vuelta, miró de reojo hacia el exterior. Al ver que Yongi era llevado a cuestas, no pudo ocultar su sorpresa, pero siguió acostada.

—¡Levántese! Su esposo se desmayó en la montaña. Dese prisa y prepárele un lugar para que se acueste.

Al deducir que habían discutido, por las palabras de Yongi, Dori montó un gran alboroto a propósito. La señora Jukrim, sin más remedio, se levantó, recogiendo su desordenado cabello.

—Debería haber dejado que se convierta en un espíritu errante. ¿Por qué lo ha cargado hasta aquí?

—Eso es excesivo, ¿no cree? No es momento ahora de hablarle así a alguien en este estado.

Con un gemido, Dori dejó a Yongi sobre el solado de madera, y tiró de su manga para secarse el sudor de la frente.

El cuerpo de Yongi, al menos, había regresado a casa.

Publicado en noviembre de 1968 en la revista *Wolgan Munhak*.

MAURIZIO RIOTTO

Historia de la literatura coreana

I.S.B.N.: 978-84-1337-826-8

Esta valiosa obra, la primera de un autor occidental, constituye un aporte fundamental para el conocimiento no solo de la literatura coreana, su objetivo primero, sino también de la historia y la cultura de un pequeño gran país de unos tres mil años de existencia. Publicado en 1996, el texto conserva una extraordinaria riqueza informativa y de reflexión que nos conduce certeramente a lo largo de los diferentes períodos históricos y culturales de Corea. Se aprecian en la obra el cuidadoso estudio de las características de sus géneros literarios, el análisis de las obras y sus autores principales, el contexto histórico en que se manifiestan, todo ello expresado con una manifiesta voluntad pedagógica y una clara exposición. Su autor, el Dr. Maurizio Riotto, es una autoridad en los estudios coreanistas y un referente obligado para quienes deseen conocer en profundidad los valores de una cultura, la coreana, que desde fechas relativamente cercanas atrae la curiosidad occidental.